孔子
成功改革教育之研究

梅汝莉 著

北京出版集团公司

北京出版社

目　录

开篇的话

    孔子（公元前551—公元前479年），姓孔，名丘，字仲尼。他生活的时代，是中国古代社会发生剧变的"转型期"。正是这个时代，造就了孔子，使他获得文化创新和教育变革的机会，终于成为中国古代文化的集大成者，中国古代教育的奠基人，号称"万世师表"，至当代，还被耸立于世界十大思想家之首。但是，孔子的思想和实践，却未能获得"盖棺定论"的惯例，在他死后，"尊孔"和"批孔"此起彼伏如转轮。

    一百年前，当中华民族遭遇千年未有之剧变时，中国知识界的部分精英，曾经将中国暂时的衰落，归结于以孔子为代表的中国文化。在以极高的热情寻找强国之路的同时，也以极高的热情去砸烂中国的传统文化，甚至喊出了"打倒孔家店"的口号。似乎以为毁灭了中国的传统文化，中国就可以强盛。当中国文化界尚未从"打倒孔家店"的激越中清醒过来，又遭遇了一场"批林批孔"的闹剧，造成人们思想更大的混乱。直到改革开放，中国人民终于喊出了"实现中华民族伟大复兴"的口号，振兴中华，强国富民被视为是一场民族的复兴运动，而不是单纯的"破旧"运动，更不是砸烂文化传统的运动，中国传统文化教育的精髓，不仅包括在复兴之列，而且是振兴中华民族的宝贵思想财富。我国政府将孔子视为中国传统文化的代表人物，从促进与世界各国文化交流的角度，中国教育部决定在世界各国创建孔子学院（Confucius Institute）。孔子学院或称孔子学堂，它并非一般意义上的大学，而是推广汉语文化的教育和文化交流机构，是一个非营利性的社会公益机构。2004年11月21日，全球第一所"孔子学院"在韩国首都首尔挂牌。截至2008年9月，全球已启动孔子学院（包括孔子学校、孔子课堂）271所，分布在156个国家和地区。据称，到2010年，全球将建成500所孔子学院和孔子课堂。2008年北京举办的奥运会开幕式，令人惊异地出现了孔子3000弟子诵读《论语》的场面，孔子"和为贵"的思想，用活字印刷术的形式展现在亿万观众的面前，表达了中华民族创建和谐社会的决心。有些外国观众不无感慨地说："孔子已逝去了，但他说的话还活着。"

孔子的思想在西方国家的传播，大约有300余年的历史。据载，法国启蒙运动最重要的思想家伏尔泰，曾经极力推崇过以孔子为代表的中国文化，用以抨击欧洲宗教的黑暗和专制。伏尔泰曾撰写过名为《中国孤儿》的剧本，总标题为"五幕孔子伦理剧"。马克思读后，将其总结为"征服者被征服"的典型，充分肯定了以孔子为代表的中国传统文化强大的同化力。由于孔子思想对欧洲的启蒙运动产生了深刻的影响，以至于在法国大革命的"人权宣言"中曾写上了孔子的道德格言："己所不欲，勿施于人。"西方国家重农学派的始祖魁奈，因为自信是孔子学说的继承人，被称为"欧洲的孔子"。尊崇孔子的思想，在19世纪也曾从欧洲吹拂到美洲。1844年，美国学者爱默生说："孔子是中华文化教育的中心，是哲学上的华盛顿。"

随着东亚诸"小龙"的崛起，向世界呈现了有别于欧美发达国家的现代化发展模式。西方国家的学术界发现，在这些地区似乎受着一个特殊价值观体系的支撑，而这个价值观体系就来源于中国的孔子。1974年，美国成立孔子文教基金会，其成员皆为各国政要，开始推动世界研究孔子的运动。后来，他们还在各国成立孔子学院、孔子博物馆等，对孔子思想进行世界范围的"布道"。当改革开放日渐深入，中国开始以一个不可忽视的大国姿态出现在世人面前的时候，世界范围更大规模地掀起了学习孔子思想的热潮。出席中国2008年奥运会的一位西方著名政要，曾为中国奥运会动情地赋诗道："胜利，但无杀戮；失败，但无仇恨；希望，而无遗憾。在和谐的天空下，我们一起衔着橄榄枝回到家乡……"这是西方人对孔子倡导的世界大同美好憧憬的赞扬和期盼。

在回顾孔子思想对西方国家历史影响和他作为中国"文化名片"传遍五大洲的同时，我们不能不冷静思考其现代价值。沉静而温文尔雅的孔子和他的学说，还能够发挥解决这个纷繁复杂时代问题的作用吗？世界学术界的精英，说出了令孔子故乡人为之惊讶的论断："人类要生存下去，就必须回到25个世纪以前，去汲取孔子的智慧。"[1] 这是物理学诺贝尔奖获得者阿尔文博士，在 1988 年 1 月的诺贝尔奖获得者巴黎集会上讲的话。新儒学代表、美国哈佛大学教授杜维明甚至说："对西方文明提出的诸多课题，孔子思想是应该有回应的。从这个意义上说，孔子已经不仅是中国的了，他是世界的。"对他的论断最为重要的证明是 2005 年 9 月 29 日在法国巴黎召开的联合国教科文组织执行会议上获准设立"孔子教育奖"，这是联合国教科文组织最高级别的奖项，也是以中国人的名字在联合国设立的奖项。它的设立是中华文化走向世界的一大盛事[2]。值得人们重视的是，当联合国教科文组织试图引领人们有效应对新世纪对教育挑战的时候，竟然发现孔子的教育思想可以发挥相当的作用。

遗憾的是，我们对孔子思想的研究还很不深入，对其众多历史遗留问题尚未梳理澄清，哪些思想具有现代价值，哪些思想是不利于现代社会发展的，并不清楚，即使对孔子发表过的同一论断，也还有许多歧义。孔子作为万世师表的地位，在中国似乎是无可非议的，但是，面对当前的教育改革，他还能起多大作用，却仍然是一个未知数。例如，现代教育极其重视人的个性发展问题，恰恰李大钊就曾指斥孔子抹杀人的个性发展。对这样一个重要的教育命题，我们并没有进行深入的研究：究竟是孔子抹杀人的个性发展，还是理学家抹杀人的个性发展？或者说孔子既有抹杀人个性发展的一面，还有促进人个性发展的一面。也或认为，他倡导因材施教，是鲜明地体现了尊重个性和发展个性的深刻教育理念，与现代教育的前卫思想是一致的。如此等等的问题，至今仍然没有分辨清楚，足见"孔子热"不等于孔子研究热。

现在，我国教育改革进入了攻关时期，启动了被国外教育界称为"心脏工程"的课程改革，其根本目的在于着力提高人口最大国家的整体国民素质。随着教育改革的日益深入，人们越来越认识到它的艰巨性，这是世界教育现代化进程中史无前例的伟大探索。在教育改革的关键时期，我们亟须汲取历史的智慧。本书认为孔子是我国成功改革教育的第一人，试图认真总结他改革教育的成功经验，从中寻绎具有规律性的内容，为当前的教育改革提供启示和借鉴。但是，国内的学术界，对孔子究竟是革新者还是"复辟者"，尚有争议。不过，比"批林

---

① 姚淦铭：《孔子的智慧生活》，第 9 页，上海辞书出版社、汉语大辞典出版社，2007 年版。
② 姚淦铭：《孔子的智慧生活》，第 9 页，上海辞书出版社、汉语大辞典出版社，2007 年版。

批孔"时期说得缓和一点，大多没有采取"复辟"的字眼，而是说孔子是一位向后看的复古者，他至少是试图回到西周去的保守者，比起道家的向后看，前进了一步，他尚不试图把社会倒退到原始社会去。因此，笔者不能不首先回答：孔子究竟是革新者，还是"复古"倒退者？特别是，他立学设教是为复古服务，还是促进了社会的发展进步？这是深入探讨孔子教育思想能否对当下教育改革具有启示意义的前提。

孔子立志兴学，在于他对当时混乱的社会局面十分不满，决心变革这种"苛政猛于虎"、征伐不已的社会状况。为改变这一状况，他历经千辛万苦在所不辞，以至奉献了宝贵的一生。孔子不满当时的社会现状，这几乎是不争的共识。但是，不满现状，可以走革新之路，也可以走"复古"之道。在很长一段时间里，孔子对现实的不满，不仅不被认为这是他革新的动力，反而被视为是他反对社会变革的依据。因为，持这种观点的人，似乎都认为孔子所处社会的动乱，是革命的基本表现，加之，孔子经常以所谓古代的明君盛世来抨击当时的时政，这更使人认为他无疑是"复古"者。

其实，中外历史上以"复古"为旗帜进行成功革新的壮举，并不罕见，欧洲的"文艺复兴"就是一个最典型的事例。孔子"好古"究竟是为了"复古"还是为了"开新"，这可从他与子贡的一次对话中获得直接的信息。子贡是孔子的得意门生，姓端木，名赐，字子贡。他思想十分活跃，当孔子确信子贡具有很强的思维能力后，对其寄予厚望，说要对他施以"告诸往而知来者"① 的教育，这无疑表明孔子"告诸往"（研究历史，甚至赞颂历史）是为了使人"知来者"，即预测未来的发展、为改变现状提供依据。孔子在不经意间道出了他"好古"的目的不是为了"复古"，而是为了以史为鉴，有效开辟创新之路。

孔子之所以有这样的认识，是因为他懂得世道和天道一样，是不断变化发展的，他曾说："齐一变，至于鲁；鲁一变，至于道。"② 这句话，一则说明孔子视社会变化为天经地义之常道，其二表明孔子并不认为历史可能倒退。尽管他赞誉西周，认为那是一个"郁郁乎文哉"的社会，但他并不认为鲁国一旦发生变化，就会是"复周"，也没有表达他希望鲁一变而至于西周，而是十分严肃明确地指

---

① 《论语·学而》。
② 《论语·雍也》。

出"鲁一变"，只可能"至于道"。在孔子语汇中的"道"多指不以人们主观意志为转移的法则，他说"鲁一变，至于道"，也就是说鲁国一旦发生变革，只会变到那应该到达的社会去，说明孔子已经意识到，社会的变化自有其规律在，是不以人们的意志为转移的。这显然不是"复古"的论断，而是明确无误的发展性论断！孔子尊重自然法则的思想，使他确立了极其务实的人生态度，并教诲弟子们正确对待动荡不已的社会变革，选择顺应社会发展的立场，积极主动地谋求社会改革的良策。

孔子经常借古讽今，这是他进行革新的手段。对于历经暴力革命洗礼的人们来说，往往容易视暴力革命为革新的唯一手段，或者是最彻底的手段，并习惯将手段视为判定革新与保守或复古的重要依据。实际上，试图改变现状的手段和方式并不是判定思想行为革新与否的依据。就欧洲的资产阶级革命而论，至少有英国和法国两种不同的模式。英国经历宪章运动之后，完成了由封建社会向资本主义社会的变革，不过，在政体上至今还保留着英王和王室。法国则采取暴力革命的方式，完成了由封建社会向资本主义社会的变革，法国大革命将法国皇帝送上了断头台。英法两国同样开辟了资本主义发展的道路，而英国引起的社会动荡比法国大革命小得多，致使英国迅速开辟了海外殖民地，一时间竟成为所谓的"日不落"国。英法两国进行资产阶级革命的手段是截然不同的，但是本质相同，都完成了推动社会进步的变革。

采用不同的手段进行社会变革，取决于各自国家的实际，其中也包括民众的思维习惯。纵观孔子的一生，不难发现他是一位十分尊重人们风俗习惯的人，他期盼借古开新，可能是考虑到借助社会的固有习惯，便于尽快结束动乱的社会局面，顺利地进行革新。这可以从孔子在发现"仁"、大力推行仁德的同时，十分重视礼的教育，窥见他革新社会的良苦用心和积极作用。由于中国素称周公制礼作乐，礼制在西周至于完备。孔子推行礼教，长期以来被认为是他"复周"、"复古"的重要证据，甚至将其视为是封建吃人礼教的始作俑者。究竟应当怎样认识孔子大力倡导的"礼教"？我们不妨听听美国汉学家赫伯特·芬格莱特对孔子礼教的分析，他说：

　　　人的道德是在人际交往的具体行为中实现的，这些行为具有一个共同的模式。这些模式具有某些一般的特征，所有这些模式的共同特征在于"礼"：它们都是"人际性（man-to-man-ness）"的表达，都是相互忠诚和相互尊重的表达。……只有当其原始冲动受到"礼"的型塑时，人们才能成为真正意义上的人。"礼"是人的冲动的圆满实现，是人的冲动的文明表达——不是一种剥夺人性或非人性化的形式主义。"礼"是人与人之间动态关系的具体的人性化形式。①

芬格莱特毕竟是一个长期生活在以宗教推行道德教育、以法制规范人们社会行为国度的学者，在他看来，孔子的礼教，是无比的人性化和文明的，这不能不引起我们深思。他肯定了人的道德是在人际交往中实现的，孔子倡导的礼，体现的是人际交往之中"相互忠诚和相互尊重"的文明的表达方式。只有懂得礼教的人，即"受到'礼'型塑"的人，在人际交往中，才能体现"相互忠诚和相互尊重"的原则。而且，采用礼的表达方式来实施人际交往，这就必然要求，也可能实现对人本能冲动的制约作用，这样，"人们才能成为真正意义上的人"。他所说的"真正意义上的人"，即其行为是符合社会共同规范的，这样的人就是教育学上所说的"社会的人"。芬格莱特深知规范人的社会交往行为，可以采用强制性的"法"，也可以依赖于人们对神明敬畏的宗教心理，这二者，都是外在于人自身潜质、用以制约人行为的"他律"，也正是西方国家普遍采用的方式。他十分赞赏孔子没有使用以上这两种方式，而是用礼来规范人们的社会行为。"礼"依靠的是人内在向善的诉求，而不是屈从于政令刑罚，或是对超自然宗教的迷信，因此，芬格莱特明确指出孔子的礼教是"人性化"的、文明的，绝不是"剥夺人性或非人性化的形式主义"，对其给予了充分的肯定。这无疑是说，不能给推行礼教的孔子扣上推行专制主义的"大帽子"。他还赞颂孔子倡导"'礼'是人与人之间动态关系的具体的人性化形式"，揭示了"礼"是历史的、具体的。他的这一论断，符合中国礼教发展的实际。在奴隶社会，这种相互忠诚、相互尊重的礼，只在奴隶主之间施行，也就是说，只有奴隶主贵族们才能享有这种社会文明。孔子对"礼"进行了变革：其一将"礼"普及到庶民之中，其二将"仁"渗透在"礼"中，使"礼"体现了更多的仁慈内涵。孔子倡导的礼教，使

① 赫伯特·芬格莱特：《孔子：即凡而圣》中译本，第6页，江苏人民出版社，2005年版。

庶民也能享受到相互忠诚和相互尊重的社会文明的成果。可见，孔子的"礼"是动态的，孔子的礼教，是对"周礼"的发展革新，在当时具有进步性，比西周时期的道德规范更为人性化。但是，它仍然反映的是当时的历史状况，孔子倡导的礼教有着强烈的等级性，这种等级性，在"礼"的动态发展中会变成专制主义的工具，是完全可以理解的。但是，这并不能无视"礼"的本质特征，它是人际关系活动中"文明表达"的方式，它本应体现人与人之间的"相互忠诚和相互尊重"。封建专制主义吃人的礼教，恰恰是孔子礼教的异化。今天，人们完全可以恢复"礼教"的本质特征，赋予这个动态发展的"礼"更丰富的时代精神，使之更人性化，更现代化。也就是说，我们既不能因为孔子倡导礼教而认为他是一个复古倒退的人，更不能抹杀孔子倡导礼教的历史功绩，而丢弃了礼教的道德教育功能，即为法制与宗教所不具有的人性化的道德教育功能。与此同时，也应正视孔子坚守礼教的等级性，是其演化为吃人礼教的必然结果。但这是孔子倡导的礼教的异化，而不是他恢复周礼的复古倒退的依据。

认为孔子复古倒退，还涉及对他传承传统文化的评价。人们几乎公认孔子是中国古代文化的集大成者，但是，有人似乎认为集大成者，必守其成，而不能"开其新"。张岱年先生在五四运动之后，经过冷静的思考，于1934年明确地称颂"孔子是开创新时代的人"[①]，他具体论述道：

> 把古代思想总结起来而成一个一贯系统的第一个哲人是孔子。孔子是开创新时代的人，却也是集大成的人。他结束了以前的时代，开始了新的时代。孔子哲学不是以前思想之反，而乃以前的思想之结晶与更进的发展。在孔子，古代的宏毅、质朴的精神更具体的表现着。"刚毅木讷近仁"，孔子自己实是一个刚毅木讷、气象深厚的人。

这不仅是依据孔子的学术思想做出的结论，也是依据孔子自身人格所做出的结论，可谓"知人论世"，十分中肯，令人信服。

孔子"是开创新时代的人，却也是集大成的人"，这不仅指其对中国哲学和中国文化所作的杰出贡献，也包括他对中国教育发展的重大贡献。世界上的教育家，很难找到一个人像孔子这样，能够对一个人口如此众多的民族，产生过时间

① 张岱年：《学术文化随笔》，第4页，中国青年出版社，1996年版。

如此久远的影响。有人认为这是因为孔子的教育思想适合封建统治者的需要，所以统治阶级选择了孔子，中国的封建社会时间有多长，其影响就有多久。这无疑是说，孔子教育思想的影响力是由封建统治阶级决定的。事实并非如此。

马克思主义认为，人们在创造社会发展的历史活动中要实现预期目的，必须使自己的思想和行动符合历史发展规律。孔子的思想，借助教育的力量，"在相当程度上启发并塑造了伟大的中国文明"①，成为中国古代教育的奠基人，对教育的革新获得巨大成功。这是由于他的思想和行动是符合历史发展规律的，是社会确认了他，而不是统治者选择了他。他的教育思想和实践，不仅影响了中国的封建社会和西方资产阶级的启蒙运动，而且，时至今日，有不少内容仍然具有现代价值。因为"孔子所告诉我们的，不是在别处正在被言说的东西，而是正需要被言说的东西。他的谆谆教诲令我们耳目一新"，"孔子是迄今为止'超越于我们时代的'思想家"②。现在，西方国家的思想界正在努力理解孔子的思想，并逐渐向他靠拢。

那么，孔子本人成功改革教育的思想和实践，将对我们提供哪些宝贵启示呢？本书试图从历史与现实结合的角度，扼要论述孔子成功改革教育的六项内容：第一，"因革相成"，这是孔子成功改革教育遵循的主要原则。第二，为社会转型推波助澜，这是孔子成功改革教育制度的前提，尤其是他确定的培养目标，开古代士大夫之教的先河，致使他的教育得以与中国封建社会相始终。第三，创建了服务于人生实践的教育内容，这大致包括自修之教、齐家之教、交往与交友之教以及从政管理之教，孔子创立的新型教育内容，贴近人生实践，赋予教育长远的生命力。第四，构建了成功改革教育的保障机制。教材、课程以及教师，都是成功改革教育必不可少的保障，孔子为之创建了经典教材与课程，创立了为师之道，成功推行了教育革新事业。第五，孔子创立了成功改革教育的时空条件。第六，孔子发明的中庸之道，是其成功改革教育的方法论，促进了教育事业整体、系统的和谐发展。

孔子的教育思想扎根于中华民族的沃土之中，与我们的民族精神和民族特性水乳交融。我们正在构建具有中国特色社会主义教育体系，不能不包含对孔子教

---

① 赫伯特·芬格莱特：《孔子：即凡而圣》，中译本，《致中国读者》，江苏人民出版社，2005 年版。
② 赫伯特·芬格莱特：《孔子：即凡而圣》，中译本，《序言》，江苏人民出版社，2005 年版。

育思想的继承与创新，不然，就谈不上"中国特色"，也不可能发挥中华民族深厚文化教育积淀对现代教育体系建设的独特作用。

加强对孔子教育思想的研究，是我国教育界不可推卸的责任。

为了深入探讨孔子成功改革教育的成就，本书注意吸纳近年来关于孔子研究的成果，在引用历史文献方面进行了大胆的拓展：一是引用了《周易》及其《系辞》，二是引用了《孔子家语》。其可信的依据如下：

司马迁在《史记·孔子世家》中记载了孔子研究《易》，并撰有包括《系辞》在内的一系列文章，还列举了一份由孔子传《易》直至西汉田何师承关系的名单。1973 年，马王堆帛书的出土，大量记载了孔子及其弟子研究《易》的言论。其中帛书《系辞》，与今本《系辞》性质相同，是孔子的易说。今本《系辞》的一些章节不见于帛书《系辞》的，则见于其中的《易之义》、《要》等篇。当代学界资深的易学大家金景芳，吸纳了古今研究成果，完成了《〈周易·系辞〉新编详解》，明确指出《系辞》是孔子儒家对《周易》古经的解说。帛书《二三子》中还载有孔子谈天道阴阳和理顺五行的话语，体现了天人合一的思想。2008 年清华大学战国竹简《保训》篇面世，著名学者李学勤认为，其中所突出的"中道"思想，与孔子《论语·尧曰》有关论述如出一辙。表明文王和孔子的思想确是《周易》经传的源头活水。这一观点印证了国学大师钱基博《四书解题及其读法》所言："《易》""一言以蔽之，曰'中'而已矣！"总之，《易经》及其《系辞》与孔子的思想具有高度的一致性。正是深邃的"一天人"与"守中庸"的宇宙观和方法论，成就了他改革教育的伟业，故将以上论著作为本书重要依据，有所引用。

《孔子家语》是一部记录了孔子及孔门弟子思想言行的重要著作。但自宋代以来，《孔子家语》被疑为是王肃的伪作，从而埋没了这一典籍在孔子及其弟子研究中的价值。1973 年河北定县八角廊西汉墓出土的竹简《儒家者言》，内容与今本《孔子家语》相近。1977 年安徽阜阳双古堆西汉墓亦出土了篇题与《儒家者言》相近的简牍。着力于"走出疑古时代"的李学勤先生，经过认真研究明确指出："此（指《儒家者言》）为今本《家语》的原型，王肃所称得自孔猛，当为可信。"① 此外，上海博物馆馆藏战国楚竹书中，有一篇被定名为《民之父

---

① 李学勤：《竹简〈家语〉与汉魏孔氏家学》，《孔子研究》，1987 年第 2 期。

母》的文献，与《孔子家语》中的《论礼》相同，也使学术界重新审视并充分肯定《孔子家语》在孔子及其孔门弟子研究中的文献价值，《光明日报》为之专门发表了题为《〈孔子家语〉——孔子研究第一书》的文章①，故本书也有所引用。

---

① 王德成：《孔子研究第一书——评〈孔子家语〉》，载《光明日报》，2008 年 2 月 16 日。

第一章 "因革相成"

——成功改革教育的主要原则

　　历来教育史很少论及孔子革新教育的指导原则。本章明确指出"因革相成"是孔子成功改革教育的主要原则，所谓"因"是指继承，而"革"，孔子称之为"损益"，也就是马克思主义理论所言的"扬弃"。孔子认为文化和教育，都必须在继承的基础上"损益"，这才能有所创新和发展。我国有很长一段时期错误地认为只有"大破"才能"大立"，对教育事业的发展曾经造成很大的损失。当下，我们又面临世界范围的"第三次浪潮"，国内外都有一些学者认为现今的教育改革是"范式革命"，似乎又要推倒重来。总结孔子"因革相成"成功改革教育的指导原则，确有十分重要的现实意义，人们可以从中认识到孔子如何在渐变之中顺势形成质变的教育改革规律。

第一节　成功改革教育遵循的主要原则
——"因革相成"

（一）"因革相成"释义

　　孔子成功改革教育遵循的主要原则是"因"与"损益"相结合。"损"和"益"是《易经》中的两则卦名。"损"是指消减或消亡；"益"是指增加、更新和发展。史书记载，"孔子读易至于损益，喟然而叹。子夏避席问曰：'夫子何叹焉？'孔子曰：'夫自损者必有益之，自益者必有决之。吾是以叹也。'①"孔子在读《易经》的时候，从"损"、"益"二卦认识到世界上的万事万物都是不断变化的，作为身处乱世的他，并不清楚世道将向何处变化，故而发出了叹息的声音。他的叹息不是消极的，表达的是忧患意识，是对世道变化的深沉思考。孔子始终怀抱积极入世和救世的情怀，但是，如何才能救世呢？这一直是他苦苦思索的问题。他从《易经》中获得了变化与发展原因的解释，自然会促进他进一步研究如何使世道发生积极的变化。孔子所言"损益"是指对原有的事物既应该弃其不合时宜的内容，这就是"损"，又应该吸取新的思想、增加新的内容，使原有的事物发展更新，这就是"益"。这与历史唯物主义对待社会传统采用"扬弃"的观点，几乎是相同的。为了通俗起见，我们试将孔子的"损益"概括为"革新"的"革"。

值得进一步指出的是，孔子在论及事物的变革时，往往在"损益"之前加上一个"**因**"字。所谓"因"即"因袭"的"因"，表明新生事物不是凭空生成的，而是在旧事物基础上创建的，表达的是新旧相承的意思。这表明他认为"继承"是前提，没有继承，就谈不上"损益"革新。这是很有见地的思想，揭示了事物发展的普遍规律——对立的事物之间存在着相互依存、相互转化的"同一性"，"新"与"旧"也不例外，教育改革应该在继承中创新，在创新中继承，故而，主张实施"因革相成"的原则，是孔子得以成功改革教育的重要原因之一。

（二）确立"因革相成"原则的历史贡献
——促成中华民族文化教育的亘古亘今

孔子倡导的"因革（损益）相成"的原则，对中华民族文化教育的传承与创新，发挥了巨大的作用。冯友兰先生在抗战胜利后撰写的西南联合大学纪念碑文中，庄重写道："盖并世列强，虽新而不古；希腊、罗马，有古而无今。惟我国家，亘古亘今，亦新亦旧，斯所谓'周虽旧邦，其命维新'者也！"② 他阐述了世界上的列强都是"虽新而不古"，没有自己悠久的文化传统；而世界其他文

---

① 《孔子家语·六本》。
② 冯友兰：《西南联大纪念碑文》，冯友兰《文化随笔》第239页，中国青年出版社，1996年版。

明古国，几乎都中断了自己特有的文化传统，是"有古而无今"；唯独中国做到了"亘古亘今，亦新亦旧"，保持了自己悠久的文化传统，并不断求新和发展，这是因为我们实施的是"周虽旧邦，其命维新"的社会变革方式。所谓"周虽旧邦，其命维新"，引用的是《诗经·大雅·文王》所云，意思是说周王朝虽然是旧的邦国，但其使命在革新，即是指周代虽然因袭了前朝的一些文化制度，但是，它却实施了变革，创建了一个新的王朝。这与孔子所说"周因于殷礼"，但有所"损益"的事实和观点完全一致。中国是唯一一个能够"文脉相承"的文明古国，这与奉行"因革相成"的创新理念是分不开的，孔子对此建有殊功！旧邦新命的思想，是中华民族在几千年的历史发展中，火尽薪传，生生不息的动力，也定将在21世纪继续激励中国人民奋发图强、与时俱进，有效地进行教育改革，把拥有五千年古老文明的华夏祖国，建设成为富强、民主、文明的社会主义强国，最终实现中华民族的伟大复兴。

从理论上说，孔子的"因"与"革"结合的变革观，包含着质朴的辩证法，至今仍有认识价值。试想社会的变革，特别是教育改革，如果只有"革"而无"因"，势必造成极大的破坏，以致"革"而不成。反之，如果只有"因"而无"革"，当然谈不上什么发展、进步。有人曾经认为孔子的"革"只是"损益"，即只承认"渐变"，因而是保守的。其实，"损益"并未明言"渐变"或"质变"或二者兼有，应当进行进一步的研讨。孔子在《周易·系辞上》明确指出："动静有常。"认为宇宙生命永远在动，是恒动。宇宙生命如果不动，如果有分秒的静止，便乾坤息矣。由此，我们应当体察到，孔子因革相成，是为变革服务的，变革创新是因革相成的目的，因革相成是变革的原则和方法。至于"渐变"与"质变"，也是辩证统一的。革命性的质变，需要有一个"能量"积累的过程，"渐变"恰恰可以促进"能量"的积累，由"渐变"可以引发"质变"。"因革相成"不是保守，它包含着变革的辩证法。

第二节 确立改革教育原则的主要依据

孔子为什么会提出"因革相成"改革教育的原则呢？他的依据是什么？

（一）天道与人道，皆以变化为"常道"

——确立改革教育原则的依据之一

诚如张岱年先生指出的，中国传统文化，从孔子开始就具有"一天人"的特点，也就是将"人"视为自然的一部分，天道与人道是一致的。孔子正是这方面的代表，他经常用自然的变化来解释人世的变化，就是这种"一天人"观念的体现。例如，他告诫当时的执政者，如果自己讲求诚信，少一些文饰，国君制定的礼法百姓就愿意遵守，国君讲的话他们也愿意接受，国君的行为就成为百姓的表率。那么老百姓相信他们，就会像相信四季按寒暑运行一样，定会届时而至。这就是孔子用天道比喻治道，他曾用同样的观点教诲曾子说，"民之信之，如寒暑之必验"①，取信于民，必须像四季的寒暑那样经得起验证。他还指出，圣明的君主按照德治施政的话，那么就像老天爷普降及时雨一样，雨降时，老百姓将无比欢悦（"明王之政，犹时雨之降，降至则民悦矣"②）。孔子并不迷信，他所论述的"天道"，大多都是指非人力所为的自然变化。他在《易经·系辞上》中，曾经明确指出："在天成象，在地成形，变化见矣。"告诉人们通过对天地自然万物的观察，不难发现变化的道理，人世与自然同在，都处在变化之中。而这种变化是有规律的，即"动静有常"③，也就是说，变化既是永恒的，同时又不是杂乱无序的，均有各自遵循的规律。如何认识发展变化的规律，即变化之道呢？孔子说："仰以观于天文，俯以察于地理，是故知幽明之故。"④强调借助对自然现象的观察慎思，可以深入探究事物内在的动因，就能大致掌握自然、社会以致教育变化的趋向。

孔子生活在一个急剧变革的时代，耳闻目睹尽是君臣易位、"礼崩乐坏"的事件。他好古敏求，新旧更迭的内容在古籍上也多有反映，对他不能不产生深刻的影响。例如《诗》云："高岸为谷，深谷为陵。"⑤《易》云："无平无陂，无

---

① 《孔子家语·王言解》。
② 《孔子家语·王言解》。
③ 孔子：《周易·系辞上》。
④ 孔子：《周易·系辞上》。
⑤ 《诗经·十月之交》。

往不复。"① 孔子深切地体察到天道流行、物生不穷和代际更新的伟力，使他情不自禁地发出"逝者如斯夫，不舍昼夜"② 的赞叹，认为一切事物都如同水流一般，处于不断运动变化之中，并以此激励人们自强不息。孔子还对弟子们说："天何言哉！四时行焉，百物生焉，天何言哉！"③ "四时行"、"百物生"比较率直地概括了他对天道变化的认识。孔子发出如此众多的感慨，表明他对人世的变革，在思想上是有深刻感悟的。

那么，他对待变化的态度又是怎样的呢？——赞扬变革！

孔子在《易经·系辞上》称颂变革曰："日新之谓盛德，生生之谓易。"认为变化使人日新月异，应享有"盛德"的美誉；天地万物的变化，成就了生生不已的活力。为此，孔子曾经讲过一句名言——人生的价值在"参赞天地之化育"。南怀瑾先生解释说："参赞就是弥补的意思，弥补天地的化育之不足。……可知人生的功能是参赞天地之化育，也就是帮助万物。"④ 孔子堪称是一位知变化之道者，还是一位以"参赞天地之化育"为己任的人，他认为这就是人生价值之所在，也是他能够提出"因革相成"原则的原因。

（二）以史为鉴，可以知兴替——确立改革教育原则的依据之二

继往开来的历史。孔子对变化之道的认识与对历史变革的考察密不可分，所谓"以史为鉴，可以知兴替"，使他有可能质朴地窥见社会变革的某些规律——因革相成。但是，孔门弟子对此的认识与其并非一致，例如率直的子路，就曾经向老师质疑说："请释古之道，而行由（子路名由）之意可乎？"子路公然向孔子提出放弃古代思想的请求，希望直接实施自己的主张，问可以不可以。孔子明确回答：不可以。一面举例一面讲理说："今汝欲舍古之道，行子之意，庸知子意不以是为非，以非为是乎？后虽欲悔，难哉！"⑤ 他告诫子路，今天你想舍弃古代的思想实行你的主张，你怎么知道你的主张不是以对为错，以错为对的呢？不进行认真的考量借鉴，以后后悔就难了！孔子尊重历史，表现了严肃慎重的处

---

① 《周易·泰·九二》。
② 《论语·子罕》。
③ 《论语·阳货》。
④ 南怀瑾：《易经系传别讲》，第41页，中国世界语出版社，1994年版。
⑤ 《孔子家语·六本》。

世态度，对待教育改革更是这样。为了使学生心有定力，他经常引用朝代的变迁，阐述变化之道。

孔子认为尧禅位于舜，就同岁时节气更迭一样，是"天之历数"。对于三代（即夏、商、周）的变迁，他讲得更为深入具体："殷因于夏礼，所损益，可知也；周因于殷礼，所损益，可知也。其或继周者，虽百世可知也。"①《礼记·表记》所载孔子对夏、商、周文化思想特点的论述，可与前文相互印证："夏道尊命，事鬼敬神而远之。""殷人尊神，率民以事神。""周人尊礼尚施，事鬼敬神而远之。"在这里，孔子已经自发地触及了历史演变的辩证法："殷人尊神"，是对"夏道尊命"的否定；"周道尊礼尚施"，是对"殷人尊神"的否定，又是对"夏道尊命"的否定之否定。看来，孔子对人世的变迁，并未流露伤感哀婉的情绪，倒是将其视为天道常理。他认为社会的变化发展，是既有"因"又有"革"（即"损益"），是"因"与"革"的结合。所谓"因"，即"承前"、"继往"；所谓"革"，即"启后"、"开来"。商对夏，周对殷，都是既有"因"又有"革"。孔子十分赞赏"郁郁乎文哉"的西周，甚至说"吾从周"，"吾其为东周"。但是，他并不认为后世只是复辟西周，而不变革西周。对于西周来说，也是既有"因"也有"革"的。他曾说过："齐一变，至于鲁；鲁一变，至于道。"② 尽管孔子认为"周礼尽在鲁"，但他同时也认为鲁还要变，而变的结果不是"复周"，是"至于道"。此处所言之"道"，就是合于"天道"的"人道"，"至于道"是指人类社会必然会走上合理的轨道，也就是达到那个"天下有道"的理想社会，这表露了孔子对人类前途的乐观态度。孔子不仅指出了已往的历史是变化而来的，而且还指出了当下的时代还将变化而去。这种把社会看成是在不断发展变化着的认识，对当时的社会革新，包括教育改革，可以说提供了重要的理论依据。

前有古人，后有来者的变革。孔子从事教育改革，虽然历尽艰辛，但是，由于他奉行"因革相成"的原则，因而从未发出过"前无古人，后无来者，念天地之悠悠，独怆然而涕下"的慨叹。他前有古人，后有来者。就教育而论，孔子赞佩的管仲，在孔子之前，从理论上就曾阐述培养人才的重要价值。管仲说：

① 《论语·为政》。
② 《论语·雍也》。

"一年之计，莫如树谷；十年之计，莫如树木；百年之计，莫如树人。一树一获者，谷也；一树十获者，木也；一树百获者，人也。我苟种之，如神用之，举事如神，唯王之门。"① 这段话将教育的价值与种谷、树木作比较，形象而深刻地指出，教育树人，不像种谷、树木那样，只是有一年、十年短期效益的小计，而是具有"一树百获"、能够长期获得巨大社会效益的大计。从政治上看，教育树人是称王天下的唯一可靠门径；从经济上看，教育树人可得"一树百获"的巨大收益。这一颇具深刻识见的教育价值观，不只是管仲一人或某个国君、某几位学者的一孔之见，而是从图强称雄一世的齐国治国方略中总结出来的成功经验。在两千多年前，我国就形成了如此先进的教育价值观，实为难能可贵，这是对人类思想文化的重大贡献。可以说，这一鲜明观点，为我国先秦时期重教尊贤、培育人才，打下了理论基础，指导各诸侯国发展教育事业，造就了大批有生力量，对推动整个社会的经济发展、国富兵强、文化学术繁荣起了相当大的作用，其影响及于后世。孔子关于"庶"、"富"、"教"的论述，应当说源于管仲，他能成功兴办私学，也得益于前辈改革家们在社会舆论上所做的铺垫。

　　更为重要的是，孔子尊重历史，尊重前人的创造。他生在乱世，价值观念处在莫衷一是的状况中，文化知识也是花样翻新。在这种情况下，如何寻找和判定真知灼见呢？我们熟知的"实践是检验真理的唯一标准"，这诚然是指引我们寻求真理的指南，但是，不是任何人的任何实践都能成为检验真理的标准。**一时之效的实践，不一定反映规律；特殊环境下的实践，也不一定能够帮助我们找到具有普世意义的真理。**历史则不同，时光隧道，如大浪淘沙，它能积淀具有长效性的实践，在历史中反复再现，让人们窥见规律；历史，还囊括广袤的空间，它能使后人看见一个时代群体创造的杰出成果。历经近百年社会变革沧桑的冯友兰先生，颇有感触地指出，中国是一个有着数千年传统的国家，这个悠久的传统，如果善加保护，善于利用，那么对于国家民族的发展，是一件天然的好事。但多年来我看到的，更多的却是对传统的盲目的破坏。……当此改革开放、是非、新旧、价值观念莫衷一是之际，我们更有必要回到我们民族的传统中去看一看，去吸收丰富的营养，因而我们更有必要善待传统。孔子十分明智，他"信而好古"，借助历史以求真，在求真的基础上创新。他教授"六艺"——礼、乐、

――――――――――――

① 《管子·权修篇》。

射、御、书、数，这是上古流传下来的文化知识技能，他总结删定前代传下来的《诗》、《书》、《礼》、《乐》、《易》、《春秋》，成为中国古代文化的集大成者，这使他的教育改革具有深厚的社会根基，难以撼动。

孔子具有远见卓识，他在晚年集中力量培养年轻的新秀，致使他创办的私学后继有人。孔子的举措，对成功革新教育至关重要。因为教育是"百年树人"的事业，往往需要几代人的努力，方能见到成效。特别是在社会急剧转型时期，孔子改革教育的思想与实践，曾经经历了百家争鸣的拷问，受住了社会变迁的检验。即使发生史无前例的"焚书坑儒"的灭顶之灾，还能不绝如缕。孔子创立的儒家学说和新型教育，命运如此多舛，竟然能够在他死后五百年，获得天下独尊的地位，实在耐人寻味。如果将孔墨相比较，就更令人思忖。墨翟创建的私学，曾经与孔门私学同为一时之"显学"，而为什么具有比儒家强烈民主精神的墨家，在几千年的历史中，由"显学"几乎变为"绝学"，而孔子的学说和他一手创建的教育制度、教育思想、课程与教材却不断发展壮大，时至今日，竟然受到东西方有识之士的共同关注。说明他的教育改革不仅适合中国封建社会的需要，而且，也包含着适应资本主义社会需要的内容，足见孔子的教育革新，在一定程度上体现了教育发展的规律。孔子的教育革新，其所以获得如此巨大的成功，得益于他奉行"因革相成"的改革原则。他对教育的改革，在当时，代表着时代前进的方向，奠定了中国古代教育的基础。在今天瞬息万变的时代，这一改革教育的原则，仍然具有深刻的启迪意义。

第三节 "因革相成"的原则，创建了"以学为中心"的教育观

——成功改革教育的核心理念

西方一位哲人说过："观念是文化的原子弹！"正确的教育改革原则，应当有效促进新型教育价值观的确立。孔子革新教育的原则，正是发挥了这样的作用。

"教育"是什么？这是教育改革的指导思想、核心理念。教育观引领教育改革的方向，教育观正确与否，决定改革的成败。孔子虽然没有正面回答什么是教育，但是，他的思想行为却具体展示了他奉行的教育观。简而言之，孔子遵循

"因革相成"改革教育的原则，确立了以"学"为中心的教育观，这一教育观，在现代社会仍然具有前瞻性。

（一）以"学"名"教"——中国先民的伟大创造

孔子之前，包括孔子之世，大多是以"学"字来表述"教"。商代的甲骨卜辞中已经出现了"学"字，并有多种写法，有人概括为四种主要的格式，如下所示：

✗（一式），✗、✗（二式），✗、✗、✗（三式），✗、✗、✗（四式）。① 有人则认为"学"字是从最简单的✗字演变到较复杂的✗字，其序列如次：

✗——✗——✗——✗——✗——✗——✗②

最能表明殷商时期以"学"名"教"的证据是，当时曾用"学"改写为"教"字，写成敩（xiào），很长一段历史时期古人一直保存着这个敩字，表明中华民族的先哲奉行的是"以学为中心"的教育观。

令人关注的是"✗"，这个表示宗教活动的符号，始终处于殷商时期"学"字的中心位置，这不能不使人猜测，当时的学校与宗教技能的传授有着密不可分的关系。此外，上述关于甲骨文"学"字的演变过程，可以发现，随着社会的发展和人们对教育认识的提高，教育活动逐渐有了专门的房屋，这是社会分工进化的反映。康殷先生在《文字源流浅说》中图示了金文的"学"字，与商代甲骨文的最大不同在于"房屋"里，画有一个小孩的形象"✗"。③ 商代甲骨文的"学"字突出的是"✗"，这与当时文教政策奉行的是"唯祀与戎"密切有关。西周时期的金文"学"字开始有了小孩的形象，恐非偶然，这与当时"重人"思想开始抬头不无关系。

孔子兴办私学，继承了前代以"学"代称教育的思想，继续凸显"学"在教育中的中心地位，或者说表达了教育的根本任务乃是教人"学习"的直觉，

---

① 王贵民：《从殷墟甲骨文论古代学校教育》，载《人文杂志》，1982 年第 2 期。
② 朱启新：《从甲骨文字看殷商时期的教育》，载《教育研究》，1982 年第 11 期。
③ 康殷：《文字源流浅说》（增订本），第 514 页，国际文化出版社，1992 年版。

教育的成败取决于师生的学习。根据杨伯峻先生的统计，《论语》一书中使用"学"字共64次，使用"教"字才7次，"授"字则更少了，只有3次，显然，孔子是以"学"来指代"教"的，坚守了殷商、西周的教育观，这是他"因"于前代的表现，故而，孔子施教都着力于引领学生的学习和思考。这是值得十分珍惜的教育观，是孔子教育成功的重要原因。更为可贵的是，孔子奉行"因革相成"的思想和实践，致使原来质朴的以"学"命"教"的教育观，其内涵获得了重大的发展。

（二）对"以学名教"的"损益"

孔子对传统教育观的发展（即损益），至少表现在如下方面：

教学观的更新。孔子对教学活动的本质开始有所认识，他所说的"学而知之"，指明了教学活动是人们的求知活动。孔子关于"好学近乎知〔智〕"① 的话，以及子贡所说的"学而不厌，智也；教不倦，仁也。仁且智，夫子既圣矣"②，都说明教学活动具有提高人的道德水准和启发人的智能的作用，可以使人"仁且智"。孔子的教学观，体现了知能兼求，又体现了德智相济。这是一种较为全面的教学观，在当时堪称先进，至今仍不失智慧的光彩。

孔门私学不再像殷商时期那样以"致神事福"为中心，并发展了西周开始萌动的"重人"思想，以人生实践之学作为教育的基本内容，为我国教育形成注重人文精神的优良传统奠定了基础。他继续传承西周以来礼、乐、射、御、书、数之"六艺"，在艺能教育中渗透人文精神，使几乎丧失活力的"六艺"恢复了生机。与此同时，他与学生一边搜寻，一边"损益"上古的文献，整理成学习的教材，完成了后世尊称的"六经"，创建了世界上最早的、系统的人文教材，孔子本人也因之成为我国古代文化的集大成者，赋予教育教书育人完整的内涵。

以学论教——以学习原则构建教育原则。孔子提出过许多重要的教育原则，最为著名的有"学思并重"原则，十分明显，这是重要的学习原则，将学习原则转化为教育原则，充分说明孔子的教育是建立在学生"学"的基础之上的。

----

① 《礼记·中庸》。
② 《孟子·公孙丑上》。

再如，孔子首创启发诱导原则，告诫教师必须关注学生的学习状态，善于抓住最佳的启发时机，促使学生深入思考，以便有效地提高他们的学习能力，特别是思考问题的能力，这当然是"以学论教"了。至于朱熹赞赏孔子教人"各因其才"，更能说明孔子的"教"是从不同学生的实际出发的，所以他能卓有成效地开发不同个性学生的潜能，不同程度地提高学生的人生价值，实现了"各尽其才"的教育目标。这是何等的了不起！孔子的"教"以"学"为基础的思想，对我国传统教育有着深刻的影响。孟子认为君子深造之道在于自得，因而教师诱掖后学，只可"与人规矩，不可使人巧"。① 启发应当"引而不发"②，功夫在于学生的自学。朱熹也认为教师启发学生并无定法，只有使学生自得的诱导，才是"正法"③。孔子倡之在前，历代教育家应之在后，使我国传统教育形成了"以学论教"的重要特点。

不仅教育教学原则受"以学论教"的影响，连教育制度也体现这一特点。例如迄今为止发现的我国最早的数学教学计划——杨辉著的《习算纲目》，实际上是一个指导学生自学的计划。它告诉学生如何循序渐进、熟读精思，布置了各种类型的习题，培养学生的计算能力，甚至对学生学习过程中的细节，都加以叮咛。中国古代的人文教材，也有这一特点。孔子编撰教材就十分重视对学生自学的指导，《易经·系辞》就是他本人学习《易经》的心得，"坠"在《易经》的卦辞之下，帮助学生理解经文。后世的经学教材大多遵循这种方式，在原文之中采用注疏等方法，指导自学，充分体现了"以学论教"的特点。

以"问"导"学"——凸显"学问"观念。 孔子的以"问"导"学"，主要不是他问，学生答，而是学生问，老师答，或学生互相问，互相答。孔子告诫学生，"疑思问"是学有所成的基本路径，他本人率先做到"每事问"，致使孔门弟子有很强的"问题意识"，他们好问、善问，以"问"求知。仅《论语》一书中，就记载了119"问"，其中发问为117次。孔子针对学生的问题进行针对性很强的教诲，同时他深知从学生的发问最能了解学生学习和思考的水平。鲁国的林放向孔子提出什么是"礼"的本质（"礼之本"）的问题，说明他学"礼"

---

① 《孟子·尽心下》。
② 《孟子·尽心上》。
③ 《朱文公全书》卷三十三。

已经从学习"礼仪"的形式，开始深入思考"礼"的内涵了。孔子十分高兴地指出林放提出的问题很有价值，是"大哉问"。① 孔子最担心的是学生"没有问题"，不发表自己的见解，他曾苦恼地说："不曰'如之何，如之何'者，吾未如之何也已矣。"② 一个不动脑筋，不考虑"怎么办"、"怎么办"问题的人，孔子说那就拿他没有办法了。很显然，孔子教人是从学生存在的问题入手的，绝不无的放矢地施教。

孔子还倡导学生相互质疑问难，例如《论语·学而》记载子禽问子贡说，老师一到哪个国家，就能听到那个国家的政事，是他求教得来的呢，还是人家自动告诉他的呢？子贡的回答十分巧妙，他说，孔子是以自身具有"温、良、恭、俭、让"的高尚品德获知的。然后反问子禽说，夫子获得各国政事的方法与众不同吧？③ 不仅回答了问题，而且还让子禽进一步认识孔子修养的魅力和令人向往的吸引力，使他懂得提高个人修养的社会作用。仅此一例，我们也能窥见孔门弟子之间相互研讨的生动情境。

诺贝尔奖得主李政道说："中国人发明了一个词叫'学问'，这个词非常好。'学问'就是要学会问问题，而不是'学答'，没有问题就没有发展。"孔子恰恰是鼓励学生发现问题，提出问题，而不满意学生没有问题，颜回一贯"默而识之"不好发问，反倒令孔子担忧。看来孔子的教育思想和教学实践，足以表明他应当拥有"学问"这个中国发明的"专利"，诚如他发明了"启发"这个词一样。中国的"学问"一词，不仅表述的是西方国家所认定的"知识"，而且揭示了产生"新知识"的重要载体——"问题"。这是他真正确立了"以学为中心"教育观的体现。注重开发学生创造力的陶行知，曾编撰诗歌鼓励学生发现问题，他写道：

> 发明千千万，起点是一问。
>
> 禽兽不如人，过在不会问。
>
> 智者问得巧，愚者问得笨。

---

① 《论语·八佾》。
② 《论语·卫灵公》。
③ 《论语·学而》。

人力胜天工,只在每事问。①

他在诗中采用了孔子"每事问"的典故,弘扬了以问导学的优良传统,陶行知被人尊称为"陶夫子",似乎看出了他与孔夫子的某些继承关系。

德国认知心理学家卡尔·伊温总结了西方近代科学的发展历史指出,将"问题"作为科学探索的重要环节是从17世纪开始的,300年之后的今天,教育界才重视引进"问题解决"这一科学思维方式,足见教育的滞后。他认为"问题解决"是重要的科学思维方法,教育界应予大力倡导。20世纪最杰出的科学家爱因斯坦更是明确地指出:"提出一个问题,往往比解决一个问题更重要。"遗憾的是,孔子在2500年前创立的以问导学思想和实践,在很长一段时间里,竟被"教"字当头的教育观淹没了,时至今日,我们有不少课堂仍在采用"问答式"教学法,停留在老师问、学生答的水平上。学生处在被动的状态中,老师处在挖空心思搜寻问题的苦恼中,师生对教学的"倦怠感"业已浮现出来,人们开始怀念孔夫子学而不厌、诲人不倦的境界,教育现实提示人们,我国教育界亟待解决只让学生"学答"的局面。

以"习"达"行"——凸显了"学习"观念。《论语》开篇第一句就是"子曰:'学而时习之,不亦说(悦)乎。'"这里提出了一个"习"字,一般人都将其解释为"温习",而古书中"习"还有"实习"、"演习"的意思。《说文》认为"习"字源于鸟初学飞行,时常要反复练习。后世的《礼记·月令》将"学"与"习"合称,曰"鹰乃学习",其实始作俑者则是孔子,是他将学与行中间加了一个中介环节——"习"。习是对所学知识进行温习、练习或实习、演习,它不同于一般意义的"行"。高度重视实践"笃行"的颜习斋,对孔子提出"学"须"时习"的观点十分赞赏,他说:"孔子开章第一句,道尽学宗。思过读过,总不如学过,一学便住,也始终不如习过。习三两次,终不与我为一,总不如时习,方能有得。习与性成,方是乾乾不息。"②

学生求学是为了求知、求能,进德、成才。"学而时习之"可以温故知新,增益其学识与才干。同时"习与性成",又可以修养其德性,是实施养成性教育所必备的内容。至于哲学上所说的"知行"的"行",则是指社会实践活动,它

---

① 陶行知:《每事问》,《陶行知教育论著选》第652页,人民教育出版社,1991年版。

② 《颜习斋言行录·学须》。

与"习"有同有异。相同之处在于，都是学生的行为活动；不同的是，"习"属于学生的学习范畴，是学习的一种形式和手段。而"行"主要是指社会实践，虽然也具有学习的价值，但是，"行"直接受社会环境的制约，有特定的社会目的并产生社会影响；"习"则受学习环境的制约，其效果直接受教学目标的检验，最终则受社会价值观的检验。孔子将"习"列入教学过程，突出了教学活动的特点，这是极富创见的一举。孔子高明处在于，"习"只是过渡到"行"的中介，它不能取代"行"，而且必须为"行"服务。《论语》一书中出现了72次之多"行"字，这在一定程度上证明孔门教育十分重视"行"，甚至提倡"笃行"。

在实施"习"与"行"的教育时，应当注意什么呢？

孔子认为君子必须言行一致，所谓"君子耻其言而过其行"①，他评价人物则是"听其言而观其行"②。更重要的是，作为君子，应该"讷于言而敏于行"③，这是在倡导"力行"、"笃行"。在孔子的长期教诲下，子路在听到有益的思想后，如果尚未付诸实行，竟然唯恐再听到什么有价值的思想而来不及实行④。虽然子路急于践行的性格，令人觉得可爱而可笑，却真切地反映了孔门弟子重"行"的实际情况。由"习"入手，符合学习者的认知实际，有助于提高学生的践行能力。但是，不恰当的"习"，或者"以习代行"则是错误的，那就成了机械训练，既不利于学生实践能力的提高，甚至还会成为学生思维发展的严重阻碍。例如，大量的"题海战术"的"习"，就属于不恰当的"习"，是"以习代行"。这只能说明教育的无能，对学生的发展无益而有大害，与孔子倡导"习"的初衷相悖。

（三）学贵"知新"——学习性创新的特点

人们往往认为"学"就是由"不会"到"会"，既然孔子继承了"以学为中心"的教育观，一定专注于如何让学生由"不知"到"知"。如果是这样，那孔子推行的教育就只属"守成"教育，而无"创新"可言了。实际上，孔子在继

---

① 《论语·宪问》。
② 《论语·公冶长》。
③ 《论语·里仁》。
④ 《论语·公冶长》。

承以学为中心教育观的同时，恰恰在"学"字的引领下，卓有成效地培养了学生的创新精神和实践能力。

要正确认识孔子教育的创新性，必须认识学校的学生是特定的社会群体，他们的创新活动具有与之相应的特点，即大多都与他们所学知识是相关联的。对于学生来说，当然可以产生原创性的创新，但是大多数学生的创新活动一般都不容易达到原创性的水平。那么，这种以学习为中心任务的创新活动，即学习性的创新，应当具有哪些特点呢？这是我们当今教育改革应当重视的问题，恰恰孔子的教育革新，可以为我们提供这方面的启示。

其一，学习性创新，往往以学生的"提问"来呈现。善于在学习知识的过程中，发现问题，提出问题，这是孔子弟子们创新活动的杰出表现，这种以问题为导向的创新，业已受到普遍的关注，而且在许多论述孔子教育思想的书籍中多有阐述，故从略。

其二，学习性创新，多表现为学生领悟和运用知识的新意。孔子正是这样做的，他十分重视学生对知识的领悟和运用，关注其中包含的新意，这种"新意"应当被视为学习性创新。孔子创立了启发诱导原则，强调学生是否能够"举一反三"，也就是能否将所学知识进行"迁移"，即使他们的感悟或"迁移"，并不具有原创性，但是，对学习者来说，这意味着是他们对已知知识的超越或拓展，都会得到孔子的赞许。例如，子贡将《诗》中"如切如磋，如琢如磨"这一描述制作骨器、玉器的功夫，迁移到提高人的修养上来，这种"迁移"就很有创意，得到了孔子的赞扬。

其三，学习性创新，不仅表现为发散思维，更多地表现为收敛思维。学生是学习者，创新活动要体现在学习成效上，善于领会老师的教诲，往往是学生创新活动的重要方式。值得我们格外注意的是，孔子的弟子经常采用"收敛思维"的方式进行创新。他们注意将孔子的教诲加以总结概括以至升华，这种对老师教诲的总结，不仅深化了对老师所传知识的理解，而且常常成为他们学术创新的起点。例如，曾参在学习了孔子关于行孝礼仪的教育之后，概括出"慎终追远，民德归厚"[1] 的论断，就是很有见地的思想，这种深刻的领悟，成就了他撰著《孝经》、推行孝道的大事业；再如，有子学习了孔子的"礼教"之后，提出了著名

---

① 《论语·学而》。

的格言："礼之用，和为贵。"① 此话千古流传，业已成为中华民族构建和谐社会的重要思想渊源；还如，子夏曾将孔子的培养目标概括为"仕而优则学，学而优则仕"②，影响了中国整个封建社会的教育，可见其创新力度之大！孔门弟子的上述言论，虽然是对孔子教诲的总结升华，但是，已经具有原创性的特点。应当指出，像"学而优则仕"这样的论断，在当时具有创新意义，在今天则是应予扬弃的观点。

上述所列孔门弟子创新活动的几种类型，有助于纠正我们对于创新思维的偏颇理解。在很长一段时间里，我国教育界几乎将发散思维等同于创新思维，其实，"收敛思维"也属于创新思维，诚如孔门弟子对老师教诲的概括所为。这两种思维并不存在非此即彼的对立关系，二者的整合，可以使创新思维更为成功有效。这是孔子教育实践给我们的又一珍贵启发。

孔子学贵知新的思想，在战国时期，被思孟学派所继承，并获得较大发展。该学派所撰《礼记·学记》在视学制度中专门提出："九年知类通达，强立而不反，谓之大成。夫然后足以化民易俗，近者说【悦】服，而远者怀之，此大学之道也。"意思是说，学生学到第九年，如果能够做到认识事物触类旁通，闻一知十，以及政治上成熟，立场坚定不移，就是达到了"大成"的目标。只有这样，才有本领教化人民，移风易俗，使亲近的社群悦服，使疏远的社群前来归附。这就是大学教育的目的任务。③《学记》认为，在知识学习上能够做到"触类旁通，闻一知十"，即具有创新能力，才能在从政时遇到各种矛盾与冲突时，有主见，有坚定的信仰，在艰难困苦面前不动摇，不气馁，做到"强立而不反"，而且还能促进国家各民族的团结与社会的和谐。正是由于孔子注重学生学习时有自己的创见，致使他的事业后继有人，薪火相续不断。

孔门弟子学习性创新特点的启示——对基础教育培养学生创新能力的思考

我国推行素质教育以来，基础教育开始重视对学生创新精神和实践能力的培养，这是英明之举，关系我们国家今后的可持续发展，具有战略意义。近年来，各种研究开发基础教育阶段学生创造力的课题、实验纷纷涌现，掀起了从未有过

---

① 《论语·学而》。

② 《论语·子张》。

③ 参见高时良：《学记评注》，第34~35页，人民教育出版社，1982年版。

的热潮。这是应予肯定的可喜现象。不过，本着"热点问题冷思考"的原则，本书在总结孔门弟子创新历史经验之时，深深感到，必须正确把握学生创新的特点，特别是基础教育阶段学生创新的特点，才能有效地为社会培养所需要的创新人才。

我国创造教育的研究已经有很长的历史，为了保护学生的个性发展和创造力，逐渐出现了"特长生"这一概念，并且出台了一些扶持"特长生"的制度，大大鼓励了学生的创造热情。但是，应当看到，在中小学阶段真正的特长生，为数并不多。"特长生"从人才学的观点看，属于"显人才"。处于基础教育阶段的学生，个别天赋超常的学生，在成熟期较早的专业领域内，有可能将"潜能"变为"显能"，成为特长生。例如，音乐天赋的成熟期就比较早，在音乐方面有天赋的"潜能生"，容易在中小学时期崭露头角，成为特长生。然而，大多数的中小学生多处于"潜能"待发的阶段。对于这些众多的"潜能生"应当如何培养他们的创造力呢？

最为重要的是，学生的创新能力培养，应当与他们的学习任务相联系，而不应游离其外。围绕所学，学会发现问题，提出问题，将所学知识技能进行迁移，用以解答或解决各种问题，使他们创新能力的增长与知识技能的提高相资以长，夯实他们发展的基础，终究会使之成为杰出的创新人才。这种做法，具有"普世性"，与基础教育的基础性一致，可以"面向全体学生"。孔子正是这样做的，他的学生中最终出现了孝道的经典著述大师曾参，子夏则成为王者师，子贡在政治舞台上与各国诸侯分庭抗礼……这都证明孔子对学生创新潜能的开发是成功的，其所以能够获得这样的教育成效，归功于孔子遵循"因革相成"的原则，确立了"以学为中心"的教育观，正确把握了教育应当以学生的学习为中心的本质特点。

第二章 为社会转型推波助澜

——成功改革教育制度的前提

　　孔子生活在我国社会急剧转型的动荡时代，即春秋末期。这样的时代对教育改革既提出了挑战，也提出了机遇。孔子顺应历史潮流，在教育实践中勇敢地站在潮头，引领教育改革潮流的发展，终于成功地进行了影响千古的教育制度改革。

　　历来阐述孔子对教育制度的改革，主要有三项内容：确立私学制度；倡导有教无类；主张"学而优则仕"。本章在此基础上，深入揭示了孔子开创培养封建士大夫先河的历史功绩，进一步指出培养什么人的问题，是教育制度改革的核心问题，孔子成功之处正在于顺应社会发展的潮流，以培养"士人"为目标，适应了中国封建社会官僚政治体制的需要，致使其教育改革能够与中国封建社会相始终。

　　改革开放之后，我国社会进入了急剧转型时期，正确确立培养目标，是建立具有中国特色社会主义教育制度的首要问题。培养目标的前瞻性和明晰性，至关重要。本书较详尽地总结了孔子的"士人论"，这是中国传统教育得以造就一大批仁人志士的重要依据。弘扬优秀的"士人精神"，可以端正学风，提升当下知识分子的精神素养。本章也指出了孔子"士人论"的内在矛盾，揭露了"官本位"思想对中国知识分子的侵蚀，这也是当前教育改革必须注意的一大问题。

第一节 天下征伐，渴求新型人才

——社会凸显改革教育制度的需要

春秋时期的诸侯国，争霸蜂起。但是，要想成为霸主，至少需要三个基本条件，其一是本国经济发达，其二是拥有军事实力，其三是富有杰出的谋略。这对霸主自身的素养要求是很高的，需要有一定的魄力，更为重要的是他必须善用得力的人才。例如，齐桓公（公元前 685—公元前 643 年在位）是春秋时期第一位霸主，成就其霸业的则得力于管仲的辅助。历史上公认是管仲为桓公"九合诸侯，一匡天下"，促进国家的统一，奠定了霸业的基础。再如，扶助越王勾践复国的是范蠡，他辅助勾践廿余年，终于使勾践于公元前 473 年灭吴。范蠡深知大名之下，难以久居，遂乘舟泛海而去，定居于陶（今山东定陶西北），经商积资巨万，称"陶朱公"。范蠡既能治国用兵，又能齐家保身，是先秦时期罕见的智士，史书概括其平生"与时逐而不责于人"。管仲与范蠡都不同于传统的世袭的职官，而是春秋时期社会转型急需的新型的人才。

而能使当时的诸侯获得成功的人才，完全不同于由"学在官府"培养出来的传统"人才"。因为"学在官府"培养的弟子，大多依赖氏族世袭制度，而没有实际的竞争能力，难以适应争霸天下的需要。面对这种形势，对待文化教育的发展，当时存在三种不同的态度和立场，并起着三种不同的作用：其一，主张兴学。这一类人中有变法图新的前驱者，如齐相管仲和郑相子产。管仲主张"尊贤育才，以彰有德"，"士（仕）无世官，官事无摄，取士必得，无专杀大夫"[1]。子产则有"不毁乡校"的善政。他们主张兴学，正是政治上力主改革的体现。其二，抱残守缺。这类人的典型代表，就是相礼的儒生。春秋时期，邹鲁一带保留着周公遗教，因而产生了一批熟悉六艺之教的相礼的儒生。他们把西周的思想文化，变成了僵死的形式，专门给没落贵族装潢门面。有的学者尖锐地将他们称之为"公族奴婢的邹鲁搢绅先生"[2]。相礼的儒生也有办私学的，专门传授形式化的礼乐，他们是春秋时期教育领域中保守势力的代表。其三，弃学无为。这一

---

① 《孟子·告子下》。

② 侯外庐：《中国思想通史》第 1 卷，第 138 页，人民出版社，1980 年版。

类人中有在位的"不悦学者"，如周大夫原伯鲁。他曾公开说："可以无学，无学不害，不害而不学，则苟而可。"① 他代表着执政的没落贵族的观点。在野者则是老子。他认为："绝圣弃智，民利百倍；绝仁弃义，民复慈孝。"② 甚至说："古之善为道者，非以明民，将以愚之。民之难治，以其智多。故以智治国国之贼，不以智治国国之福。"③ 这种主张有可能使文化教育和行将没落的阶级同归于尽！

孔子继承并发展了革新者积极兴学的主张，创办私学，并将文化下移于民间。孔子景仰子产，在文教事业的改革上，受其影响十分明显。例如孔子创办私学以"学而优则仕"为目的，这正是子产"学而后入政"思想的重大发展。对于管仲，孔子同样推崇至极。他从不轻许人以仁，但却盛赞管仲具有仁德："桓公九合诸侯，不以兵车，管仲之力也。如其仁！如其仁！"④ 孔子主张举贤才，提倡从政要近贤远佞（"举直措诸枉"⑤），这与管仲"尊贤育才，以彰有德"以及"士（仕）无世官"的思想一脉相承。所以，孔子与创立王道霸业的前驱者们，在教育思想上的继承关系是显而易见的。致使他在继承西周教育的同时，有效地进行了教育的变革。大兴私学，高举有教无类的旗帜，推行学而优则仕的主张，孔子这一系列的变革，满足了当时五霸迭兴渴求新型人才的需要。顺应时代变革，是孔子成功改革教育的前提。

第二节　礼崩乐坏，文化扩散
——为实施教育改革创造了社会条件

（一）礼崩乐坏，文化下移民间

西周时期，实施的是"学在官府"的制度，贵族氏族垄断知识，受教育者是所谓"胄子"、"国之弟子"、"公卿之大子、大夫、元士之适子"。"学在官

---

① 《左传·昭公十八年》。
② 《老子·第十九章》。
③ 《老子·第六十五章》。
④ 《论语·宪问》。
⑤ 《论语·为政》。

府"时，史官是掌握文化知识的中枢，太史寮则是最高学府。可知，早期社会知识、学术、文化都被官府垄断。文化典籍档案是知识总汇，便成为教育贵族子弟的教本。至孔子之时，氏族宗法制度开始瓦解，世卿制度遭到破坏，开始出现了国君任免官员的官僚制度的萌芽，这是我国政治制度的重大发展。这一变化与改朝换代的变化不尽相同，属于社会性质的变革，即由奴隶制向封建制转换。致使在原有世卿制度下掌管文化典籍的官员，特别是史官，他们位尊爵显的地位开始消失了。周天子的王室日渐衰落，养不起大批职官，有专门知识的王官百工，陆续解散到各诸侯国，据史书记载："**大师挚适齐，亚饭干适楚，三饭缭适蔡，四饭缺适秦。鼓方叔入于河，播（上兆下鼓）武入于汉，少师阳、击磬襄，入于海。**"他们同时也带去了王室的典册档案和礼乐技能。扩大了文化的传播。

春秋时期，连连的兼并战争，使许多诸侯国灭亡，宗庙被毁，重器被迁，他们原来世守的文化资料或器具档案，也就流散到社会上。这就为像孔子这样的士人，提供了搜求、学习和利用官府世袭文化的可能。

在收集、保存、传播、利用传统文献中做出突出贡献的就是孔子。他收集鲁、周、宋、杞等故国流传下来的史官记注和官府文书，删定六书，即后世所称之六经，实际上就是对原有文化档案的整理和编纂，所以人称六经皆"先王之政典"，说明孔子保有了原来官府搜藏的文献。他得以编撰教材，基本上是官府档案原件的编纂。由于文献典籍外流，通过士的搜求和学习，原来只被上层所垄断的文化知识通过士这一媒介传到了民间。从此，"学在官府"局面被打破，"官师合一"状况也消失了，私人讲学、私人著述从此兴起。这就为孔子兴办私学，成为古代文化的集大成者，创造了不可多得的条件。

（二）私学体制的确立，突破了奴隶制"学在官府"的樊笼

在我国私学有一个发展过程。在氏族宗法的奴隶制社会是"族有世业"的家学，诸如在官府有"畴人之学"，在民间也有子继父业的农工商之学等等。随着氏族宗法制度的解体，不仅官学废弛，私学也发生了变易。春秋之际，开始出现了私人讲学之风。有些受过一定贵族文化教育的没落贵族，收徒设教称为私学，但其影响都很小。就"儒"而言，也并非孔子首创，儒士原来就有，是一些以"襄礼"为职业的人，他们把周代的礼乐制度作为营生的手段。孔子学习了儒士们的文化知识，剔除其形式主义与不合时令的糟粕，总结提升其文化知识

技能的内涵，逐渐发展成一个学派，作为教学的内容，使他所创办的私学成为集古代文化之大成，并能与时俱进的学府，这是孔子私学在当时成为规模最大、成就卓著、一大显学的重要原因。就以收徒讲学的成果来说，是古今中外少有的，其影响之深远也是空前的。私学能够成为一种学校制度，在社会上广为推行，应归功于孔子的教育实践。史称孔子"以《诗》、《书》、《礼》、《乐》教，弟子盖三千，身通'六艺'者，七十有二人。"或曰："受业身通者七十有七人。"① 自孔子始，私学才在社会上立下了根基，成为一种普遍的教育制度，在中国相沿2400多年，培养了无数人才。孔子创办私学，宣告了"学在官府"历史的终结。

（三）倡导"有教无类"，支持"举贤才"的社会政治改革

孔子大兴私学，提倡"有教无类"，这不仅打破了氏族贵族对教育的垄断，而且还适应了当时政治制度的变革。"学在官府"又称"政教合一"，它既是一种教育制度，也是一种政治制度。西周时期的"教"，是国之权柄；"师"，则是国家的官员。氏族宗法制度的政教分离，学术下移，意味着氏族贵族政权的解体。私学兴起，讲学兼议政，是新兴地主势力抬头并参与国政的重要表现。可以说孔子以办私学为从政的手段，不仅是一种政治理想，而且也是一种现实的政治行动。近代学者，有的说孔子办的是政治学校，有的说孔子创立的儒家是一个政治团体。总之，孔子的私学是"干政"的，这种见解是符合实际的。孔门弟子求学明言"问为政"、"学干禄"。孔子传业，授之以修己安人之道，修己治人之术。孔子不仅通过培养人才来实现自己的政治理想，而且以师生议政的方式，直接参与当时的政治斗争。据朱熹考释，季氏欲伐颛臾，可能是由于孔子的教诲，并通过冉有、季路的干预而未能实施。这说明孔子及其弟子积极参与政治斗争，并有相当作用。私学议政的传统，孔子创之于前，子夏仿之于后，他出仕魏文侯师，也是弟子相随，讲学、咨询、出使兼施。后代的墨家、法家莫不如此。足见孔子创办私学，促进了士人参政，这不仅是教育制度的改革，而且也是政治制度改革的一个方面。反映了新兴地主阶级参政主政的愿望，顺应了历史的发展，应充分肯定这一变革在当时的进步意义。

"有教无类"的提出，直接冲击着西周时期的"学在官府"制度，是一个具

---

① 《史记·仲尼弟子列传》。

有划时代意义的口号，它同"氏所以别智愚"相对立，在宗法等级的樊笼上打开了一个缺口，宣告教育不应是氏族贵族的专利。孔子又实行"自行束脩以上，吾未尝无诲焉"①的措施，保证了"有教无类"的实现。"夫子之门何其杂也"②是他实行"有教无类"的证明。弟子的社会地位也十分驳杂，据《论语》记载，颜回身据陋巷，过着一箪食一瓢饮的清贫生活。仲弓的父亲是一个贱人。公冶长曾是犯人。《说苑》记载了子路食藜藿，曾百里负米供养母亲；曾参亲自耘瓜，其母亲手织布；闵子骞曾着芦衣为父推车。《吕氏春秋》又载：子张是鲁之鄙人，颜涿聚曾作过梁父大盗。孔子的著名弟子中，出身贵族世家的只有孟懿子和南宫敬叔两人③，最富有的是做过生意的子贡④。可见孔子提出"有教无类"不是一句空话。

孔子说过"故旧不遗"的话，有"因"于周制的一面，这与后世封建中央集权制保留了一部分世袭宗法制度是一致的。更重要的是孔子还积极主张"举贤才"，又有"革"于周制的一面，开封建官僚制度之先声。据《论语》记载，孔子弟子仲弓为季氏宰，向老师请教为政之方时，孔子明确指出"先有司，赦小过，举贤才"⑤。当鲁哀公问如何使"民服"时，孔子又告诉他："举直措诸枉，则民服；举枉措诸直，则民不服。"⑥"举直"即"举贤"。孔子认为举贤是重要的国策，能够实行，便足以使民悦服，故不论出身，有贤则举。他为了培养这种贤才，费了大半生心血。孔子对于统治者能否实行"举贤才"的政策，表示过鲜明的褒贬。当他听说公叔文子能举贤，即赞之曰："可以为文矣。"⑦ 当他听说臧文仲妒贤嫉能，则斥之曰："窃位者与！"⑧晋国魏献子举贤，是当时一项重大的革新举措，孔子对此事公开称赞道："近不失亲，远不失举，可谓义矣。"⑨ 以上事实足以证明孔子"举贤才"的政治主张，代表着社会变革的方向：兼顾贤

---

① 《论语·述而》。
② 《荀子·法行》。
③ 《左传·昭公七年》。
④ 《史记·仲尼弟子列传》。
⑤ 《论语·子路》。
⑥ 《论语·为政》。
⑦ 《论语·宪问》。
⑧ 《论语·卫灵公》。
⑨ 《左传·昭公二十八年》。

才与"故旧",但以"举贤"为主体,这恰恰是后世封建官僚政治制度的基本结构。应当指出,孔子主张尊贤有等,不及墨子尊贤平等富有民主色彩。但是他的思想却更符合等级社会的现实状况,具有历史的可行性。"学而优则仕"的深远意义还在于为后世的选官制度奠定了理论基础。其中所体现的"用人唯贤"的原则精神,时至今日,仍是我们应当继承和发扬的优良传统。

孔子实施"有教无类"、传播文化有两个值得重视的趋向。其一是播学于庶民,促进了士阶层的崛起。士,早已有之。西周的士是氏族宗法制度中的下级贵族,是以血缘纽带维系的食"禄田"者。孔子的弟子以平民为主体,他培养的士君子,立身处世不再是凭借原有的血族关系,而是依据自己的道德修养和学问智能。他们是驰骋于春秋、战国时期政治舞台的重要角色,从他们之中分娩出了封建社会的士大夫阶层。这个阶层是构筑封建国家机器的重要成员,也是新兴文化事业发展的社会基础。

孔子创办私学,实施"有教无类",使当时的学术下至庶人,扩大了社会受教育面,对开发民智有很大的进步作用,成为百家争鸣新风的导源。在今天,我们的教育改革,仍然需要高扬"有教无类"的旗帜,推进教育公平,为缩小贫富悬殊、构建和谐社会,发挥应有的作用。

(四)倡导"有教无类",促进了中华民族文化的大融合

孔子实施"有教无类"、传播文化,第二个值得重视的趋向是"布学"于四夷,即将先进的文化传播到各诸侯国,促进了中华民族的大融合和文化教育的大提高,这是有功于国家民族发展的伟业。从史籍记载可知,孔门弟子来自相当广泛的社会层面,如弟子的国籍有吴、卫、蔡、宋、齐、鲁、晋、郑、陈等国。历史上素有"孔子弟子三千人,身通六艺者七十有二人"的说法,《孔子家语》专门撰写了《七十二弟子解》一章,以此章所记为主,略加补充,能够知道孔子弟子国籍的情况大致如下。

序号	姓名	字	国籍
1	颜由	季路	鲁国
2	颜回	子渊	鲁国
3	闵损	子骞	鲁国

续表

序号	姓名	字	国籍
4	冉耕	伯牛	鲁国
5	冉雍	仲弓	鲁国
6	宰予	子我	鲁国
7	冉求	子有	鲁国
8	仲由	子路	鲁国
9	言偃	子游	鲁国
10	曾点	子晳	鲁国
11	曾参	子舆	鲁国
12	澹台灭明	子羽	鲁国
13	宓不齐	子贱	鲁国
14	樊须	子迟	鲁国或齐国
15	有若	子有	鲁国
16	公西赤	子华	鲁国
17	公冶长	子长	鲁国
18	南宫括	子容	鲁国
19	商瞿	子木	鲁国
20	秦商	不慈	鲁国或楚国
21	颜刻	子骄	鲁国
22	冉儒	子鱼	鲁国
23	颜辛	子柳	鲁国
24	叔仲会	子期	鲁国
25	冉季	子产	鲁国
26	漆雕哆	子敛	鲁国
27	公夏首	乘	鲁国
28	颜祖	襄	鲁国
29	申党	周	鲁国
30	颜之仆	叔	鲁国
31	县成	子祺	鲁国

序号	姓名	字	国籍
32	左人郢	行	鲁国
33	秦非	子之	鲁国
34	颜哙	子声	鲁国
35	乐欬	子声	鲁国
36	颜何	冉（称）	鲁国
37	邦巽（选）	子敛	鲁国
38	孔忠	子蔑	鲁国
39	公西蒇	子上	鲁国
40	端木赐	子贡	卫国
41	卜商	子夏	卫国
42	琴牢	子开	卫国
43	奚容箴	子皙	卫国
44	句井	子疆	卫国
45	廉絜	庸	卫国
46	公孙龙	子石	卫国或楚国
47	颛孙师	子张	陈国
48	公良儒	子正	陈国
49	巫马期（施）	子期（旗）	陈国
50	陈亢	子亢	陈国
51	高柴	子羔	齐国
52	公析哀	季次	齐国
53	梁鳣	叔鱼	齐国
54	公冶长	子长	齐国
55	后处	子里	齐国
56	步叔乘	子车	齐国
57	原宪	子思	宋国
58	司马犁耕	子牛	宋国
59	漆雕开	子若	蔡国

序号	姓名	字	国籍
60	言偃	子游	吴国
61	秦祖	子南	秦国
62	壤驷赤	子徒	秦国
63	任不齐	选（子选）	楚国
64	公肩定	子中	晋国或鲁国
65	叔仲会	子期	晋国
66	郑国（薛邦）	子徒	郑国？

《史记·仲尼弟子列传》和《孔子家语》所记，只是孔子七十二位身通六艺弟子中的一部分，其中鲁国以外的弟子约占41%，大约包括13个国家，足以证实孔子实施"有教无类"的确起到"学布四夷"的作用。何况孔子周游列国时，即行即教，向他请教者众多，所到之处无不受到他的教诲。他既吸纳了鲁国以外各民族的优秀文化，也传播了中原的先进文化，对我国丰富多彩民族文化的形成，做出了不可磨灭的贡献。更具有现实意义的是，它体现了孔子兼容并包的文化思想与民族和睦共处的精神。这种精神传承至今，形成了世界各国艳羡的、和谐的民族大团结，为抵制民族分裂主义逆流，建设和谐社会做出了历史性的贡献。

第三节　倡导"学而优则仕"的教育目标
——开"封建士大夫"之教的先河

"仕而优则学，学而优则仕"，是《论语·子张》所载孔子弟子子夏说的话，意思是当官的有余力便去学习，学好了便可以做官，表明了学习与做官相资以长的关系，指出了学习是做官从政的准备，做官从政则是学习的目的。近代人们常用"学而优则仕"来表述孔子的教育目标，这是符合孔子教育实践和教育思想体系的。

以往的教育史，为了凸显孔子教育思想民主性的精华，主要从"举贤才"和为后世官吏选拔制度提供理论依据这两个方面来评价"学而优则仕"的进步意义，这诚然是正确的。但是，不能不指出，这种评价，在一定程度上淡化了"学而优则仕"在重大社会转型时期的开创性作用。中国封建社会实施的是官僚政治制度，是其维系大一统政体的重要政治基础。从这个角度分析，"学而优则仕"的重要价值更在于培养了中国早期的士大夫，推行这一制度，为中国封建士大夫阶层的形成创造了运作机制，从而促进并维系了中国封建官僚政治体制的确立与发展完善。

（一）由"大夫士"到"士大夫"

"士大夫"是战国才出现的一个新概念。在此之前，士均排在大夫之后。战国典籍中表示等级序列仍用"大夫士"。例如《荀子·礼论》就有"大夫士有常宗"的话。《吕氏春秋·上农》也记载："是故天子亲率诸侯耕帝籍田，大夫士皆有功业。"至战国，"士大夫"开始频频出现在典籍之中，例如《战国策·秦策二》记载："诸士大夫皆贺。"这里的士大夫指朝廷之臣。《荀子·王霸》云："农分田而耕，贾分货而贩，百工分事而劝，士大夫分职而听。"荀子已经明确了士大夫是指一切居官在职之人，与"大夫士"有明确的区别。《荀子·君道》又讲："论德而定次，量能而授官，皆使人载其事而各行其所宜。上贤使之为三公，次贤使之为诸侯，下贤使之为士大夫，是所以显设之也。"此处的士大夫指诸侯以下的官吏。文官称士大夫，武官也称士大夫，朝廷可以根据他们品德的高下、能力的大小授予不同的官职，这与封建社会任官制度几乎相同。显然，如果社会上没有形成新型的"士"阶层，封建官僚制度是无法建立的。"大夫士"与"士大夫"表面看去只是前后颠倒了一下，实际上反映了一个重大变化：大夫士强调的是等级；士大夫指的是阶层，它的特点是知识分子和官僚的混合体。无论在春秋以前或战国，"大夫"都指有一定官职和爵位的人，社会地位比"士"高。为什么从战国开始，"士"常常冠在"大夫"之前呢？这是因为，随着世卿世禄制度的衰败，用家臣管理国事，是官僚制度的开始。在贵族政治下，行政机构混溶于血缘家族，政治活动与非政治活动交杂在一起，官吏职能交叉，分工不明。官僚制度所要求的是"职分而民不慢，次定而序不乱"，"群臣守职，百官有长"，反对"兼官"和"越职"。在官僚制度下，行政、监察、财政、军事、考绩管理等部门日益专门化。官僚制度逐步兴起，出现了许多新的选官方法，许多没有继承权的"士"通过荐举、学校、游说自荐、招贤、军功等途径取得了任官资格，有的还受到重用，以至在战国时游说纵横之士遍布天下，其中被擢为大臣、声名卓著的有荀况、商鞅、张仪、苏秦、李斯等人。这些士都是以自己的才能和取得的业绩博取到重用的，并在此基础上奠定了官僚制度。随着官僚制度的兴起，"士"获得了大显身手的"平台"。一些出身"士"的人，靠着自己的才能，平步青云，甚至社会上出现了一批布衣卿相。另一方面，战国时期的大夫与春秋时期也不大一样。春秋时期的大夫，大部分是靠宗亲分封而来的，并且是世袭的。战国时期的大夫正演变为官僚体系中的一个职位和爵位，大夫中多数不再是靠宗亲分封，一般也不再世袭，它们中的多数是由"士"升上来的，当然也有少数并没有士的身份，只是有一技之长的本领。"士大夫"概念的出现，是官僚制度兴起在思想观念上的反映。

从孔子大兴私学的结果来看，他使大批接受了教育的读书人，获得了治国安民的本领，从而出将入相，他本人就是凭借自己的学识德行而上升为布衣卿相之列的，被尊称为国老。孔子的弟子也纷纷出仕，"挤"入"大夫"之列。诚如《史记·儒林列传》介绍孔门弟子成就所言：

> "自孔子卒后，七十子之徒散游诸侯，大者为师傅卿相，小者友教士大夫，或隐而不见。故子路居卫，子张居陈，澹台子羽居楚，子夏居西河，子贡终于齐。如田子方、段干木、吴起、禽滑厘之属，皆受业于子夏之伦，为王者师，是时独魏文侯好学。后陵迟以至于始皇，天下并争于战国，儒术既黜焉，然齐鲁之间，学者独不废也。于威、宣之际，孟子、荀卿之列，咸遵夫子之业而润色之，以学显于当世。"

除司马迁论及的以外，孔门弟子出仕为官的还有不少人，例如冉求曾任季氏宰，冉耕曾任中都宰，子游曾任武城宰，宰予仕齐曾任临淄大夫。在政治上最为活跃的当数子贡，《史记·仲尼弟子列传》云："子贡一出，存鲁、乱齐、破吴、强晋而霸越。子贡一使，使势相破，十年之中，五国各有变。"即使有的弟子没有出仕，而是从事教育工作，但是在当时，"师"与"官"仍有着密切的联系。《礼记·学记》有言曰："能为师，然后能为长；能为长，然后能为君。故师也者，所以学为君也。"这一论断，是对孔子"学而优则仕"极好的注解。孔门弟子即使从事教育者，其社会属性与"士大夫"也有着内在姻缘。更何况后世的"师爷"大多位高权重，与有名分的官僚无异。

孔门弟子不仅是活跃在当时政治舞台上的贤臣良将，而且于春秋战国时期的学术嬗递发挥过重大作用。例如墨子曾"学儒者之业，受孔子之术"①，卜子夏曾为魏文侯之师，并成为"咨问国政"的智囊，其弟子吴起曾任西河郡守。"西河魏土"是法家重要人物的发祥之地，法家与孔子及子夏，似有师承关系。至于李斯、韩非均为荀子的门徒，杂家也多承儒学之宗。这些都表明了孔子创立私学成就之大、影响之广。孔子的教育促进了中国士大夫这一特殊阶层的形成，他们统为文化人，大多数是在位的官僚，也有一些是不在位的知识分子，体现了"它的特点是知识分子和官僚的混合体"。封建士大夫这个阶层的出现，是封建官僚制度赖以构成的社会基础。孔子的教育改革，促进了"大夫士"到"士大夫"的变化，开"封建士大夫"之教的先河。孔子改革教育的成功之处，在于其培养目标具有前瞻性，适应了社会发展的需要。

（二）孔子的"士人论"

孔子提出改革教育的培养目标，不仅具有前瞻性，而且注意从理论与实践上，详尽地阐述其内涵，构成了我国最早的"士人论"，使其培养目标具有清晰性，影响甚为深远。

孔子多次论及设学施教的培养目标，他曾对子夏说："女为君子儒，无为小人儒！"②"女"是"汝"的假借字。原来的"儒"均为"术士"，经孔子的改造，"儒"不仅成为一个学派，而且在后世还成为读书人的代称，即所谓"儒士"，后简称"士"。孔子着力培养的是新型的"士"，优秀者则是从政的"士"或为"王者师"。他最高的理想目标，则是培养圣人。不过，他从不承认自己是圣人，论述圣人之道，旨在自励励人。在孔子心目中，这种新型的"士"，就是一些能够不依靠封土和世袭官俸生活的文化人，专凭自己的德行和本领谋生和从政。故而，孔子指出："士而怀居，不足以为士矣。"③ 即依赖于封地，足不出户，不能服从君主调遣的人，是不能为"士"的。而他倡导并着力培养的"士"，其中从政的，就是后世的"士大夫"。孔子曾经以身示范新型"士大夫"

---

① 《淮南子·要略》。
② 《论语·雍也》。
③ 《论语·宪问》。

的修养，并且多次论述了他们应当具备的品格。

《论语》的"乡党"篇，记录了孔子的容色言动，似可视为是孔子作为"布衣卿相"以身作则的示范。其中记有孔子在朝廷之上对上与接下的不同举止；记载了他为国君执行傧相的言行；记载了他为其国君延聘邻国的礼节；记载了他的着衣、饮食的规矩；记载了他好学的习惯与交友的诚义；以及他乘车的表情仪态等等，是孔子日常生活的动容周旋之总汇。但是，"乡党"篇记载的主要是士人的行为表现，而孔子更重视的是"士大夫"应拥有的品德。孔子对此多有论述，构成了最早的"士人论"。

据载，鲁哀公曾向孔子请教如何选拔"鲁国之士"，希望与他们共同治理好国家。孔子借此机会告诉鲁哀公，既然要选拔治国的人才，必须对社会上各种类型的人有所了解，才不至于用人不当，而误国害民。他集中地向鲁哀公介绍了世上的五种人：庸人、士人、君子、贤人和圣人。庸人当然不能选用，其他几种人则在选用之列。哀公听后，一一加以询问，孔子则详尽地回答，并着重阐述了士人的特点。①

孔子指出，士人心存确定的人生目标（"心有所定"），应变时的谋略，也是遵循一定原则的（"计有所守"），也就是说"士"是有理想追求，有信仰的人。"士"虽然不一定能够恪尽道义的根本，但是，却必定遵循所追求的原则（"虽不能尽道术之本，必有率也"）。显然孔子认为"士人"都是能够坚守信仰的人。就品行而言，士人即使不能汇集各种美德（"虽不能备百善之美"），但是必定会持守他们认定的处世原则（"必有处也"）。从以上论述可知，孔子首先向哀公加以介绍的是士人的操守，因为在他看来，在动乱不已的时代，拥有信仰和信念是士人最为可贵的品质。关于士的知识才能，孔子指出他们拥有一定的知识，不过不一定广博，但是，却具有审视判断所获知识的能力（"知不务多，必审其所知"）。也就是说真正的士人，不是"书呆子"，他们能为国君提供有价值的知识。士人说话不追求"言多"，却很注意审思，话要讲得有道理（"言不务多，必审其所谓"），这体现了孔子一贯反对巧言令色之人，认为"讷于言"是"仁者"的表现之一。这与孔子追求"学而优则仕"的教育目标直接有关。因为士人从政，都负有进言的责任，所以他专门向哀公阐述了士人的言谈。以孔子为代

---

① 《孔子家语·五仪解》。

表的儒家历来重视"践行"，孔子尤为关心的是，学生必须对所"行"进行价值判断，即想清楚该不该"行"以及如何"行"。故而告诉哀公，士人"行不务多"，但是，必须审视清楚践行有无正当的理由（"必审其所由"）。最后孔子总结说：从以上所述可知，士人其所以具有驾驭知识的智力，行事有一定的准则，说话力求合乎正理，那是因为他们有坚定的信仰，这种信仰之坚定，犹如人所获性命及形态是天生的、不可更易的一样（"智既知之，言既道之，行既由之，则若性命之形骸之不可易也"）。他们信仰的坚定程度，可以做到富贵予之不觉有所增益，贫贱处之也不会有所折损。这样的人才能称得上是士人啊！（"富贵不足以益，贫贱不足以损。此则士人也。"）

在孔子的教诲下，孔门高足曾参（约公元前 505—公元前 435 年）临终前还谆谆告诫他的弟子："士不可不弘毅，任重而道远。仁以为己任，不亦重乎！死而后已，不亦远乎！"[1] 表达了高尚而坚定的信仰。曾参字子舆，是曾点之子，春秋末鲁国人。他们父子都是孔子的学生，俱列孔门七十二贤。曾参少孔子 46 岁，是孔子晚年重要弟子之一，是孔子得意门人。他对孔子学说领悟较深，能得其旨要。他重视仁德，主张内省，曾经留下了"一日三省"的道德格言。在曾参的思想中，最为突出、影响也最大的是他的孝道思想，据传他编撰了《孝经》。曾参的孝道思想符合后世当政者稳定社会秩序的需要，越来越被朝廷重视，他的社会地位和谥号，也随之被不断抬高。元至顺元年（1330 年），竟被封为"笾国宗圣公"，至此，曾子的谥号达到了"圣"的高度。曾参正是孔子理想中的士大夫。曾参和孔门其他学生的经历，都能证明孔子创办的私学，的确称得上开中国古代"士大夫之教"的先河！

孔子所开"士大夫之教"，对中国封建社会建成"大一统"的中央集权制，有着直接的影响。如果把中国与外国作一比较，就可以有较具体的理解。近邻日本，在列岛之上，曾经建有六七十个封建小国，分裂割据是日本封建社会的基本状况。其他西方国家的封建社会，情况也基本类似。而中国和世界上其他封建国家的明显差别，却是"大一统"。自秦始皇制六合一统天下之后，虽然每隔一段时间就要出现分裂和动乱，但是，统一的中央集权，始终是中国封建社会的主导形式。究其原因，当然是多方面的。但是，一个很重要的因素是组成中国封建官

---

[1] 《论语·泰伯》。

僚主体的知识分子（士），是用孔子的思想培育出来的。他们多是"学而优则仕"，相对地摆脱了土地的束缚，在某种程度上超越了小农经济的分散性，而具有较大的流动性。特别是自汉武帝独尊儒术以后，各级官员都以孔子的"忠君保民"为首要的政治素养，保证他们分处四方皆能执行统一的中央政府（朝廷）的号令，减少了割据势力的产生，从而维系了大一统的政局。孔子以培养从政的士君子为己任，所谓"君子怀德，小人怀土"①，就是要求士、君子必须心怀天下，积极从政，服从朝廷的调遣。虽然孔子从孝敬父母的角度讲过"父母在，不远游"。但是，他并不一概反对出游，而是要求"游必有方"，告诉父母出行之处，以免父母挂念。他从治国的角度特别强调的，则是士不应"怀居"，君子不应"怀土"。这种思想，正适应于对封建官僚的统一调配。中国封建官制中的统一性和流动性，没有孔子大一统思想去维系，显然是不行的。孔子的思想对封建军事割据势力也有一定的遏制作用，因为我国古代多数武官都具有儒家信仰，"忠君报国"是他们最基本的道德观念。这使许多怀有雄才大略的军事首领，宁肯被害致死也不反叛朝廷，成为维护统一王权的中坚力量。在历史上，居然出现过重兵在握，12道金牌就能返回朝廷赴死的岳飞。人们在感叹岳飞不幸的同时，也深刻领略到用儒家国家观念培养出来的士大夫们信仰之坚定，这正是中国封建社会能够维持大一统的重要原因。也使我们具体认识到，孔子倡导的"士人论"为何极端重视坚定信仰的培育，并把它放在士人修养之首。士人的信仰，使他们心有定力，在各种诱惑面前，岿然不动。这对中华民族形成高尚的气节，具有"贫贱不移"、"富贵不淫"和"威武不屈"的浩然正气，都有着深刻的影响。但是，也不能不指出，这种对国家民族的忠诚，曾被统治阶级所利用，将其扭曲成是非不分的"信仰主义"，使众多的优秀知识分子成为愚忠愚孝的牺牲品。这种"信仰主义"至新中国成立之后，在一定程度上强化了"个人迷信"思想，对社会主义事业的发展造成了难以估量的损失。

人不可无信仰，但不能有"信仰主义"！

（三）"士人精神"的弘扬

孔子是成功改革教育的第一人，这不仅仅指其教育创新曾经耸立于历史之

---

① 《论语·里仁》。

巅，更重要的是，他的改革思想和实践成果，至今仍然具有生命力。当今社会已经窥见知识经济的端倪，知识分子将肩负起前所未有的责任和使命。那么，他们，即现代"士人"，应当具有怎样的素养，才能发挥其应有的作用呢？孔子关于"士人"的论述及其培养新型"士人"的教育实践，在当时曾经孕育成功中国士阶层，并形成了中华民族特有的"士人精神"，或称知识分子精神，影响极为深远，对我国现代知识分子群体的建设，仍然具有十分现实的启发意义。孔子培育的"士人精神"是什么呢？简而言之，即以"修己安民"为己任。分而论之，似乎可以概括为以下几个方面：

高度的社会责任心。士人精神指对人类前途、国家安危、社会发展、民族文化等，有一贯热忱的关爱，以至达到九死不悔的程度。这就是孔子所说"士""心有所定"的基本内涵，也就是"士"的坚定信仰。传统的士人恪守自己的信仰，在国家危难之时，他们能够为国尽忠，匡扶社稷，正气凛然，气节坚毅。孔子对尽瘁国事、直言进谏的士大夫，总是赞叹不已，劝勉弟子一定要学习效仿。据说孔子在世时，卫国的蘧伯玉很贤能，但是卫灵公却不任用他；弥子瑕不贤，反而被任用。史鱼屡次进谏，但是卫灵公都不采纳。后来史鱼得病，临死前对他的儿子说："我在卫国朝廷上做官，不能进谏蘧伯玉得到任用，使弥子瑕被罢免，这是我作为臣子未能匡正国君啊（没有尽到臣子的责任）。既然生不能匡正国君，那么，死后也就不能享用臣子之礼。我死后，你把我的尸体放在窗子底下，这对我来说，就算责任完成了吧。"他的儿子遵嘱办理。卫灵公前来吊丧，感到十分奇怪，就询问这是什么原因。史鱼之子就把父亲的嘱托告诉灵公。灵公为之惊讶失色，说道："这是我的过错啊！"于是命令将史鱼的尸体停放到房间的正堂，并召进蘧伯玉加以重用，罢免了弥子瑕并疏远他。孔子听到这件事后，十分感动地说："古代正直的进谏之士，到死也就算结束了，没有像史鱼这样的，死了还用自己的尸体来劝谏君主。"高度赞扬史鱼忠贞不渝的士人气节！

孔子一生竭力传播教诲高度负责的士人精神，对中国知识分子忠贞不渝社会责任心的形成，产生了不可磨灭的影响。文天祥曾精辟地道出了在这种士人精神培育下形成的"生死观"——"人生自古谁无死，留取丹心照汗青！"他本人也成为"士人"持守气节的典范。这种传统的"士人气节"，是中华民族战胜种种磨难的精神支柱。李大钊曾说，人生最大的快乐，莫过于在最艰难的时候改造国运。他就是怀着这样的信念，从容走上了敌人的绞刑架，以自己的牺牲唤醒了千百万民众。这是传统士大夫精神在共产党人身上的杰出体现。

抗日战争期间，西南联合大学集中了中国文化教育界的精英，他们以"多难殷忧兴国运！"①的坚定信念，在极端艰苦条件下，为国家培养出一代国内外知名学者和众多新中国成立后急需的优秀建国人才。即使散居海外的华裔老人，不论是学者、专业人士、科学家、报人、文人、商人、从政者、公务员等，不管是位于政治体制之内或体制之外，不论身处当地社会主流圈内或是身处其边缘的群体，大多都不轻易变换原则和立场，在他们身上充分体现了中国传统的士人精神。南洋理工大学中华语言文化中心李元瑾博士曾经发表过题为《新加坡华文知识分子角色的演变》一文，总结了居住于新加坡华裔知识分子的特点（即现代的"士人"），认为他们"因为关心家乡和祖国的苦难，忧患意识特别强烈"，以至具有"文化使命感和执著的性格"。

严于自律，克己奉公。孔子十分重视培养士人自省自克的修养，在孔子为代表的儒家思想影响下，中国传统的"士人"（知识分子）大多遵循"修身、齐家、治国、平天下"的道德理念要求自己，很多士人都成为严于自律、克己奉公的典范。这一传统精神在中华民族争取独立解放的斗争中，仍然熠熠闪光。例如，具有中国传统士人精神的张澜先生，在未入学的童年时期，就已熟读《论语》，后为清末秀才。在清代末年四川省"保路风潮"中，成为一位布衣英雄。他在民国时期曾任四川省省长（可谓现代士大夫），而他的夫人和老母却仍然在家乡过着农家生活，他严于自律的精神，被民众誉为"北川圣人"。新中国成立时，张澜任国家副主席。在举行开国大典的前几天，按照周恩来总理的亲自指示，有关方面拨了一笔服装费，希望张澜先生能一身簇新地出现在天安门城楼上。张澜先生却婉言退回，并说："国家的钱，即人民的钱，我怎么可以用来做了长袍穿在自己身上？但总理的考虑是对的，我将保证着新装与民同庆。"后来，他自己出钱，赶制了一件棉布的长衫，罩在旧衫之外，出席了开国大典。

如此严于律己的张澜老，在他70岁时还给自己题写了《自律原则》：

人不可以不自爱

人不可以不自修

---

① 摘自《西南联合大学校歌》。

> 人不可以不自尊
>
> 人不可以不自强
>
> 而人断不可以自欺

中华民族优秀的自律精神传统，孔子培育的自省自克修养原则，在张澜老身上显得异常璀璨。

我国职业教育的奠基人黄炎培，13 岁丧母，17 岁失父，十几岁便开始打工，白天站柜台，晚间笔耕，撰文卖钱，养活自己及两个妹妹。他 22 岁考中秀才，1902 年（25 岁）考中举人，可谓典型的"士人"。黄炎培中举之后，并不热心仕途，而是积极从教，次年在乡办校，因为鼓吹反清遭逮捕。在江苏巡抚"就地正法"批文到达一小时后，由基督教外籍牧师保出，逃亡日本，一年后事息归国，继续兴办学校。民国成立后他两次拒绝出任教育总长，享有不肯当官的美名。1917 年创办中华职业教育社，面对各方资助，从不据为己有，甚至自己不领工资，只取生活费，他的收入只相当于当时上层文化人收入的几分之一，他的儿女们从小只能穿着旧的衣服到不收取学费并管吃住的公费学校去上学。黄炎培如同颜渊般的"箪食瓢饮"、不愿敛财的名声在社会上传播开来，吸引众多志同道合者与之共同奋斗。

像张澜老、黄炎培这样的现代知识分子，以他们的言行，赋予传统士人严于律己修养以新的时代精神。

理性精神与刚正不阿的气节。"士人"一般都有一定程度的文化涵养和思想深度，具体表现为对事物具有独立的观察和思考能力，对社会现象有综合、归纳、分析的能力。这就是孔子所论"士""知不务多，必审其所知；言不务多，必审其所谓；行不务多，必审其所由"。理性精神使他们对现状勇于质疑和批判，不被权势、舆论、利益和地位所左右。一次，孔子的学生子贡问老师："子从父命，孝乎？臣从君命，贞乎？"孔子马上指出子贡太浅薄了，告诉他仅仅遵从父命不是真正的孝；仅仅遵从君命也不是真正的忠。孔子进一步具体地分析说，古时候拥有万乘战车国家的圣贤君王，如果能有七位直言敢谏的大夫，君王就不会有错误的行为了；拥有一千辆战车的国家，如果能有五位直言敢谏的大臣，国家就不会有危险了……当父亲的人，如果有直言敢谏的儿子，就不会陷入无礼的行为之中；读书人，如果有直言敢谏的朋友，就不会做不合道义的事情……①总之，在孔子看来能为"诤臣"才算真正的忠贞，能为"诤子"才算真正的孝子，能为真正的"诤友"才是最好的朋友。足见孔子十分重视见微知著和正确判断正误的能力，他认为士人只有具有这种理性精神，并能坚持正确的识见，才能成为君主的"诤臣"，成为父辈的"诤子"，成为交往的"诤友"。肯谏敢谏，真诚为人，这是"士人"理性精神的重要表现。孔子指出，士人持有这种智慧和精神，才能尽到士人之责。

刚正不阿的气节，被孔子视为士人的又一重要品德，并促成中国优秀的士大夫和广大民众，敢于同祸国殃民的恶势力进行坚决的斗争，敢于抵抗外来侵略，排斥奴颜婢膝的可耻行为。汉代史学家班固，曾为苏武写了如下的赞语："'志士仁人，不辱使命'，苏武有之矣。"孔子"成仁"、孟子"取义"的思想，使无数爱国志士，在国运多舛之时，能明大节于当时，立高风于身后，形成了中华民族崇高气节的传统，这与孔子赞扬和培育"士人精神"的影响密不可分。

我国古代曾产生过大批为民请命的"诤臣"，也影响了我国近现代知识分子高尚人格的形成。新中国建立后，在一系列"左"的运动的高压下，有些知识分子丧失了理性，牺牲了人格。而以梁漱溟、马寅初等为代表的知识分子，则坚持"独立之精神，自由之思想"，敢于谏言。

最为典型的是黄炎培向毛泽东提出的"黄氏周期律"的建言。当时，黄炎培68岁，向毛泽东直言相告：

> 我生六十余年，耳闻的不说，所亲眼见到的，真所谓"其兴也勃焉，其亡也忽焉"。一人，一家，一团体，一地方，乃至一国，不少单位都没有能跳出这周期率的支配力。大凡初时聚精会神，没有一事不用心，没有一人不卖力，也许那时艰难困苦，只有从万死中觅取一生。既而环境渐渐好转了，精神也就渐渐放下了。有的因为历时长久，自然地惰性发作，由少数演为多数，到风气养成，虽有大力，无法扭转，并且无法补救。也有为了区域一步步扩大了，它的扩大，有的出于自然发展，有的为功业欲所驱使，强于发展，到干部人才渐见竭蹶，艰于应付

---

① 《孔子家语·三恕》。

的时候，环境倒越加复杂起来了，控制力不免趋于薄弱了。一部历史，"政怠宦成"的也有，"人亡政息"的也有，"求荣取辱"的也有，总之没有能跳出这周期率。

"黄氏周期律"的提出，充分显示了黄炎培这位清末举人，不仅保存了传统士人的理性精神，而且融入了对现代社会发展规律的思考，更为深刻卓越，令人警醒，回味无穷！

以心求道、以道济世的乐道情怀。不计个人富贵得失，就是孔子所言"富贵不足以益，贫贱不足以损"的精神。在这种精神哺育下，成长起来的中国现代知识分子，他们曾经在抗战期间，谱写了中外教育史所罕见的奇迹。许多留学海外的著名学者，纷纷放弃优厚的生活待遇和工作条件，义无反顾地回到祖国，就职于各大学或学术机构。使得以"囤积教授"著称的西南联大常务校长梅贻琦，能够"网罗众家"，聚集了一大批堪称大师级的教授。然而，在当时物价飞涨、物质奇缺的情况下，这些教授忍受着一般人都难以忍受的困苦，坚持教书育人和学术研究。例如，华罗庚曾经一家六口居住在豢养牲口的圈棚中；吴晗教授被迫把珍藏的史书当给了云南大学图书馆；闻一多先生公开挂牌刻章治印维持生计；赵忠尧教授在乡下靠制肥皂来维持全家生活；梅贻琦校长的夫人、潘光旦夫人和袁复礼夫人等推磨做糕点，取名"定胜糕"，卖给昆明老牌的糕点铺"冠生园"，以维持全家的生计……就在如此艰难困苦的经济状况之下，西南联大的学者教授们，却获得了丰硕的研究成果。

正是这样一批具有中国传统士人精神的大师们和他们培养的学生，曾经是支撑我们年轻共和国的脊梁。在我国23位"两弹一星"功臣中，就有邓稼先、朱光亚等8位出自西南联大。在自然科学领域，西南联大的教师中后来成为中国科学院院士（学部委员）的有70人，所培养的学生中中科院院士和中国工程院院士分别有77人和13人。在人文科学领域，全国61位学部委员中，曾任西南联大教授的有11人。①

这就不难理解，法国著名思想家圣西门为什么会说，如果法国突然失去自己的几百位优秀的知识分子，它马上就会变成一具没有灵魂的僵尸。同样，中国的

---

① 董纯蕾：《抗战烽火中西南联大知识分子》，载《新民晚报》，2005年9月3日。

知识分子要是放弃了国家和社会责任感，我们的国家和社会就不会有生机和活力。

当下，我国处在急剧变革时期，经济体制和政治体制都尚待改革和进一步完善，在现有的知识分子群体中，开始有一些人不同程度地沾染上了市侩习气和"官气"，连有些教授和研究员等高级知识分子也抵挡不住"名"、"权"、"利"的诱惑，心浮气躁，大大削弱了他们的科学精神与人文气节，当然就难以产生有价值的创新成果。面对中国传统士人精神失落的危机，人们对于老派知识分子的怀念便与日俱增：章太炎的狂狷、鲁迅的锋芒、李大钊的理想与马寅初的坚持……越来越经常被人们怀念。2006 年 8 月 6 日，温家宝总理为季羡林先生庆寿，称季先生"代表了中国知识分子的精神和良知"，表达了我们社会期盼弘扬中国传统士人精神的心声！

（四）传统"士人论"的内在矛盾与冲突

当代社会呼唤"士人精神"的回归，这与这种精神的式微有关。但是，应当看到，士与大夫的结合，"士人精神"就不断受到挑战和冲突，反映了孔子"士人论"自身的矛盾。

孔子倡导"学而优则仕"的教育目的，表达了他期盼培养从政"士人"的追求。孔子曾经对鲁哀公形容儒生（即士人）的生存状况道："儒有席上之珍，以待聘。夙夜强学以待问，怀忠信以待举，力行以待取。其自立有如此者。"①将儒生比喻为宴席上的珍肴，待人选用，他们平时严于自律，"强学"、"怀忠信"、"力行"，这一切都是为了等待他人请教、举荐或录用。十分形象地道出了作为特殊阶层的士人，是没有独立性的，只有依附权势才能施展自己的德行与才华。这种理念，往往促使中国古代的士阶层，为了自己的生存和实现济世安民的抱负，大都积极地希望从政和干政。而统治者也需要有一批维护自己统治的知识分子，二者之间的相互需要，一方面产生了统治者控制士阶层的企图，另一方面也产生了士阶层靠拢统治者的愿望。加之，中国古代较早就建立了多种形式的选官制度，有条件把士阶层最大限度地吸收到官僚集团之中来，从而使在出世与入世中徘徊的古代士人与统治阶级实现了最大限度的合流，并源源不断地被充实到

---

① 《孔子家语·儒行解》。参见《礼记·儒行》。

官僚机构中去，从而形成了庞大的官僚集团，致使中国古代的士大夫既有积极的"士人精神"，又有与之有别的官僚心态。传统的士大夫常常成为皇权的附庸者、共谋者、执行者和宣传者，他们的价值也常常要通过皇权政治体系才能发挥出来，所谓"学成文武艺，货与帝王家"。是顺权势而起，还是坚守准则而落，这是两千年来一直摆在中国传统士人面前的两难选择。坚守"士人精神"者，则选择了"以心求道、以道济世"不惜牺牲的准则，谱写了许多无愧于天地良心的感人史诗。但是，传统士大夫依附于权势的心理特质，也造成了传统士人多有愚忠思想和正统观念，大大削弱了士人应有的理性精神和刚正不阿的气节。最为恶劣的是有不少官僚士大夫，彻底放弃了以道济世的职责，为当权者歌功颂德、粉饰太平，从而博得个荫妻封子、荣华富贵。这种士与大夫合流的结构，使中国传统士人"官本位"意识十分强烈。例如，李斯，曾经师从荀子，在儒家门下学得"帝王之术"。曾任秦国的丞相，协助秦嬴政完成统一天下的伟业。秦始皇死后，李斯为了保存个人的权势与富贵，抛弃了儒家"以心求道、以道济世"的准则，也忘却了荀子告诫的"物极必反"的道理，重新依附于"新主"，顺从胡亥，推行了一系列导致秦二世而亡的暴政。最终李斯父子遭腰斩，李氏被灭三族。李斯的经历，印证了孔子儒为席上之珍、亟待依附于权贵的心态，在这种心态驱使下必然的悲剧。

就孔子士人论的主旨而言，士人出仕的根本目的在于实现治世安民的理想。如何在封建专制体制下实现这样的抱负呢？必须有"非明主不依"的情操。孔子最得意的门生颜回，很能领会老师的教诲，他曾经披露自己的理想。由于深知"尧桀不共国而治，以其类异也"，因此，他期盼的是"愿得明王圣主辅相之"，这样就可以推行仁政德治，使天下的百姓共享和乐安宁的生活①。孔子和颜渊的一番话，直接表述了传统士人实现理想与抱负，乃是"非权不立，非势不行"，对统治者具有很强的依附性。故而后世的孟子有名言曰："穷则独善其身，达则兼善天下。"② 所谓"达者"是指获得了圣君明主的赏识，这样才可能"兼善天下"。所谓"穷者"则与之相反。孟子的名言，是许多传统士人立身处世的重要原则。为了能够实现"兼善天下"的理想，不少士人十分注意谨慎择主，"非梧

---

① 《孔子家语·致思》。参见《韩诗外传》卷九及《说苑·指武》。
② 《孟子·尽心上》。

不栖"，不仕乱臣，一旦获得施展抱负的机会，往往忠信不二，以致用生命去践行"鞠躬尽瘁，死而后已"的承诺，甚至形成了"士为知己者死"的观念。诸葛亮可谓这方面的典型。"非梧不栖"，慎择明主，这同样显示了传统士人的依附性，它无疑遏制了中国传统知识分子独立人格的伸展。至于"独善其身"，表达了传统士人绝不流俗的清高心态，也从精神上给予中国不少不肯为"五斗米折腰"的知识分子很大的慰藉，在一定程度上保护了一批身处乱世士人的身家性命和人格。但是，不能不说，也为传统士人明哲保身提供了"合理性"，大大削弱了传统士人的奋斗精神，使他们放弃了传道救世的责任。显然这与孔子自己倡导的"知其不可而为之"[1] 的精神相左，也有悖于"天下有道，以道殉身；天下无道，以身殉道"[2] 的理念。

孔子士人论的内在矛盾，是封建专制制度的必然产物，只有体制上彻底铲除"官本位"，现代知识分子才有可能发挥特立独行的创造力。

（五）人们为何追怀传统的"士人精神"

近年来，有关专家社会责任感话题的讨论逐渐增多。《人民论坛》杂志社组织的一项调查显示，89.18%的受调查者认为专家的社会责任感总体趋势在滑坡，89.8%的受调查者认为，近几年来专家学者已有相当一部分或整体上失去了社会责任感。

在这个由 7000 多人参加的调查中，77.65%的受调查者认为，专家学者的社会责任感应该比其他群体高。对于专家学者履行社会责任的缺失或社会责任感的滑坡，超过七成的受调查者表示不能原谅。

有网友指出，专家学者责任感缺失问题，实际上就是专家学者的本性正在被消解的问题，即要么成为某些利益集团的代言人，要么成为依傍于权贵的鼓舌者，要么成为谄媚大众的"老好人"。[3]

专家学者是当代的"士"阶层，他们社会责任心的滑坡，绝非小事，这是引起人们追怀传统"士人精神"的重要原因。"士"阶层本性正在被消解，表现

---

① 《论语·宪问》。
② 《孟子·尽心上》。
③ 详见《人民论坛》2008 年第 11 期。

在学校的教育上，最为明显的是，我们有的学者竟然把信息当作知识，把知识当作智慧……将自己降低成为一个信息的贩卖者，一个廉价的传声筒。现任英国诺丁汉大学校长的杨福家多次指出：传播知识在现在已经不太重要，重要的是让学生学会如何做人、如何思考。在当代，知识和信息可以在网上或其他方便的途经中获取，但大学以直接的人与人——知识分子（士）、大学生——之间的交往，形成具有活力的文化交流，这不仅是互联网不能取代的，而且它还会成为互联网所依赖的文化中心。遗憾的是，我们的大学，正是在排得满满的课程表中失去了教育的灵魂，在老师照本宣科、学生埋头记笔记的学习方式中，失去了思维的能力和乐趣。①

一位学者曾说："训练是传授某种技艺，教育则是要给人提供某种精神品质。大学就是要为年轻人建立一个精神的故乡，使他们在瞬息万变的世界里闯荡时，有一种内在的资源。"很显然，我们现在的大学并不能让学生感受到这样的人文关怀。

世界上真正成功的大学，都十分强调人文学习。哈佛大学校长陆登庭就认为，大学对学生素质的培养才是大学教育中无法取代的部分。它不仅有助于我们在专业领域里更具创造性，还使我们变得更善于深思熟虑，更有追求，更有理想，更有洞察力，成为更完美、更成功的人。

从网络上所披露的内容，不难看出人们对当代知识分子（现代士阶层）期许之高，厚望之切。但是，坚持独立的人格，敢于说真话、坚持真理，对知识分子来说，并非易事，不仅在中国，在西方也一样。但也正是因为有这样的历史磨难与使命，才凸显出知识分子的重要性，他们的气节也才赢得世人的敬重。更重要的是，只有坚守士人精神，知识分子才能起到应有的社会作用，成为社会变革的先驱。无论是意大利的文艺复兴，还是中国的五四运动，知识分子都是当时社会的中坚，他们以睿智与良知启动了社会的变革。但是，前提是能够肩负这一使命的只能是真正的知识分子，诚如鲁迅先生所言："真的知识阶级是不顾利害的，如想到种种利害，就是假的，冒充的知识阶级……"② 今天，在中华民族复兴的

---

① 转引自夏磊：《让青春不再沉重》，《读者》2008 年第 15 期。

② 鲁迅：《关于知识阶级——十月二十五日在上海劳动大学讲》，《鲁迅全集》第 7 卷第 455 页，人民文学出版社，1958 年版。

伟大事业中，人们迫切需要这种真正的知识分子。需要他们不计个人利害地去探索新知，耐得住"坐冷板凳"的寂寞穷困，他们的发现和创造要经得起历史的检验，他们要敢于为国家和民众提出科学的决策建议，敢于为此担当重大责任……但是，中国传统士大夫的劣根性与现实利欲的结合，致使今天中国的"知识分子"正遭受着前所未有的社会置疑：不仅仅是他们的"良心"一再受到拷问，他们的"学术"似乎也陷入了真假难辨的漩涡……

士人作为一个阶层，本应成为民族的灵魂和神经，成为社会道义的承担者，文化的传承者，肩负着阐释世界、指导人生、推动社会进步的庄严使命。但是，中国封建社会却没有为士人提供应有的地位和实际的权力。士人若想施展自己的抱负，就必须解褐入仕；并取得君王的信任和倚重，这就将以丧失思想的独立性、消除心灵自由度为其惨重的代价，终使大批的士人形成了依附性，失去了自我，至于"民族的灵魂和神经"更无从谈起。近代，其所以能够出现一批具有士人精神特征的知识分子，绝不是知识分子个人修养所能完成的，它与五四运动开创的"民主"与"科学"的社会文化密不可分，还与蔡元培开创的大学精神直接有关。历史是否告诫我们，领导者尊重知识、尊重知识分子是何等的重要，否则，"士人"将空怀报国之心，徒有一身绝技，而无法见用于世，发挥应有的作用。悲剧在于，往往当权者看重的是知识分子对自己的态度和升迁的作用，而对他们于国于民的价值，并不重视。这不仅浪费了一批知识分子的思想资源，还会成为腐蚀知识分子的温床，使其更加丧失独立思考的能力和特立独行的人格，最终便丧失了知识分子应有的社会价值。

孔子倡导的"学而优则仕"的培养目标，促成了教育的彻底变革，深刻表明培养目标的确立，对教育改革成败的重要意义。孔子尊奉的培养目标，其内涵具有明显的历史局限性，不足取法。但是，它的合理内核，却值得我们珍视。概括而论，培养目标必须具有前瞻性，体现社会发展的趋势和需要，诚如孔子以培养士人为目标，适应了中国封建社会创建官僚政体的需要。其次，培养目标的理念必须具有清晰性和可操作性，孔子为此曾经不遗余力地加以表述，以至创立了士人论。我们正在创建具有中国特色社会主义，国民教育体系的培养目标应当是什么，应当如何表述，这是一个亟待解决的重要问题。希望我们能够汲取历史的智慧，进一步完善我国教育制度的改革。

第三章 成功改革教育内容之一

——自修之教

从人的发展出发进行教育改革，几乎是古今中外一切成功的教育改革奉行不悖的原则。以往的教育史公认孔子的教育旨在"教人做人"，但是，他立论的依据是什么呢？一般只提两项："人性论"与"德治论"。而对孔子"人性论"的研究却十分单薄，似乎只有"性相近，习相远"一句。笔者结合近年来考古发掘和学者们的研究成果，拓展了孔子关于"人"的论述，指出孔子是从整体上来把握人性的，体现了"天人一体"、"人我一体"的特点，孔子的"人学"，使其教人做人的人生实践之教得以获得较为坚实的理论依据。孔子创建的人生实践之教，大致包括自修之教、齐家之教、交往与交友之教以及从政管理之教，孔子创立的新型教育内容，贴近人生实践，赋予教育长远的生命力。本书将分四章加以阐述，首先论述的是"自修之教"。

第一节　社会理想教育

孔子的自修之教，着力解决学生自我发展的动力和目标，为之首创理想教育。孔子的理想教育大致分为两类：其一，是社会理想教育；其二，是个体的人生理想教育。

（一）世界大同的社会理想

什么是孔子的社会理想呢？那就是他提出的由小康而至于大同的理想。大同社会的蓝图，最早见于《礼记·礼运》篇：

> 大道之行也，天下为公。选贤与能，讲信修睦。故人不独亲其亲，不独子其子，使老有所终，壮有所用，幼有所长，矜寡孤独废疾者，皆有所养。男有分，女有归。货恶其弃于地也，不必藏于己；力恶其不出于身也，不必为己。是故谋闭而不兴，盗窃乱贼而不作，故外户而不闭，是谓大同。

《孔子家语》中也有"礼运"篇，同时还记载了孔子与上述类似的更为详细的论述：

> 昔者明王之治民也，……使有司日省而时考之，进用贤良，退贬不肖，然则贤者悦而不肖者惧。哀鳏寡、养孤独、恤贫穷、诱孝悌、选才能。此七者修，则四海之内，无刑民矣。上之亲下也，如手足之于腹心。下之亲上也，如幼子之于慈母矣。上下相亲如此，故令则从，施则行，民怀其德，近者悦服，远者来附，政之致也。[①]

这是孔子为曾参描绘的上古时代的社会状况，他说：古代圣明的国君治理百姓……派主管的官员经常去各地视察考核，提拔任用贤明优良的人才，罢免贬斥不成器的官员。这样一来，贤良的人就会愉快，而品行差的官员也就会害怕。怜悯无妻或丧妻的老年男子，以及无夫或丧夫的老年妇女，抚养幼年失父的孤儿和老年无子的人，同情贫困穷苦者，诱导百姓孝敬父母尊重兄长，选拔有才能的人，一个国家做到这七个方面，那么，天下就没有触犯刑律的百姓了。身居上位的人爱怜亲近百姓，就像一个人的手足对自己的胸腹一样爱护，那么，百姓尊敬爱戴身居上位的人也会像年幼的孩子对待慈爱的母亲一样。身居上位的人和百姓这样相爱相敬，那么，身居上位者的命令百姓就会顺从，有什么措施也会马上得到施行，百姓感怀他的德政，身边的人会对他心悦诚服，远方的人会来归附，这真是政治达到的最高境界。

无论是《礼记》所言的大同理想，还是《孔子家语》追述古代明君的政治，总之，在这个社会里，奉行的是天下为公的原则。在学术界，曾经质疑大同社会的描述，认为是后人，至少是汉代儒者的思想，而非孔子的社会理想。《礼记·

---

① 《孔子家语·王言解》。

礼运》篇，成书可能大大晚于孔子的生年。但是，它的思想内容却是源于孔子的。天下大同所向往的不是社会生产力的高度发达和人们物质生活的极大富足，而是社会道德的高尚，人伦关系的和睦，社会秩序的安定。这正是孔子"四海之内皆兄弟"①，"泛爱众，而亲仁"② 以及"胜残去杀"③ 等仁爱精神的体现，说明大同思想的核心，正是孔子的仁学。

（二）实施社会理想的教育

孔子发表过许多政见，对学生也十分注意进行政治教育，这些政治主张与政治教育的最终目的，都旨在实现"大同"理想。孔子提倡的"举贤才"与大同社会的"选贤与能"正相吻合。他虽然维护现行的等级制度，但在思想中却产生了平等观念的萌芽。他说："有国有家者，不患寡而患不均，不患贫而患不安。盖均无贫，和无穷，安无倾。"④ 这种均、和、安的理想，与大同社会男女老幼各得其所的生活正相一致。怎么实现这样的治道呢？孔子不仅反对下僭上，更反对上侵下。他说："百姓足，君孰与不足？百姓不足，君孰与足？"⑤ 孔子还曾深刻揭示统治者的贪欲是造成盗窃之害的主要根源。季康子由于忧虑国内盗贼多，曾向孔子请教遏止的办法。孔子明确对他说："苟子之不欲，虽赏之不窃。"⑥ 意思是说只要你们这些在上的人清廉不贪，那么，即使奖励百姓为盗，也不会有人肯做。孔子的政治主张曾一度付诸实践，据《史记·孔子世家》记载，在他"与闻国政三月"之内，就出现了"粥羔豚者弗饰贾"与"涂（途）不拾遗"的社会风气，这说明孔子所追求的从政目标，正是"谋闭而不兴，盗贼而不作"的大同之道。

此外，《论语》中孔子直抒理想的言论，与大同社会的蓝图，是相辅相成的。孔子曾对颜渊和子路谈及自己的抱负是使"老者安之，朋友信之，少者怀之"⑦。这与《礼运》所言"老有所终，壮有所用，少有所长"何其相似乃尔！

---

① 《论语·颜渊》。
② 《论语·学而》。
③ 《论语·子路》。
④ 《论语·季氏》。
⑤ 《论语·颜渊》。
⑥ 《论语·颜渊》。
⑦ 《论语·公冶长》。

还有一次曾晳说他的理想是："莫（暮）春者，春服既成，冠者五、六人，童子六、七人，浴乎沂，风乎舞雩，咏而归。"孔子听完之后，"喟然叹曰：'吾与点（即曾晳）也！'"① 这也表明孔子所憧憬的，正是男女老幼各有所安、怡然自乐的大同社会。通过以上简略的比较，可以肯定：孔子的仁学与大同思想存在着内在的联系，这正是他实施的社会理想教育的主要内容。

为了实现大同社会理想，孔子除积极进行政治活动外，主要致力于培养实现这一理想的有用人才。他很重视教育学生确立远大理想、明确前进方向和坚定信心，并创立了立志乐道的德育原则。他将立志作为进德的初阶，曾谈及自己"十有五而志于学"的立志进德经验，还告诫弟子懂得"三军可夺帅也，匹夫不可夺志也。"指出了志气的巨大威力。孔子认为人活在世上，应当懂得做人的道理，不明此"道"即妄为人生！故他说："朝闻道，夕死可矣。"② 以自己立志向道的决心教育和感染学生。《论语》的"先进"篇和"公冶长"篇都记载了师生各抒自己志向的生动场面。对于弟子们的志向，孔子既不强求一律，又注意循循善诱，启发他们心怀天下、国家，立志成为有用之才。在孔子的教育下，孔门多有以天下为己任的有志之士：子路"愿车马、衣轻裘与朋友共，敝之而无憾"③；冉求有志使民富足；颜渊"愿无伐善，无施劳"④。高足曾参更有宏论："士不可不弘毅，任重而道远。仁以为己任，不亦重乎？死而后已，不亦远乎？"⑤ 其中体现的博大胸襟、远大理想和坚强毅力，曾经激励过无数志士为国为民而鞠躬尽瘁。

孔子的理想教育继承并发扬了上古社会以来的民主传统，特别是他的大同思想，既包容了原始公社"天下为公"的传统，又隐约可见《诗经》中关于"乐土"的描述。大同思想表现了孔子对暴政、征伐的不满和对人民疾苦的同情与关心，具有鲜明的民本思想，寄托着人们对压迫的反抗和对美好生活的向往，在历史上曾经产生过深远的影响。我国近代革命的先驱者，曾高举"大同"的旗帜，以"仁学"相号召，发动了维新变法和辛亥革命。孙中山手书的"天下为公"

---

① 《论语·先进》。
② 《论语·泰伯》。
③ 《论语·公冶长》。
④ 《论语·公冶长》。
⑤ 《论语·泰伯》。

匾额，还远传国外，被用来号召世界人民为建立和平文明的人类社会而奋斗。至今尚无一种人类社会的理想蓝图，有过像"大同"这样久远、广泛而深刻的影响。欧洲的"乌托邦"是西方历史上颇具号召力的人类理想蓝图，但它晚于"大同"理想的提出约1700年之久。因此，世界上第一个提出理想教育的教育家，这一殊荣，应当归于孔子！

第二节　个体的人生理想教育
——营造不忧、不惑、不惧的精神境界

孔子倡导的人生理想教育，是指学生应当确立成为仁人君子的人生目标，成为最好的自我。他深知个体的人生理想教育，取决于人的自我认识，自我认识水平的提高，决定个体人生理想的确立。"认识自我"这句镌刻在古希腊戴尔菲城神庙里唯一的碑铭，犹如一把千年不熄的火炬，表达了人类与生俱来的内在要求和至高无上的思考命题。令我们自豪的是，孔子在2500多年前，就创建了以自我认识为中心内容的人生理想之教，适应了人类提升自身文明水平的需要。1983年美国认知心理学家加德纳创建了多元智能理论，自我认识智能，被确认为是人类共同拥有的认识潜能，这从某种意义上说，标志着人类有史以来的自我认识活动进入了一个突破性的新阶段。事实上，每个人都有巨大的潜能，每个人都有自己独特的个性和长处，每个人都可以选择自己的人生目标，并通过不懈努力去争取属于自己的成功。我们的教育肩负着唤醒每个学生自我意识的使命，使他们能够在发现自我的基础上，有效地释放自己的潜能，创造自己的人生，使我们共同生活的世界变得更加色彩缤纷。

孔子倡导自修之教，期盼教育能够促进人的人格和谐，身心和谐，表里和谐，最终实现人生的和谐。这是他的人生理想，也是他对学生实施自修之教的主要内容，并形成了系统的自我修养的有效原则和方法。孔子的自修之教不仅为中华民族造就了无数品格高尚的人才，也有效地提高了我们民族的整体素养。

什么样的人拥有完美的人生呢？孔子认为人格和谐的人，即智、仁、勇兼全且具审美情趣的人，才能拥有和乐的人生。

（一）人格和谐的诠释——仁者不忧，知（智）者不惑，勇者不惧

孔子曾说："君子道者三，我无能焉，仁者不忧，知（智）者不惑，勇者不惧。"① 又说："知（智）者不惑，仁者不忧，勇者不惧。"② 孔子认为造就一个具有完美人格的人，即他所谓的"成人"，必须兼有仁、智、勇三德，必须形成不忧、不惑、不惧的和谐的精神境界。孔子仁、智、勇并举的思想，抓住了人格培养的三个重要环节，是颇有价值的思想，故儒家后学在《礼记·中庸》中称仁、智、勇为"三达德"，即天下通行的德行，对其视之颇高。当学生向他请教何谓"成人"时，他举例说："若臧武仲之知（智），公绰之不欲（即仁），卞庄子之勇，冉求之艺，文之以礼乐，亦可以为成人矣。"就是说"成人"有其内心之德：知（智）、不欲（即仁）和勇。这些品德含有其外部的表现：艺和文（礼、乐）。臧武仲是鲁国的大夫臧孙纥，智慧很高，知识渊博。公绰是指孟公绰，为人清心寡欲，非常廉洁。卞庄子，是鲁国卞邑的大夫，曾经刺虎，是我国历史上有名的勇者。除此之外，孔子认为"成人"还应像冉求那样多才多艺，拥有得体的文饰。孔子似乎担心以臧武仲、孟公绰、卞庄子和冉求四人作为知（智）、仁、勇以及审美修养的楷模，标准可能太高了，常人不易学到。因此进一步解释说："见利思义，见危授命，久要（同约，即穷困）不忘平生之言，亦可以为成人矣。"③ 在这里"见利思义"即为"智"，"见危授命"即为"勇"，"久要不忘平生之言"即为安贫乐道的"仁"。孔子认为做一个"成人"，于此三德缺一不可。用当代道德教育理论的观点剖析，这三德都是一个人内在的心理品质。不过各有侧重：仁，侧重于解决人生观与价值观的问题；智，侧重于解决道德认识和道德践行的能力与智慧的问题；勇，侧重于解决力行和道德信仰问题。

（二）仁者不忧

仁为全德之名。就"仁"的实际运用来看，孔子所说的仁，是指人内心的道德意识和道德情操，所谓"仁乃心之德"。它包括各种高尚的品德，例如恭、

---

① 《论语·宪问》。
② 《论语·子罕》。
③ 《论语·宪问》。

宽、信、敏、慧。孔子曾说，如果能行以上五德于天下，就可称为仁。此外，智、勇、孝、悌、忠、恕也都属于仁。其所以有如此众多的品德都包含在仁中，是因为孔子将仁视为全德之名，是处理人我关系即做人的最高标准。他不轻许人以仁。《论语·公冶长》记载了楚国令尹子文的事迹，说他"三仕为令尹，无喜色；三已之，无愠色"。即子文被君主三次任命为令尹，他不以此为喜；三次被罢官，他也不以此为忧，不露愠色。不仅如此，而且每次卸任时，都要认真地向新令尹交代原来施政的情况。像这样一个人，品德不为不高，可是，孔子只认为是"忠"的典范，至于此人的思想境界是否达到了"仁"的高度，他却说"未知焉"。从现象上看，具有"仁德"的人由于淡泊名利，故能"久处约"，可以"长处乐"，他们遇事能安之若素。而具有"忠"的品德的人，出于对国君的忠心，有时也能如令尹子文一样，不以进退为忧，似乎二者无大差别。但是，孔子却不称许"忠"者为"仁"，是因为他们的信仰是不同的。"仁"者安贫乐道是出于对人类理想社会的追求，是发自个体内心的理念与情怀。而"忠"者却是出于对君主个人的崇敬。"愚忠"者，甚至可以效忠于暴君，而"仁"者是绝对不会这样做的。足见，孔子所说的高尚境界，主要是指内在的美德，决定于价值观的取舍，而不仅凭人的外在行为。

仁者何以不忧？ 孔子以"仁"来表述"人"，这是从道德的角度界定"人"。在他看来，徒有"人之躯"，不能算真正意义上的人；只有具有"仁德"修养的"人"，才是脱离了动物本能的"人"。这个几乎无所不包的仁，也有一个核心，这个核心是什么呢？《论语·颜渊》中明确做出了回答，"樊迟问仁。子曰：爱人。"孟子在把握孔子整体思想的基础上，也认为"仁者爱人"。这是孔孟对人性的尊重和关爱，也是人性觉醒的表现。关爱他人的人，必定是珍惜生命的人。既珍惜自己的生命，也珍惜他人的生命。从逻辑上说，只有"爱生"才能"乐生"，从而享受到人生的乐趣，而至于"不忧"之境。反之，一个连"生"都不"爱"的人，他必然厌世、悲观、落寞、孤寂……这样的人将陷入无止境的忧愁之中。再者，"爱人"似乎只是付出，其实，人正是在关爱他人的过程中实现着自己的人生价值，证明着自己的人生价值。更何况，爱人者，人必爱之，一个能够享受到人间温暖的人，当然是一个幸福的人，"无忧"的人。孔子从人生存状态的需要出发，强化了仁德的意义，大大促进了人与人、人与社会、人与自然的和谐，培育了中华民族博大的胸襟和仁爱精神。他本人视学生如亲子的情怀，具体而生动地体现了他的仁爱之心。

虽然孔子讲过"泛爱众而亲仁"的话，但是他提倡的爱有先后、厚薄之异。诚如墨家所言："亲亲有术（差异），尊贤有等。"① 明确指出孔子爱人和行仁均以等级关系为准绳。仁的等级性，具体表现在仁受礼的制约上。这是孔子的仁学与反对等级制度的人道主义根本不同之处，这是应当明确指出的。

仁者能够超越本能，达于文明之境。 孔子深知人身上存在本能，这往往就是欲念。他曾说："富与贵，是人之所欲也，不以其道得之，不处也。贫与贱，是人之所恶也，不以其道得之，不去也。"② 可见孔子认为人人都有欲望，富贵几乎是每个人都有的欲望。而且，凡是人都厌恶贫贱，即使有仁德修养的人也是这样的。不过，孔子认为仁德之人，应该善于理智地对待利欲的诱惑，做到"重义轻利"。为了引导人们正确地对待欲望，孔子明确提出了"君子喻于义，小人喻于利"③ 的原则，开我国义利之辩的先声。义和利，有许多含义。"义"往往代表"公"，即社会群体的利益；"利"，它往往代表"私"，即为独立个体的欲望要求。就教育而言，孔子告诫弟子，个人的利益应当服从群体长远的利益，个人的欲望应当服从道义，这是他进行道德教育的一条原则，是其区分君子与小人的标准。孔子一生颠沛流离，自谓是为理想社会的实现而奋斗，但始终不为当权者所重用。坎坷的经历，使他认识到义与利在当时是难以统一的，故而强调应当注重道义，形成了"重义轻利"的道德评价标准。不过，孔子并不一概地反对利，只不过当义与利发生矛盾时，他主张道义为上。他更了解义利的矛盾，不仅表现为道义与富贵的冲突，有时甚至还表现为与个人生命的冲突。在这种情况下，孔子认为有道德的君子当"杀身以成仁"，要有气节。在平时，他则要求弟子们应当"见得思义"④，"见利思义"⑤，切不可做"见利忘义"之徒。他对于那些急功近利、置道义于不顾的贪婪的统治者极端蔑视，斥之为"斗筲之人"。当个人无利可图时，他劝勉人要安贫乐道，不要汲汲于求利而抛弃了学道和行义。在这

① 《墨子·非儒》。
② 《论语·里仁》。
③ 《论语·里仁》。
④ 《论语·子张》。
⑤ 《论语·宪问》。

种情况下，孔子倡导君子为学道义应当"食无求饱，居无求安"①。同时，他认为君子行义，若能做到"先难而后获"②，也可以称做"仁"。所谓"先难而后获"是指先付出一定的努力而后收获"利"的意思，亦即"先事后得"。

孔子的义利观不同于汉代董仲舒的"正其谊（义）不谋其利，明其道不计其功"③，他不全盘否定人的利益与欲望。但是，他主张个人的利益和欲望必须服从于社会群体的长远利益和道德原则。从原则上说，孔子的思想是可取的，它与我们提倡的先人后己、先公后私、先集体后个人等一系列原则，有类似或相通之处。在我国历史上，对于形成注重道义、维护公德等良好的社会风气起过积极作用。

但是，公和私，在特定的社会一般都有具体的内涵，甚至具有阶级性，体现一定时代的具体精神。而孔子所谓的"公"，多以统治阶级为"公"的代表；他所说的道义，也多是统治者的长远利益。总之，孔子常常是在为统治阶级的整体利益、长远利益着想。因此，这一主张有利于提示上层统治集团的成员，要他们顾全大局，不要只求个人的私利，以致于败坏了整个阶级的利益。这多少有助于抑制统治者个人私欲的无限膨胀，能使老百姓也能维持生计。但是，它也常被统治者利用来控制民众，扼杀他们的正当利益，诚如黄宗羲所揭露的："……以天下之利尽归于己，以天下之害尽归于人……使天下之人不敢自私，不敢自利，以我（即统治者）之大私为天下之大公。"④ 这是我们在肯定"重义轻利"原则合理性的同时，不能不指出的问题。

"孔颜乐处，所乐何事？"孔子处在一个"天下无道"的时代，深感德与福是很难统一的，因此，强调有志之士应当安贫乐道，不为物欲所动。他称赞弟子颜回的"安乐观"说："贤哉，回也！一箪食，一瓢饮，在陋巷。人不堪其忧，回也不改其乐。贤哉，回也！"⑤ 颜回在一般人感到忧愁时，却"不改其乐"，说明他一直保持着欢乐的情趣。孔子自己也是这样，他曾现身说法："饭疏食饮水，

---

① 《论语·学而》。
② 《论语·雍也》。
③ 《汉书·董仲舒传》。
④ 黄宗羲：《明夷待访录·原君》。
⑤ 《论语·雍也》。

曲肱而枕，乐亦在其中矣。不义而富且贵，于我如浮云。"① 孔子过着粗茶淡饭的日子，在连个像样的枕头都没有的情况下，居然说"乐在其中"。——颜回和孔子都"乐"的什么呀？宋代儒家为了引导学生树立正确的"安乐观"，提出了"孔颜乐处，所乐何事"的命题，借以启发学生思考，颜回和孔子为何能在吃饭和居住极坏的条件下仍然十分快乐？孔子当然知道，人是需要吃饭和居住的，但是，君子追求的不是吃饱、喝足、住豪宅，享受安逸的生活，最重要的是，应当认真勤勉地办事，负责任地说话，要亲近和不断向有道德才艺的高尚之士学习，深通做人之道，干一番事业，不枉度一生。所谓"君子食无求饱，居无求安，敏于事而慎于言，就有道而正焉，可谓好学也已。"② 他告诫弟子警惕玩物丧志，并指出真正的志士是"谋道不谋食"、"忧道不忧贫"③ 的。孔子十分珍惜短暂的生命历程，不停息地为理想而奋斗，自谓是一个"发愤忘食，乐以忘忧，不知老之将至④"的人。孔子认为，立志就必须正确认识和处理物质利益与远大理想的矛盾，表现出重道义、轻富贵的高尚情怀。他还明确表示："耻恶衣恶食者，未足与议也。"⑤ 他深知，除物质的诱惑外，人生之途还存在各种考验，因此，他激励弟子，要做严寒中挺立的松柏，要有"涅而不缁"的高风亮节。

孔子在承认人存有欲望的前提下，期盼人们在利益与欲望面前，能够理智地分析对待，以道义为处事的原则，这不同于"存天理，灭人欲"的理学，应予充分肯定。它有助于使人远离本能的冲动，做到"不以物喜，不以己悲"，脱离低级趣味，由野蛮走向文明。

（三）智者不惑

"智"为一德。我们通常说的智，是指能力与素质。孔子所说的智与此不尽相同，而是指在能力与素质的基础上形成的一种品德，或者说是指深通君子之道的精神境界。孔子重视培养学生的"智"德，因为它可以使人知道有所为和有所不为，从而趋利避害。这种品德用于从政，可以教人理智地处理政事。孔子认

---

① 《论语·里仁》。
② 《论语·学而》。
③ 《论语·卫灵公》。
④ 《论语·述而》。
⑤ 《论语·里仁》。

为"智者"能"知人"，能够识别仁义之士，实施举贤任能的德政（"举直错诸枉，能使枉者直"①）。同时"智德"又是与人交往所不可缺少的品德与智慧。因为，智者知人，善于择邻而居，亲近仁德的人（"择不处仁，焉得知（智）？"②）知人者必定善与人交往，能够"以友辅仁"、择善而从。说明智德于个人修养是必不可少的条件。孔子还认为"见利思义"、"见得思义"都是智举。他说"智者不惑"就是指智者不惑于小利、近利、私利，而能以大义为重，具有先见之明和深谋远虑的能力。军事家孙子，汲取了孔子的思想，将智德列为大将必备的五德之首。王晢在《十一家注孙子》一书中指出："智者，先见而不惑，能谋虑，能权变也。"这与孔子智德的思想是一致的，并有重大发展。孔子还认为智者在处理"鬼神"的问题上，能够采取明智的态度，他说："务民之义，敬鬼神而远之，可谓知（智）矣。"③ 以上几个方面足以表明，孔子实施的德育注重人的道德理性和道德能力的培养。

孔子辨"惑"。孔子的弟子子张向孔子请教什么是"惑"。孔子采用比喻的方法，深入浅出地告诉子张："爱之欲其生，恶之欲其死。既欲其生，又欲其死，是惑也。"④ 意思是说，喜爱一人时，便想要他活着；厌恶他了时，又想要他死去。既要他生，又要他死，这就是"惑"，即思想迷乱。樊迟曾经随从孔子游于舞雩之下，曰："敢问崇德、修慝、辨惑。"孔子夸奖他问得好："善哉问！"其中就辨惑而言，孔子指出，耐不住一时的气愤，忘了自己的生命安危，甚至忘了父母亲属，这难道不是思想昏昧的"惑"吗？（"一朝之忿，忘其身，以及其亲，非惑与？"⑤）人其所以"惑"，就是心无定主，好恶无常。智德，不仅需要道德理性，而且要求将理性上升为道德智慧与道德情感，形成人生境界，即心有定力。具有"不惑"境界的人，在变幻莫测的世道中，不致陷入各种诱惑而生迷乱。

孔子处世，能够做到"不惑"。他深知一个社会有一个社会的风习，人既要入乡随俗，又不能"媚俗"，不能因随俗而失态、失范，这就是"不惑"。例如，

---

① 《论语·颜渊》。
② 《论语·里仁》。
③ 《论语·雍也》。
④ 《论语·颜渊》。
⑤ 《论语·颜渊》。

中国素有饮酒之风，孔子很有酒量，但是，他饮酒有度，不为所乱。他曾说："出则事公卿，入则事父兄，丧事不敢不勉，不为酒困，何有于我哉？"① 这是说，每个人都要从事许多重要的工作，做好这些事情，都需要保持清醒的头脑，但是，往往在礼仪上还需要饮酒，而孔子有很强的自持力，他"不为酒困"，因而不会误事。他奉行的原则是"唯酒无量，不及乱"，② 甚至告诫鲁哀公，夏桀曾因"荒耽于酒"而失国，商纣王同样由于"淫佚于乐"而灭国丧身。"唯酒无量，不及乱"，就是智德的体现，在今天我们倡导廉政建设的时候，不仍然需要警示一些官员"唯酒无量，不及乱"吗！中国古代有"乡饮酒礼"的习俗，《论语·乡党》篇记载："乡人饮酒，杖者出，斯出矣。"意思是说，在行乡饮酒礼之后，孔子等待老年人（"杖者"）都先出去了，他才出去。因为乡饮酒礼是古代敬老的礼俗，其本意就在于借此教育大家要尊敬长者，所以，孔子不像一般人那样，一直饮得酩酊大醉，而是当一些老年人出去的时候，他就跟在后面出去，用自己的行为体现了饮酒礼仪中的孝道精神，何等智慧！

一般的人都将道德教育规范化，以适应社会活动的整体运作，这是有道理的。但是，每个人所处的环境情况却十分复杂，而且不断发生着变化。孔子将"智"列为一德，体现了他对教育复杂性的深刻认识，他主张德智一体，以便防范道德规范的机械性。《孔子家语·好生》篇，记载了一则如何处理男女关系的事例：有一位鲁国人独居在家，他的邻居是一位寡妇，也独居在家。一天晚上，下起暴风雨，寡妇的房子坏了，她便跑到那位鲁国人那里去，希望借以栖身。而那位鲁国人却把门关起来不让她进去。寡妇从窗户外对他说："你为什么这么不仁爱，竟然不让我进屋去呢？"鲁国人说："我听说男人和女人不到六十岁是不能同居一室的。现在，你还年轻，我也年轻，因此不敢让你进来。"寡妇说："你为什么不像柳下惠那样？柳下惠把无家可归的女人当成老妇人来救护，国人并没有说他淫乱。"鲁国人说："柳下惠那样做，我却不能那样做。我将用我的不能那样做，学习柳下惠的可以那样做。"孔子听说了这件事，称赞道："真是做得好啊！想要学习柳下惠的人，没有一个像这位鲁国人。希望达到道德的目标，却不机械沿袭柳下惠的行为，这可以算得上智慧吧？"据说柳下惠有"坐怀

---

① 《论语·子罕》。
② 《论语·乡党》。

不乱"的佳话，但是，这位鲁国人遇到的这位寡妇品德如何，周围邻里的风习如何，与柳下惠都不尽相同，这位鲁国人根据自己的处境学习柳下惠，说明他真正理解了柳下惠品德的精神。孔子为什么赞赏这位鲁国人呢？因为他在道德修养上，主张不机械模仿别人的行为，而倡导根据各自的实际情况加以处理，这才是真正学到了道德精神，具有道德智慧。

春秋时代，鲁国有这样一条法规：凡是鲁国人到其他国家去旅行，看到有鲁国人沦为奴隶，可以垫钱先把他赎回来，待回鲁国后到官府去报销。官府用国库的钱支付赎金，并给予一定的奖励。孔子有个学生到外国去，恰好碰到一个鲁国人在那里做奴隶，就掏钱赎出了他。回国以后这个学生没有张扬，也没有到官府去报销所垫付的赎金。那个被赎回的人把情况讲给众人听，人们都称赞这个学生仗义，人格高尚。一时间，街头巷尾都把这件事当作美谈。当子贡将此事告诉老师后，孔子正言道，赐呀！这可是一件失策的事啊！他进一步分析说："夫圣人之举事也，可以移风易俗，而教导可以施之于百姓，非独适身之行也，今鲁国富者寡而贫者众，赎人受金则为不廉，则何以相赎乎？自今以后，鲁人不复赎人于诸侯。"① 孔子责怪此人犯了一个有违社会大道的错误，是只顾小义而不顾大道。孰知真正有道德修养的圣人，办任何一件事情，都要考虑有利于移风易俗，起到教化百姓的作用，而不把实施善行视为个人独善其身的行为。现在鲁国富人少而穷人多，由于此人没有到官府去报销赎金而被人们称赞为品德高尚，这就等于让人感到到官府报销赎人的钱是不廉洁的行为。那么，其他的人在国外看到鲁国人沦为奴隶，就要对是否垫钱把他赎出来产生犹豫。因为把他赎出来再去官府报销领奖，人们就会说自己不仗义，不高尚；不去官府报销，自己的损失谁来补？于是乎，多一事不如少一事，只好假装没看见。从客观上讲，这个学生的行为妨碍更多的人将在国外做奴隶的鲁国人赎买回来。如果将此事当作美德传扬，以后鲁人在国外沦为奴隶，可能就没有人去赎了！这是孔子不为一时舆论所迷惑，能够从社会长远的效果评判一个人道德行为的见解，这又是"智者不惑"的重要表现之一。

① 《孔子家语·致思》。

（四）勇者不惧

孔子析"勇"。孔子专门将"勇"列为一德，时时激励弟子做个捍卫道义的勇士。他说："勇者不惧。"又说："见义不为，无勇也。"① 揭示了"勇"德是一种卫道的品德，它包含见义勇为的思想；勉力行道的精神（甚至做到"知其不可而为之者"）；刚强而坚毅的意志力（"士不可以不弘毅"、"死而后已"②）；不同流合污的气节（"磨而不磷"，"涅而不缁"③）；勇担重任的气概（"见危授命"）；为道义而献身的品质（"无求生以害仁，有杀身以成仁"④）等等。诚然，这种"勇"德，正是孔子常说的"死守善道"之德，是形成道德信仰的精神境界。从孔子倡导"勇"德，生动地显示了孔子是多么重视独立人格和坚定信仰的养成。孔子曾说过："三军可夺帅也，匹夫不可夺志。"⑤ 认为人的人格力量比权势要强大得多，这是当时生产大发展，对人的力量有所发现所致。孔子倡导的人格精神，对怀有崇高理想的人们，具有强大的感召力。在孔子的教诲和感化下，孔门弟子中不乏以天下为己任的人。像曾参、颜回这些严于律己的高足，自不待言；就连不善思考的子路也有坚定的信念，当他遇到隐士劝他逃避现实时，他不无感慨地说："不仕无义，长幼之节，不可废也！君臣之义，如之何其废之？欲洁其身，而乱大伦。君子之仕也，行其义也。道之不行，已知之矣！"⑥ 子路将尽社会的义务看得至高无上，认为积极出世正是为了履行君子的职责，即使明知"道之不行"，也不能只顾个人的得失而洁身自好，表明他不与隐士同道。由于阶级和历史的局限，子路将维护"君臣之义"视为至高无上的社会义务，是不足取法的。但是，他的言行却有力地显示了孔子教育思想的伟力，致使孔门弟子，乃至受儒家思想深刻影响的中国读书人，都有强烈的社会责任心，以及持守道义的德操。

培育"知其不可而为之⑦"的气节，做不可夺志之人。"知其不可而为之"

---

① 《论语·为政》。
② 《论语·泰伯》。
③ 《论语·阳货》。
④ 《论语·卫灵公》。
⑤ 《论语·子罕》。
⑥ 《论语. 微子》。
⑦ 《论语·宪问》。

是孔子周游列国四处碰壁时所说，这与他思想不尽合乎争霸天下的潮流有关，他对此无所了解，竟然付出了毕生的代价，这不能不说是一个悲剧。在"批林批孔"的年代，常常有人指斥孔子"知其不可而为之"，作为他违背历史发展规律的依据。甚至讥讽他"惶惶然如丧家之犬"，是"蚍蜉撼大树"，可笑不自量。其实，这种批判恰恰反映的是功利主义或实用主义的观点。从思想史上看，**"古来圣贤皆寂寞"**，几乎是"规律"。伦理学对此有所分析，称为"德"与"福"未必两全。特别是处在社会急剧变革的转型时期，只有独具慧眼的"先知"才能够从混乱的社会现象中洞见其发展的趋势，而大多数"后觉"的众生，往往理解不了这些"先觉"们的思想，致使"先觉"们几乎不可避免地会陷于孤独与寂寞之中。不仅社会科学界有这种"德福不两全"的现象，自然科学史上，也常常出现发明新理论的科学家，终身潦倒，不为时下的社会所理解。但是，这并不能证明因果律失效，只是获得这些"先觉们"道德福祉的不是他们个人，而是他们为之献身的人类，从这个意义上说"德福"又是两全的了。孔子的遭遇就是一则典型的个案。他自认为是对社会负责，而执著地"知其不可而为之"，当伦理学将其划归"动机主义"范畴时，旨在告诫人们谨防不计实践效果的道德冲动。诚然，从动机和效果的角度分析，"知其不可"还要去做，就是不问效果的主观主义者了。但是，孔子涉及的不是动机和效果的问题，而是一个人道德信仰的问题，就信仰而言，往往需要一个人有献身精神，这就不能只从自己的得失出发。为了坚持正确的信仰，在一定的条件下，经常需要人们不计个人的利害，而义无反顾地为之献身，孔子提倡见义勇为的精神，并终其一生，对后世产生了深刻的影响。

民族英雄文天祥，临终前留下了一首《衣带诗》，生动地表达了坚定的信仰和不可予夺的大丈夫气节：

> 孔曰成仁，孟曰取义。
> 唯其义尽，所以仁至。
> 读圣贤书，所为何事？
> 而今而后，庶几无愧！

文天祥接受孔孟的教诲，成仁取义，毫不畏惧，死而无憾。表现得如此从容而淡定，显示了持守信仰的伟大力量。这应了马克思的一句话："自我牺牲，是在一定条件下的自我实现。"

孔子倡导的坚毅品格，造就了中华民族的伟大精神，使我国"自古以来，就有埋头苦干的人，有拼命硬干的人，有为民请命的人，有舍身求法的人……"[1]。鲁迅将他们称为"中国的脊梁"，有力地证明我国是一个富有独立人格教养的国家，中华民族历来就是一个独立不倚的民族。民族虚无主义者诋毁孔子的教育思想泯灭了人的独立人格，其目的在于全盘否定中华民族刚正不阿的优秀传统。

孔子倡导的持守内在信仰的人格教育，是在理性指导之下的，因而在我国历史上，培养了中华民族自尊自强的民风民气。人要有人格，国要有国格，业已成为中华民族的主流价值观，在千百年成败兴衰的变迁中，这种求仁尽义的传统，始终一脉相承，维系着民族的独立与统一。在今天，则有抵制功利主义和教育平庸化的积极意义。

西方学者领略了孔子之道后，十分郑重地指出："精神的崇高性要求锲而不舍的意志和坚忍不拔的努力。[2]"看来，孔子的思想精髓是属于全人类的！

（五）仁智勇兼求，造就和谐的人格

孔子关于"仁"、"智"、"勇"三达德关系的论述中，强调了三者的辩证统一，人格的和谐发展。

仁在三德中地位最高，对智、勇起统帅作用。孔子认为："不仁者不可以久处约（贫困），不可以长处乐。仁者安仁，知（智）者利仁。"[3] 这是说只有以仁为己任的人，才能安贫乐道。智者只从利害出发而行仁，当然受不了贫困的磨难（"不可以久处约"）。只有树立了"仁"的人生观的人，才能做到"安仁"。孔子认为"利仁"与"安仁"在道德境界上相去甚远，一个人要提高自身道德修养，就必须由智上升为仁。用今天的话来说，即必须由道德认识转化为人生观。

孔子还认为智德有助于人修养仁德和勇德。他指出，"知（智）者利仁"[4]，即晓之以利害，也可以使人趋向于仁，因为智能有助于使人理解仁的意义。智德能够提高人的理智，使仁人不至于为情感所左右。成为迂腐之仁。孔子说过"仁

① 《鲁迅全集》第 6 集第 92 页，人民出版社 1958 年版。
② 赫伯特·芬格莱特：《孔子：即凡而圣》中译本第 2 页，江苏人民出版社，2005 年版。
③ 《论语·里仁》。
④ 《论语·里仁》。

者爱人"的话，但是仁者之爱，不是无原则的爱，他们不应是所谓的"滥好人"，必如孔子所言："仁者能好人，能恶人。"① 即具有明辨是非的能力，是爱憎分明的人。反之，失去理智的情感，在孔子看来往往会干出愚蠢的事来，为君子仁人所不取，故孔子告诫学生说："好仁不好学，其蔽也愚。"② 从智德对于仁德的制约作用看，孔子主张以理驭情。

智德对于勇德来说，更有不可忽视的作用。孔子多次批评有勇无谋、感情用事的行为。他严肃地对学生说："一朝之忿，忘其身，以及其亲，非惑与?"③ 指出不能控制自己的感情，往往会干出令亲者痛、仇者快的事情来，是不明智的表现。他还说："好勇不好学，其蔽也乱（闯祸）。"④ 反对学生意气用事，即感情用事。告诉他们，这样做只会闯祸，于事无补。他教育学生不可盲目地蛮干，并借批评乐于力行却鲁莽的子路，告诫弟子说："暴虎冯河，死而无悔者，吾不与也。必也临事而惧，好谋而成事者也。"⑤ 反对蛮干，赞成在理智精神的指引下笃行道义，这是由身体力行发展为持志守道了。总之，一个有道德修养的君子，必须善于理智地对待自己的感情。这种以理驭情的教诲，表现了孔子教育思想的理性精神，值得今人学习发扬。

孔子主张力行和勇为，但是他并不一味地鼓励勇行，而是告诫弟子，勇行应当受"仁"和"智"的制约。他曾中肯地说过："仁者必有勇，勇者不必有仁。"⑥ 但凡仁人一定勇敢，而勇敢的人不一定有仁德，这是说勇德应当从属于仁德。他还指出勇若无仁指导，就会产生破坏性："君子义以为上。君子有勇而无义为乱，小人有勇而无义为盗"⑦。这里的义就是行仁之义，可以视为孔子把仁视作三德中的主导，就道德教育而论，也就是认为人生观对人的各种品质起主导的作用。但是，孔子还认为，如果一个人光有仁，其道德修养仍很不全面。仁而无智、仁而无勇，既不能认识和理解仁德，更不能实施和捍卫仁德。孔子还

---

① 《论语·里仁》。
② 《论语·阳货》。
③ 《论语·颜渊》。
④ 《论语·阳货》。
⑤ 《论语·述而》。
⑥ 《论语·宪问》。
⑦ 《论语·阳货》。

说："知（智）及之，仁不能守之，虽得之，必失之。①"是指智得到的，如果没有仁德加以保持，即使得到了，一定也会丧失。这里所说"守仁"的功夫，正是守仁之勇，说明仁也需要勇德的支持。总之，仁、智、勇三者是相互依存又相互制约的，必须和谐发展，才能成就完美的人格。

孔子以仁智勇三德并举，体现了人生观、道德认识和道德信念之间的辩证关系，抓住了道德教育的三个主要环节，暗合着道德教育的基本规律，具有一定的普遍意义。他有时将三者按照由智而仁而勇的顺序排列，基本符合道德修养过程的逻辑顺序，即由道德认识逐渐形成人生观，又以人生观为指导，锤炼道德信念。这就是说，道德教育既不能只满足于提高人的道德认识，也不能停留在形成正确的人生观上，还应在二者的基础上，花力气去培养人的道德信念。只有形成了道德信念，才能使人做到"强力而不反"②，经得起人生道路上的各种考验。

和乐的人生拥有"不忧"、"不惑"、"不惧"的境界！

第三节　认识自我，促进人理性与情感的和谐
——培育崇善、求真、审美的情操

孔子的教育既重视"以理驭情"，又倡导"以情化理"，培育崇善、求真、审美的情操，三者的统一，是人的理性与人的情感和谐发展的主要表现。《论语·里仁》篇集中阐述了这一观点。"子曰：'里仁为美，择不处仁，焉得知？'""仁"在此处既代表"至善"，又包含道德智慧（择仁而处的道德判断），还凸显了求仁的审美心态。这段话告诉我们：孔子所说的"仁"的境界，既有智慧之"真"、道德之"善"，又有心灵之"美"。他曾用这种观点来论事衡人。孔子评论舜帝时的古乐，称其为"尽善尽美"，这是由于舜的音乐，歌颂了礼让天下的美德，在艺术上又很高雅。对于歌颂武王争伐天下的乐舞《大武》，孔子则只称其"尽美"，而不称许其"尽善"，因为孔子反对征伐（子谓韶，"尽美矣，又尽善也"。谓武，"尽美矣，未尽善也"。③）说明孔子对真、善、美的区别，已经形

---

① 《论语·卫灵公》。

② 《礼记·学记》。

③ 《论语·八佾》。

成了明确的认识，他以三者的和谐统一为理想的境界。就一个人来说，孔子同样要求以三者的和谐统一，作为人理性与情感和谐的表现。

（一）关于"崇善"、"求真"、"审美"的论述

"崇善"与"崇德"。孔子曾说："见善如不及，见不善如探汤。①"看见善人善事，唯恐失去，其求善之心切，如同追赶即将逃离的人似的。而看见不善之事或不善之人，就像手指触到滚烫的汤一样，避之犹恐不及。形象地表达了他"崇善"的心情。他在谈论施政问题时，也强调当政者应当"举善"。孔子曾引用古人说的话，论证"崇善"的作用，他说："'如果有善人来主持国政，经历100年之久，就可以化去残暴，消灭杀伐。'这话真对呀！"（"'善人为邦百年，亦可以胜残去杀矣'。诚哉是言也！"②）在孔子"崇善"思想的影响下，孔子最得意的弟子颜回，也将"崇善"作为他的理想目标说："愿无伐善，无施劳。"③颜回决心要求自己修养善心善行，认真存养于心，而不自夸。劳苦的事，也不要施予他人。颜回就是这样一个无伐善以修己、无施劳以安人的人，足见孔子的教诲对他影响之大。在《论语》中，"崇德"与"崇善"经常是通用的。例如，孔子的学生子张向孔子请教古语中关于"崇德"概念的含义。孔子回答道："主忠信，徙义，崇德也。"所谓"崇德"就是崇尚道德修养的意思。孔子指出，但凡一个人能够内心存养忠信，以此为主导，不受外界功利的牵累，这是"崇德"的内在修养。而提高一个人内在修养的重要方法则是"徙义"，即见贤思齐，善于向他人学习，善于不断进行自我更新，做到"迁善"，这样就能不断提高自己的品德，"崇德"即体现了"崇善"。孔子关于"崇德"内涵的解释，抓住了道德修养的"两端"："主忠信"侧重于原则性；"徙义"侧重于灵活性和发展性。后世儒者，在孔子论述的基础上，提出了"日新之谓大德"的理念，意味着道德修养是一个"自强不息"、"止于至善"的过程。孔子所说的"崇善"，就是培育人的"仁德"，主要是指人内在的仁德，而不仅凭其外在表现。《论语·公冶长》记载了齐国大夫陈文子的事迹，此人每遇乱邦，必弃之而去，绝不同流合

---

① 《论语·季氏》。
② 《论语·子路》。
③ 《论语·公冶长》。

污，孔子称其为"清"。至于是否达到了"仁德"的境界，他则说："未知——焉得仁。"显然，这是表示陈大夫尚未具有"仁德"的境界。因为孔子认为"仁"者与"清"者虽然都有洁身自好的特点，但是，"仁"者不仅是为一己，他们心怀国家天下，不与昏君合作的原因在于坚持自己的信仰。"清"者则不同，他们洁身自好的目的是为小我，是为了明哲保身，而孔子主张"仁"人应当兼善天下。足见孔子凸显"仁"在道德修养中的统领地位后，对古语"崇德"的内涵也有所丰富和发展。他认为"德"必须体现仁爱之善，他所说的"崇德"即"崇善"，追求的都是道德之善。孔子倡导崇善，不是个人为中心的"善"，而是以对整个社会以至对天地自然的仁爱为"善"，他是在"与天地合德"的前提下，倡导"崇善"，这是他的独到之处，与西方国家一度盛行的"道德自我完善"，俨然有别。

"求真"与求道德之真。至于说"真"，孔子侧重于人伦道德。故他所谓的"真"，不以追求自然之真为务，而以如何正确认识社会之真为主要任务。孔子告诫学生，一个有道德节操的人，其所以能够在有道与无道的社会中都保持自己的信仰，不仅凭对美德的追求，还必须具有大智大慧，切合社会的实际发展需要。他曾经对学生介绍过卫国大夫宁武子的事迹，说他"邦有道则知（智），邦无道则愚。其知可及也，其愚不可及也"①。这是指宁武子经历了卫国两代的变动，在卫文公时，政治比较有序，他积极发挥作用，人们能清楚地看出他的智慧来；当卫成公当政时，政治混乱，他表现得愚蠢鲁钝，好像极其无知。其实这正是宁武子的大智，并且是一般人所做不到的智，就是"其知（智）可及也，其愚不可及也"。这就清楚地告诉人们，要在社会上做到进也乐、退也乐，始终保持"仁"者的心态，不能仅凭"崇善"，还必须具有真知灼见，正确把握社会的实际状况，既不玷污崇高的信仰，又能防祸及身。西方国家的教育家始终重视"求真"，不过，孔子与他们不尽相同。前者所谓的"真"往往是指科学之"真"，"求真"侧重于探索自然规律。而孔子则以对事物认识的灼见为"真"，而且，"求真"，侧重于对社会事物的认识，或者是对社会发展的某种合理规律的认识。在孔子的思想中，"求真"与"崇善"具有相互制约的关系，他明确指

---

① 《论语·公冶长》。

出："唯仁者，能爱人，能恶人。"① 这是说一个有仁德的人，必然是一个有爱心的人，但是，仁人不是什么"老好人"，"爱"要看对象，要从实际出发，爱所当爱，恶所当恶，只有"求真"才能正确施爱行善。而"求真"的目的，正是为了使爱心产生良好的社会效果。

孔子还讲过"以直报怨"的话，指出对于不可理喻的人和事，都不能迁就姑息，必须讲原则，即"求真"，这样才能体现道德的公平原则，才能伸张社会的正义。"以德报怨"，往往姑息养奸，助长邪恶势力，这违背了孔子"崇善"必须"求真"的原则。

在孔子倡导道德之真的影响下，中国古代往往用"诚"来表述"真"，使"求真"包含了对信仰的真诚，为人的忠信。它要求整个社会奉行诚信，特别要求统治者必须"取信于民"。统治者如果对待百姓不真诚，不讲信用，社会秩序必然混乱。《论语·为政》记载鲁国的权臣季康子向孔子问政，他说："使民敬忠以劝，如之何？"意思是说，如何才能使民众敬上，对上忠诚，并且肯加倍努力地劳作呀？孔子认为统治者治国不在是否发表漂亮的宣言，如季康子的所作所为，关键在于他是否表里如一，真心实意地关心老百姓，因此，他对季氏之言，不作正面的答复，却说："临之以庄，则敬；孝慈，则忠；举善而教不能，则劝。"告诫季康子接近老百姓时，内心必须具有端庄正派的情操，百姓就会对你恭敬。特别是如果统治者能够以对待骨肉至亲的孝慈之心对待老百姓，那么，百姓就会为他效忠。如果统治者还能鼓励提倡善行，并施行教化于"不能"，即真正负起"作之君，作之师"的责任来，那么，老百姓自然会趋于正道。孔子还专门揭露了衰世的通病："居上不宽，为礼不敬，临丧不哀，吾何以观之哉？"② 深刻揭露当政的统治者有许多人对待下属百姓深文刻法，无宽仁之情。作为协调人际关系的礼节，他们施行时也无诚意，根本"不敬"，甚至于举办丧事都没有哀矜之情。孔子认为这些行为令人无法忍受，故曰："吾何以观之哉？"表现了极大的义愤。孔子的这番评论，表明他重视统治者的内心修养，尤为关注他们对待老百姓是否有真情实感，体现了孔子倡导"求真"的人道精神，这正是孟子"仁政"理论的先导。孔子追求道德之真，使他实施的道德教育富于理性精神，

---

① 《论语·里仁》。
② 《论语·八佾》。

而不同于盲目的"信仰主义"。

"审美"不"唯美"。对"美"的理解和教育，东西方国家既有相同之处，也有各自的特点。西方教育家既指人的道德之"美"，又指其他形象之"美"；而孔子则多指道德之"美"，特别是内心的和谐之美。然而唯美主义运动（Aesthetic movement）所体现的西方国家的审美倾向，却与孔子审美教育俨然有别。它是19世纪后期出现在英国艺术和文学领域中的一场组织松散的运动，提倡"为艺术而艺术"，强调超然于生活的纯粹美，追求形式完美和艺术技巧。这一思潮倡导生活艺术化的思想，倡导提高人们感受美的能力，培养人们的审美气质，都是可取的。但是，他们认为艺术的使命在于为人类提供感观上的愉悦，而非传递某种道德或情感上的信息，强调超然于生活的纯粹美，则与孔子的审美教育存在巨大的区别。孔子恰恰主张"以美育德"，认为一个有道德修养的人，不可能超然物外，而应该身处纷繁复杂的人世间，还能修炼一个平和的心态与情操。不怨天，不尤人。他认为从一个人的情操，就能区别君子与小人，故曰："君子坦荡荡，小人长戚戚。"① 他倡导"审美"，就是希望仁人君子能够胸怀坦荡，不为私欲所困扰，使自己的情趣达到审美的境界。

（二）"以美比德"的"乐"教

信仰、审美与四境界说。孔子倡导礼乐之教，其中的乐教，与今人的音乐教育有所不同。古人所谓的"乐"，是艺术教育的总称，其中有音乐、诗歌、舞蹈、原始的戏剧等项内容。孔子重视乐教，是出于对人修养的全面考虑，人的精神世界中，不能缺少情感的陶冶，一个情感低俗或者贫乏的人，其道德修养是不可能坚实的。反之，一个将人生信仰与审美情操融合在一起的人，对信仰的追求，将成为一种审美享受。中国古人明智地将"视死如归"和"慷慨就义"有所区别，对于前者而言，认为只有"义尽"才能"仁至"，既然是"仁至"了，那就是实现信仰的归宿，故而"视死如归"，从容就义。后者的境界就没有那么高，他们往往把"赴死"视为"牺牲"，可以牺牲得十分壮烈，但是，境界则不尽相同。孔子重视人的情感的陶冶，主张"以美比德"，是很有见地的教育主张。

在抗日战争最为艰难的岁月里，冯友兰先生将孔子礼乐并举、情理相融的思

---

① 《论语·述而》。

想，加以提炼发展，创立了人生的"四境界说"：自然境界、功利境界、道德境界、天地境界。与之对应的个人修养状况，分别是：无律、他律、自律、自由。如下所示：

"四境界说"的提出，曾激励处于艰难困苦中的人们，努力提升自我的人生境界，以乐观的心态面对困难，超越对功利的计较，进入自律的境界；以天地比德，获得心地的自由，至于"孔颜乐处"的境界。当时西南联大一大批学者，在上有日机轰炸，下无斗室之安的情况下，安之若素，著述颇丰，教学成效卓著。充分证明孔子注重人审美情操培育的思想是可取的，它是抵制平庸达至高尚境界之津梁。

以美比德——孔子观水。为了陶冶弟子们的情操，孔子倡导以自然比德，即美学界所说的"以美比德"。他曾说："知（智）者乐水，仁者乐山；知者动，仁者静；知者乐，仁者寿。"[①] 为什么说"知（智）者乐水"呢？这是用水随势流动，比喻具有"智德"的人，善于缘理行事，当圆则圆，当直则直，左右皆能逢迎源头，而不丧失初衷。他们也像江水一样，川流不息（"知者动"），十分欢快。为什么说"仁者乐山"呢？因为仁者都是具有坚定信仰的人，他们在瞬息万变的时代之中，如大山一样"我自岿然不动"，不为外欲所动，故能宁静而致远。心有定力，也就长寿。

就山水而论，孔子似乎更爱以水比德，例如，《荀子·宥坐》就详细记载了孔子观水的情景：

> 孔子观于东流之水。子贡问于孔子曰："君子之所以见大水必观焉者，是何？"孔子曰："夫水，遍与诸生而无为也，似德；其流也埤下，裾拘必循其理，似义；其洸洸乎不淈尽，似道；若有决行之，其应佚若声响，其赴百仞之谷不惧，似勇；主量必平，似法；盈不求概，似正；淖约微达，似察；以出以入，以就鲜絜，似善化；其万折也必东，似

---

① 《论语·雍也》。

志。是故君子见大水必观焉。

孔子动情地观赏着东流之水。站在一旁的子贡便向他发问道："君子看见大水一定要观赏，是为什么？"孔子说："流水浩大，普遍地施予各种生物，却仿佛无所作为似的，不居功自恃，这就很像'德'；它流动起来向着低下的地方，弯弯曲曲一定遵循一定的轨道（比喻原则规律）而行，这就如同是'义'；它浩浩荡荡无穷尽，这就好像是'道'（无所不在）；如果堵塞后被掘开使它通行，它就有快速回应的声响，它奔赴百丈深谷也不怕，好像'勇'；注入量器时一定很平，好像'法'；它注满量器后不需要用'概'去刮平，好像是'正'；它柔软地可以到达所有细微的地方，好像是在深察；各种东西在水里出来进去，便鲜美洁净，好像善于教化；它经历万千曲折也一定向东流去，好像'志'。所以君子看见大水一定要观赏它。"孔子观水，竟然将水的质性比喻为"德、义、道、勇、法、正、察、善化、志"九种德性，使抽象的道德规范具有了优雅的美感，这使他的道德教育不仅能够提高人的理性精神，而且还能获得美的享受，渗透到人的情感世界，形成情操。

以上关于"乐教"及审美教育的论述，侧重于自我修养方面，孔子揭示它能使人心灵和美自由。如果就社会功能而论，孔子历来主张礼乐并重，"礼别异"，"乐主和"。也就是说，"礼"的主要作用在于区别上下尊卑，建立社会秩序；而"乐"的主要作用在于促进人心的和美，协调人际关系。这对我们构建和谐社会，具有启发意义。

以美比德，营造崇高的人文精神。孔子以天地比德，培育了中华民族厚重的人文精神，影响极为深远。作为"庚子赔款"产物的清华大学，最初定位虽然为留美预备学校，却并未以西方的思想作为校训，反倒以"天行健，君子当自强不息"，"地势坤，君子当厚德载物"以天地比德的古训作为校训，培育了一批又一批献身人民解放事业和振兴中华伟大壮举的莘莘学子。以万物生长规律比拟办学思想的杰作，当属蔡元培提出的改革北京大学的办学方针："兼容并包。"这一思想出自《中庸》："万物并育而不相害，道并行而不相悖，小德川流，大德敦化，此天地之所以为大。"[①] 后来为西南联大所继承，在民族危难的关头，

---

① 采用十三经注疏《礼记·中庸》，中华书局，1980年版。

北大、清华和南开三校合并，梅贻琦校长仍然奉行"兼容并包"的办学方针，在艰难困苦中，创造了中外教育史上的奇迹。抗战胜利之后，三校重返故园，立碑纪念。其碑文由时任文学院院长冯友兰撰写，由中国文学系教授闻一多篆刻，由中国文学系主任罗庸书丹。著名的国立西南联合大学纪念碑碑文，赞颂了该校的成功经验和恢弘的人文精神，其中写道：

> 万物并育而不相害，天道并行而不相悖，小德川流，大德敦化，此天地之所以为大。斯虽先民之恒言，实为民主之真谛。联合大学以其兼容并包之精神，转移社会一时之风气，内树学术自由之规模，外来民主堡垒之称号，违千夫之诺诺，作一士之谔谔……

体现了"为天地立心"的博大志向和超越世俗的"大美"。这所著名学府血与火的历史，震撼人心。对真理的追求和信仰的力量，再次展现了圣洁的光辉，令平庸者沉思，促新生代奋进。其崇高的人文精神之中，体现了孔子倡导的以美比德的高尚情操。

（三）以美育德

文质彬彬。孔子育人十分注意使人具有文明典雅的气质，他自己更是率先示范。《论语》记载孔子的风貌称："子温而厉，威而不猛，恭而安。"[1] 这是说，人们见到的孔子是既温和而又严厉，既威严而又不凶猛，既庄重而又安详的。常言道："境由心生。"从孔子的体态情状、言谈举止与待人接物的方式之中，都展现了孔子人格的魅力，体现了表里和谐的哲人风度。孔子的教育旨在变化人的气质、性格，使他们具有文明高尚的情操，并就此提出了著名的"文质论"。他说："质胜文则野；文胜质则史；文质彬彬，然后君子。"[2] 即认为文与质协调发展的人才能称作君子。这是他论人的标准、育人的规格之一。这一思想，体现在品德教育上，"文"类似当代人所说的"行为美"，"质"则类似"心灵美"，孔子认为二者"彬彬"即配合得当，才算君子。有人不理解他的思想，便提出"君子质而已矣，何以文为？"弟子子贡传孔子之言说："文犹质也，质犹文

---

① 《论语·尧曰》。
② 《论语·雍也》。

也。"① 并以兽皮为喻：如果拔去两张兽皮的毛，就无法鉴别虎豹之皮和犬羊之皮了，所以文质不能偏废。孔子在兼顾文质的同时，更重视人的素质培养。为了培养这样的君子，孔子在进行道德教育时，主张礼乐结合。礼与乐相结合时，礼主行，乐主情；礼为表，乐为里；礼重别，乐重和。他要求人在行为与情感方面、外表与内心方面，应当相辅相成。

孔子虽然礼与仁并称，但对于培养一个完美人格的人来说，他更重视内在的仁德修养。孔子曾经以画作比喻，告诉弟子子夏说："绘事后素。"② 即画画时必须有一个洁白的底子，然后才可以在上面着色，就好比人格修养，也应当是学为仁在前，施行礼在后。因为人只有具有真情实感的质朴素质，外在的礼节修养才有根基，才不至于塑造出道貌岸然的伪君子。

陶情冶性。孔子非常重视人的情感陶冶，他认为艺术，特别是音乐最能陶冶人的性情，这与他本人具有深厚的艺术造诣密不可分。他有很高的音乐修养，曾经告诉鲁国的乐师他对整套乐曲的体悟，说："始作，翕如也；从之，纯如也，皦如也，绎如也，以成。"③ 概括了乐曲起伏跌宕的过程：开始时，令人感到兴奋而振作，随之演奏就进入纯一而和谐的状态，人们能够清晰地分辨出歌声和器乐声，前起后继，连贯络绎，渐次收成。孔子对乐曲的变化组合，谙熟于胸，鉴赏能力极高。但凡遇到善于唱歌的人，他必定热情邀请其人重复再唱，以便细细品味学习，然后还要与之同歌。（"子与人歌而善，必使反之，而后和之。"④）孔子对咏唱诗歌也同样钟爱有加，他之所以如此热爱艺术，是因为亲身感受到艺术的魅力，深知艺术能够变化人的性情、气质，提高人的文明素养。他自己拥有一个艺术和乐的人生，也期盼在争名夺利的乱世，用高雅的艺术为弟子们营造一个和谐优雅的精神家园，陶情冶性，提升他们的教养。

孔子读《诗》的第一篇《关雎》，就提出："《关雎》乐而不淫，哀而不伤。"⑤ 这是孔子关于诗歌、音乐引发人们哀乐情感的论述，他主张哀乐要适度，不要造成对心灵的伤害。而他更知道："哀乐者，人心之正，乐天爱人之与悲天

① 《论语·颜渊》。
② 《论语·八佾》。
③ 《论语·八佾》。
④ 《论语·述而》。
⑤ 《论语·八佾》。

悯人，皆人心之最高境界，亦相通而合一。无哀乐，是无人心。无人心，何来有人道？"①"阶级斗争为纲"曾经使我们的教育不敢涉及"人心"和"天良"，竟然在特殊年代里发生了不止一桩幼稚的中学生打死慈眉善目校长的惨剧……"爱的教育"，被视为资产阶级的专利，致使我们的育人工作长期走不出"冰冷"说教的境地。在今天呼唤教育人性化的时代，回眸孔子陶情冶性的教育，令人感慨万千，深感十分必要。

（四）以歌咏志

孔子很注重运用诗歌来熏陶学生，不仅在周游列国的逆境中创立了"弦歌不辍"的佳话，而且，对人生的重大话题，例如爱国之情、交友之情、死别之情等等，他都曾采用"以歌咏志"的形式，深化人们的认识，打动人们的心灵。我们从他流传至今的几首歌曲的歌词中，多少也能领略其教育的魅力。

怎样表达对祖国的眷顾之情？《史记·孔子家语》留下了孔子离开父母之邦鲁国时唱的歌词：

> 彼妇之口，
> 可以出走。
> 彼妇之谒，
> 可以死败。
> 盖优哉游哉，
> 维以卒岁。

孔子唱道，是齐国送来的那些妇人（美女），用她们的口舌，竟把贤良的大臣赶走了，致使国家走向破灭败亡。表达了对鲁国前途的无比担忧，对他推行改革功败垂成的无限惋惜。但是，这一切都成为过去，他只能离国出走闲散地游荡，无所作为，聊度岁月。无奈与惜别之情，眷恋父母之邦的爱国之心，尽在哀婉的歌声之中。

据汉代大文学家、大词曲家蔡邕考释，认为孔子离开鲁国时，还创作了一首名为《龟山操》的歌曲，歌中唱道：

---

① 钱穆：《论语新解》第74页，三联书店，2007年版。

予欲望鲁兮，

龟山蔽之。

手无斧柯，

奈龟山何？

孔子离开鲁国时，频频回首瞭望，但是，龟山挡住了视线，看不见父母之邦，无法直抒爱国仁民的情愫。手中没有板斧，无法劈开龟山，奈何不得。将他期盼进谏国君，挽救祖国危难的急切心情，表达得哀而动人！

怎样表达对挚友的怀念之情？ 孔子从卫国将入晋国时，在黄河之滨，听到了晋国赵简子诛杀窦犨鸣犊及舜华这两位贤臣的消息，十分悲痛。在赵简子尚未得志时，是仰仗这两位贤臣才得以从政的，不想，赵简子大权在握后，竟然将他们诛杀了。志同道合者的逝亡，令孔子痛惜不已，他临河而咏：

美哉水，洋洋乎！

丘之不济此，命也乎！

歌声十分悲壮，子贡对孔子的举措不解，问道：“敢问何谓也？”孔子以物类相比喻道：“如果一个地方的人残忍到剖腹取胎杀害幼兽，那么，麒麟是不会再在那个邑地翱翔了；如果某地竭泽而渔，那么，蛟龙绝不会再游到那里的渊池了；如果某处的人覆巢破卵，那么，凤凰就绝不会再飞到那里的上空了。”连鸟兽都知道“物伤其类”，君子更应该懂得这个道理。既阐述了不去晋国的原因，也表达了对窦犨鸣犊和舜华不幸的哀婉。孔子对子贡讲的这番话，犹如一篇典雅的散文，但不足表达孔子的情怀。后来，孔子还专门创作了一首名为《盘琴》的曲子，哀悼朋友的逝世[1]。

怎样表达对生命的眷恋之情？

孔子重病，知道自己已经走到了生命的尽头，拖着拐杖来到居所的门口，迎接看望他的爱生子贡，十分动情地说：“赐（子贡的字）啊，你怎么来得这样晚呢？”叹惋之后便唱出了告别人世的挽歌，表达了他对生的留恋和无限的遗憾。《史记·孔子世家》记录了孔子诀别人生的歌咏：

---

[1] 《孔子家语·困誓》。

泰山坏乎！

梁木摧乎！

哲人萎乎！

翻译成白话即是：

泰山快要崩塌了吧！

梁木快要毁坏了吧！

哲人快要枯萎了吧！

凄婉而不失大气，只有孔子这样一位极富审美情操的哲人，才会用，也才能用这样的形式向人世告别。七天之后，圣人便与世长辞！目睹此情，听到此歌的子贡，怎能不为之动情？孔子以其生，以其死，都在教育着弟子们！

孔子平生寂寞、平淡，宠辱不惊，专心于自己追求的人生目标和社会理想，正是由于他拥有和谐的人格和"审美"的精神修养，所以才能够潜心道德学问和教授弟子，终由自得其乐，发展为"后天下之乐而乐"。自我和谐，关键在于心态和乐，孔子为我们树立了不以外物左右的自我和谐的境界，这是中国文化的珍宝之一。

第四节　倡导"为己之学"
——为仁由己

如何进行自我修养呢？

孔子认为提高自我认识和自律的能力是根本，他为之倡导"为己之学"，并总结了系统的自我修养的原则和方法。

（一）何谓"为己之学"

自我修养，既是孔子教育的目的，也是他从事教育的主要手段。"修己以安人"、"修己以安百姓"① 是孔子追求的教育目标。其中，"修己"是"安人"和"安百姓"的前提。他身处乱世，目睹众多的统治者，手中掌握治国安民的大

---

① 《论语·宪问》。

权，但是，个人无德无能，手中的权力无法用来治国安邦，更有甚者，还误国害民。所以，他将"修己"放在"安人"的前面，视为"安人"的前提。如何才能达到这一目标呢？孔子倡导了"为己之学"。他曾经感叹过："古之学者为己，今之学者为人。"① 他赞扬古代从事学习的人，学习是为了提高自己的道德学问。遗憾的是，当下的学习者却不然，学习的目的只是为了装饰自己，给别人看，借以抬高自己的身价。此处所说"为己之学"，绝非独善其身或自私自利之学，而是"修己"的同义语。这是就教育目的而言的，孔子办学旨在教育学生提高自我修养水平，以建成天下治平的社会。就教育手段而言，应当借助荀子关于"为己"与"为人"的解释来理解孔子的"为己之学"。荀子在《劝学》篇中说："入乎耳，著乎心，为己也。入乎耳，出乎口，为人也。为己，履道而行。为人，徒能言之。"根据此说，"为己"是指"欲得之于己"的意思，或者通俗地说即将所学"内化"为自己的认识、情感，并付诸实行。

美国汉学家赫伯特·芬格莱特在论述孔子《即凡而圣》一书中指出，儒学虽然强调"为己之学"，但在经验层面考察，却离不开交互主体性。它是一种关乎理性交往的思想学说，不是纯粹个人的沉思或思辨的思想学说。他认为："孔子所强调的美德都具有'能动性'和社会性，例如，'恕'（人际关系的相互性）、'忠'和'信'（对他人善良的信念）——都内在地涉及一种与他人的动态关系。另一方面，像纯洁或者天真那样'静态的'或'内在的'美德，在《论语》中则没有扮演任何的角色。"② 这一评论较客观地揭示了孔子倡导的"为己之学"的本质特征——社会的交互性。

（二）存亡祸福根源在己

鲁哀公曾经对孔子说，国家的存亡祸福，是由天命决定的，不是人力所能左右的。孔子立刻加以纠正，指出，国家的存亡祸福，都是由人自己决定的。商朝统治时期，迷信思想十分浓厚，所谓"国之大事，唯祀与戎"。当时人们都迷信所谓天命的吉凶征兆，孔子以史为鉴告诫鲁哀公说，商纣王治国时，在商朝国都的城墙边，有一只小鸟生出了一只大鸟，占卜的人就说，凡是以小生大，国家一

---

① 《论语. 宪问》。
② 赫伯特·芬格莱特：《孔子：即凡而圣》中译本，第48页，江苏人民出版社，2005年版。

定会称霸天下，声名大振。纣王听后依赖卦辞所说的好兆头，不仅放松了对国家的治理，而且对臣民尽施暴政，朝臣没有人能够阻止他，结果敌国军队一进攻，商朝顷刻就被灭亡了。孔子说：这就是以自己的恣意妄为悖逆天时，使上天的福佑反而变成了灾祸的事实（"此即以己逆天时，诡福反为祸者也"）。孔子又从正面举例说，纣王的祖先太戊执政时，社会道德败坏，国家法纪混乱，在朝堂之上竟然长出了桑穀，长得很快，七天就粗得要用两手合抱。占卜的卦辞说，这是亡国的征兆。太戊十分惊恐，小心修养自己的德行，学习先王治国的经验，采取教化百姓的有效措施，三年之后，国家安定强盛了，来朝觐的国家竟然达到 16 个之多。孔子说，这是以自己的谨慎修治改变了天时，将上天降临的祸事变成了福佑（"此即以己逆天时，得祸为福者也"）。孔子为鲁哀公总结道，怪异的现象阻遏不了善政的良效，不好的梦兆也抵消不了良好品行的积极作用（"灾妖不胜善政，寤梦不胜善行"①）。孔子对前代敬神事福的迷信思想加以改造，强调了尽人事的重要，特别是统治者治理国家，更不能迷信天赐，必须谨言慎行，依靠德政，才是摆脱隐患的可行之策。

（三）"为仁由己"

孔子曾对高足颜渊说："为仁由己，而由人乎哉！"② 十分坚决地指出，要想成为仁人，全取决于自己，绝不是由他人决定的。即"克己"由己，"复礼"由己，也就必然"行仁由己"。总之，人的命运应当掌握在自己手里，任何外力都是靠不住的。极而言之，接受教育、追求真理、实现人生理想……凡此种种，都要靠自我努力。孔子施教固然费尽心血，但是，他却认为教育成功与否，主要在于学生的自觉、自为。他的功夫全用于唤醒学生自我意识，激发他们"为己"而学，自觉"为仁"，这正是孔子教育成功的重要原因，也是他能够最早提出启发诱导原则、实施因材施教的理论依据。他虽然没有用什么"学生主体"地位等现代概念，但是，他提出的"为己之学"和"为仁由己"的思想与实践，是与之相通的，并且取得了杰出的成就。以至人们从"为仁由己"引申出"自助则天助"以及"天作孽犹可违，自作孽不可逃"等极富哲理的格言，培育了中

---

① 《孔子家语·五仪解》。参见《说苑·敬慎》。
② 《论语·颜渊》。

华民族自强自立、不屈不挠的精神。孔子"为己之学"的倡导和"为仁由己"思想的提出，可谓功不可没！

第五节 "为己之学"的主要内容

"认识自我，你就是一座金矿！"西方国家的哲人曾经作如是说。孔子倡导自我修养，就是要使学生正确认识自己。因为只有自知之明，才能开发属于自己的这座"金矿"。中国古代的贤哲几乎都很重视自知之明的意义，不仅孔子系统阐述了自知自修之道，老子在《道德经》33章中也说："胜人者有力，自胜者强。"战胜他人固然不易，但是，战胜自己则更为困难。战胜自己，就是要自我超越。只有"自知"才能"自胜"，它在德行和智慧上，都比"知人"更高一个层次，更为高明。孔子不仅强调自知之明的重要，而且提出并实践了一套正确认识自我的教育内容。

（一）正确认识自我——自省

孔子根据人生的实践以及教育的实践，提出了多种有别于西方中世纪认识自我的方式方法。

自省自律教育的特点。自省，也叫内省，或"反省"，这是自我认识的重要方法。自省，需要进行反思，即对自己的思想进行再认识，西方早期哲学所说"反思"是德文 Nachdenken 和英文 reflection 的意译，他们把对意识的内在活动的观察称为内省经验，例如洛克就持这种观点。黑格尔则专用这一词汇指对思想本身进行的反复思索，即指思想的自我运动[①]，这与孔子倡导的反身自省有明显的区别。不过，现代心理学明确指出自省（self‐examination），即通过自我意识来省察自己言行的过程，这倒与孔子所论基本一致。

孔子倡导的反身自省，虽然包括对自己所思所想进行重新观察、认识、检查和醒悟，但是，它不局限于"思想的自我运动"，它是对自我思想言行实践的再思考，实践性是孔子反身自省的重要特点之一。孔子倡导的内省或反省的自我修养方法，不仅仅用来进行心理活动的研究，更重要的是用以指导人格的提升。而

① 参见朱智贤主编：《心理学大辞典》第265、454、999页，北京师范大学出版社，1989年版。

且，他不认为自省只是"主观自生的内部体验"，他更多关注的是人们在与他人交往或参与社会实践活动过程中，所表现出来的内在思想和外露的言行，认为这才是自省的主要内容。这正是儒家学说被称为人生实践之学的重要原因，也是其与西方古典心理学家有别之处，同时也能说明孔子倡导的反身自省的修养方法，绝不是什么"闭门思过"的养心法，恰恰相反，**以实践为起点，才是它的重要特点**。

赫伯特·芬格莱特认为，在儒学发展中，"知行合一"是重要的理论范畴："知"就是"学"，"行"就是"习"。显然，这源于孔子的"学而时习之"。后世正统的儒家学者，认为"行"比"知"更重要，"知"是一个人"内圣"功夫，而它导源于"行"。宋儒郑汝谐在《论语意原》中说过："古之学者，必有入处。于所入处而用力焉，是之谓习。颜子之'克己'，曾子之'三省'，皆习也。"王夫之《尚书引义·说命中》更为明确地指出："行可兼知，而知不可兼行。"实际情况也是这样，美国汉学家赫伯特·芬格莱特曾经以孔子评析"礼"和"仁"为例说："我们洞察所有这一切（指人们施礼与行仁的实情），是通过观察在可见的行为情境中的行为，而不是通过窥视那个人头脑或某种纯粹内在的心理领域。"[1] 又一次指出了孔子关于自我修养教育的实践性。

强调自我修养，要求反身自省以实践为起点，在当下更加具有现实意义。因为"道德"首先是一种内在的心理认同和潜在的思想意识，其次才外在地表现为一种实践和行动。现时代，人类的心智活动已经极其复杂，早已失去了单纯的特质。一般来说，道德实践，是正确判断其道德认识的重要依据。但是，不能据此否定，孔子倡导的反身自省着力于自我意识的提高，不过，**自我修养必须"内外挟持"，才能相资以长**。在孔子的倡导之下，孔门弟子有较高的自觉性，并能严于律己。曾参为孔门高足，他曾自谓说："吾一日三省吾身，为人谋而不忠乎？与朋友交而不信乎？传不习乎？"[2] 曾参一日"三省"思过，自励自强，始终不渝，直至病危，仍然一丝不苟。他的表现反映了孔子教育的成效，同时也使我们得以领略孔门自省的特点。曾参自省的内容是"为人谋"、"与朋友交"和"传习"的实践情况，完全是当时士人的主要社会实践活动，足以证明孔子倡导的自

---

① 赫伯特·芬格莱特：《孔子：即凡而圣》中译本，第54页，江苏人民出版社，2005年版。
② 《论语·学而》。

省是以实践为出发点的。这样的自省修养有何作用呢？

内省者日新其德。孔子认为一个人应该以平和的心态自省，特别是正确反省过错，没有必要过于自责。他曾对颜渊说："内省不疚，夫何忧何惧？"[1] 内省本来是件好事，用不着过于自责，完全应该无忧无惧，何其乐哉！足见，孔子倡导"内省其身"，还是自我解脱、形成和谐心态的重要思维方法。

再者，孔子深知人总是面向未来的，学习以往的知识是为了"告诸往而知来者"，反省的目的也是这样。所以，孔子倡导自省不是"面向过去"的，过去的错误，可以"既往不咎"，他是"面向未来的"，借助反思启迪关于未来的探索，又以这种关于未来的探索来影响现实的存在，使自己"日日新，苟日新"。所以，他认为内省者完全不必内疚，能够"日新其德"，还有什么可忧可惧的？这是他说"内省不疚，夫何忧何惧"的又一根据。

孔子的自省教育是与理想教育相结合的，都是一个促人"自新"、面向未来的教育活动，帮助学生不断进行自我塑造，使自己更好地生存下去。各种宗教也是引导人追求未来的，不过宗教所引导对未来的追求，是要人们按照不同的宗教模式摒弃苦难的现世而进入虚幻的来世。至于历史上各种"人学"，更是致力于通过对人的应有的未来的探索，提出了种种关于模范人物的典型形象和人的世界的理想模式，并以此来引导和鼓励人们进行自我塑造、自我奋斗。孔子倡导自省教育则不同，它立足于人的现实的实践活动，具有**强烈的实践性和自主性**。人人都可以通过反省来塑造自己的未来，从这个意义上，人人都能把握自己的德行修养，成为一个仁德之人。

（二）"三省吾身"在今天

孔子高足曾参"三省吾身"，在历史上和现时代都产生了深刻的影响。例如，新近出版的《卢嘉锡传》记载：科学家卢嘉锡走上高级领导岗位后，为自己题写了新时代的"三省"作为箴铭：

> 为四化大局谋而不盘乎？
>
> 与国内外同行交流学术而乏创新乎？
>
> 奖掖后进不落实乎？

---

[1] 《论语·颜渊》。

可谓皓首不懈!

我们从 2006 年高考作文湖北卷满分佳作《自省》,可以窥见"三省吾身"对年轻学子的影响,特引录如下:

自 省

古人多以"三"为大,大在何处?大在刘备"三顾茅庐"的虔诚,大在孔子"三人行,必有我师"的谦虚,更重要的则是大在"三省吾身"的谦恭和谨慎,古人如此,今人又何尝不是如此?到了今天,我们同样需要这种"三省吾身"的道德修养。

立身不从一步起,如尘里振衣,泥中濯足,如何超尘脱俗?处世不会退一步,如飞蛾投烛,羝羊触藩,如何堂正为人?这需要我们"三省"自己的追求与志向,这需要我们"三省"自己的处事和做人,可是,倘若蚍蜉撼大树的狂妄,蟪蛄不知春秋的无知,即使有再高的志向和理想,也与成功无缘。自立,需要自身的信心和智慧去寻找;自强,更需要我们的毅力和反思。处世不是八面玲珑的圆滑,不是左右逢源的奉承,而是我们自省的真诚过程,自省的高尚精神。

一省吾身,知书不可不虚,虚则文理而居;人心不可不实,实则为欲不入。心灵的谦恭,为人的谨慎,才是对抗物欲诱惑的坚实堡垒,才是抵抗物欲侵蚀的不坏金身。世上再没有什么能抵得上心灵的纯净,自省吾身的高尚。既然这样,那么你不妨问问自己,我还固守着一方心灵的净土吗?当尘世洗涤之后,心灵还如莲花般洁白无瑕吗?否则就要三思自省以清污,三思自省以退浊。

再省吾身,知孤云出岫,去留无一相系,朗镜悬空,静躁两不相干。自省需要我们的心空一片宁静,需要我们的情愫一片真诚,道存心底再观世界。表面的光辉与浮华太过刺眼,因为它挡住了真实;夸张的色彩与线条太过喧闹,因为它只折射出炫目的光彩,隐藏了致命的暗伤。那么,我们如何超过尘世的眼睛来重新审度?宁静而后知"致远",淡泊而后知"明志",让我们睁开心底的那双自省的法眼,从一颗淡泊的宁静的心出发来观察我们的生活,来享受我们的人生。

三省吾身,知情趣不在多,盆池拳石间,烟霞俱足;美景不在阔,而居篷窗竹屋之下，风月亦奢。自省，让我们清空心中的欲念，重拾身边哪怕只是微小的幸福与感动；自省，让我们清点心中的渴望，重获身边哪怕只是点滴的欢笑与泪水；自省，让我们打点生活的行装，重整身边哪怕只是丝毫的坚毅与信念，从而在自省后找到心的归宿，灵魂的彼岸。

　　古人三省其身，省一是言行，省二是作为，省三是修养。今天，我们三省吾身，则应自省的是追求，是信念，是情操。但愿自省之后，我们宠辱不惊，闲看庭前花开花落，去留无痕，漫随天外风卷云舒。

一则是德高望重老科学家的《三省箴言》，一则是"80 后""新生代"的《自省》作文，孔子自省教育的薪火，仿佛仍在闪烁耀眼的光芒！

（三）严己宽人——贵在改过知耻

　　罗曼·罗兰曾经说过："自我批评，这是一所严酷的良心学校。"孔子的自我教育，要求学生对己严，待人宽，旨在促进学生建立起属于自己的严酷的良心学校，树立廉耻心，不断改过迁善，不断自新其德。

　　过则勿惮改——善于改过。认识自我最困难的是认识自己的过错，而高尚人格的培养，恰恰是一个人内心深处进行吐故纳新的过程。正确对待自己的过错，是一个人实现自我超越不可缺少的品质，也是形成和谐心态的重要思维方法。

　　孔子很早就发现，要想培养学生自我认识的能力，必须解决如何正确认识自己的缺点错误，这是自我认识的重点和难点。他首先教育学生懂得人不可能没有过错的道理，使他们能正确地对待过错。他告诫弟子说："过则勿惮改。"① "惮"是怕的意思。孔子告诫人们，有了过错不要畏难害怕，丧失自信，同时也不可苟安，应当勇于改过。这句话可谓至理名言，千古流传，激励人们知过必改。他还指出："过而不改，是谓过矣。"② 钱穆先生对孔子这一教诲颇有感慨地说："人道日新，过而能改，即是无过。惟有过不改，其过遂成。若又加以文饰，则过上添过矣。"③ 把"改过"称为"人道日新"，视之甚高；反之，不改过则是错上加

---

① 《论语·学而》。
② 《论语·卫灵公》。
③ 钱穆：《论语新解》，第 417 页，三联书店，2007 年版。

错。揭示了"过则勿惮改"的深意。

孔子还说，自己能发现自己的过错当然好，一般来说，往往是自己不能觉察，需要他人的批评和帮助，这就有一个如何正确对待批评的问题。他分析道："法语之言，能无从乎？改之为贵。巽与之言，能无说（悦）乎？绎之为贵。说而不绎，从而不改，吾末如之何也已矣。"① 这段话的意思是说：严肃而合乎原则的话，能够不接受吗？改正错误才可贵。顺从自己意思的话，听了能够不高兴吗？分析一下才可贵。盲目高兴，不加分析；表面接受，实际不改，这种人我是没有办法对付他的了。孔子针对一般人听取意见容易计较他人态度的通病，专门指出要采取理智的分析的态度来对待批评意见。这种见解，至今仍然可以作为我们进行自我修养的借鉴。

为了培养学生闻过则喜的精神，他还现身说法。据说有人曾经问孔子昭公知礼否，他说知礼，后来此人以事实为据，批评孔子偏袒昭公，孔子听后高兴地说："丘也幸，苟有过，人必知之。"② 他认为自己有了过错就有人告知，这是有幸的事。表现了严于律己的精神，堪为人师。孔子不仅向学生详尽地讲明应当如何对待自己的过错，而且还告诉弟子应当如何正确认识他人的过错。他说："人之过也，各于其党。观过，斯知仁矣。"③ 指出不同的人所犯错误也是不同的，即什么样的人犯什么样的错误。因此，仔细考察某人所犯的错误，就可以知道他是什么样的人了。孔子关于"观过知人"的论断，是一则深刻的道德格言。与此同时，他还指出，应以宽厚的心怀来对待他人的过错，提出了"既往不咎"的主张。此论见于《论语·八佾》鲁哀公向孔子的弟子宰我问用什么木料做社主的牌位，宰我将夏至周的社礼介绍了一遍，其中涉及周人采用的是栗木，为的是使民众战栗，这无疑揭露了周人的过错。孔子就此说道："成事不说，遂事不谏，既往不咎。"因为已经过去了的事，即使错了已无法挽救，再说也无用，指责也无补于事，只有"既往不咎"，才是明智的态度。现在，"既往不咎"，不仅是道德教育的著名格言，而且经常用于人们的政治生活。

人万万不可文过饰非。在孔子的悉心教诲下，传说子路就有"闻过则喜"④

---

① 《论语·子罕》。
② 《论语·述而》。
③ 《论语·里仁》。
④ 《孟子·公孙丑上》。

的美誉，居孔门德行第一的颜回，还能做到"不迁怒，不二过"①。这是说他出了问题不迁怒他人，而能自省，彻底改正过错，故而能够做到不重犯同一错误。说明孔门弟子在改过上的修养已达到相当高的水平。在他的教育下，其弟子子贡就说过："君子之过也，如日月之食焉。过也，人皆见之；更也，人皆仰之。"②子贡指出，光亮无比的日和月尚且会有日食和月食，比喻人不可能没有过失，即使修养甚高的君子，也可能有过失。过失是掩盖不了的，就像天上的日食和月食一样，只有认真地去改正才对，而且，只要改正错误，仍然会得到人们的敬仰。弟子子夏在此基础上又加以发挥，他说："小人之过也必文。"③ 指出如何对待过错，是区别君子与小人的又一重要标准。君子知过必改；小人则总想设法掩盖、粉饰。后世"文过饰非"的成语就出于此，千百年来被人们奉为人生修养的格言。

孔子认为改过是好事，"文过饰非"掩饰错误则是坏事，甚至会酿成大错大乱。朱熹《四书集注》说："小人惮于改过，而不惮于自欺，故必文以重其过。""文过"，就是遮蔽错误与罪过。经常可以看到"文过"的"小人"，但这不过是个人的操行问题；"文过"者若是统治者或领导者，就会影响到整个社会的风气；若是一个民族共同体也"文过"，就可能成为这个共同体的灾难。汉代初年君臣上下开展了总结秦代二世而亡教训的活动，其中就论及"文过"的严重危害，贾谊严肃指出："知恶而弗改，必受天殃。"④ 秦代统治者正是因"文过饰非"，致使小人当道，连指鹿为马的丑剧都无人制止，如此昏聩的统治，不亡，天理难容！

在"文过饰非"方面，我们国家有过的历史教训应当说是极为沉重的。有的学者深刻指出，"批判"与"文过"是两种完全不同的文化立场和文明形态。子夏和朱熹都认为"文过"是小人的行径，表明传统儒学倡导的是对错误的理性批判精神，很多学者都认为这是儒学中最为珍贵的政治文明和精神文明。近年来，在"摸着石头过河"实践原则的指导下，我国领导者注重在建设具有中国特色社会主义伟大探索中，广开言路，不断发动群众进行总结和反省，这是我国

---

① 《论语·雍也》。
② 《论语·子张》。
③ 《论语·子张》。
④ 贾谊：《新书·大政上》。

社会主义事业健康发展的重要政治保证！广大有识之士都希望光大这一政治文明，实现中华民族的伟大复兴！

倡导"知耻"教育。如何使学生具有一心向善的动力呢？孔子从正反两方面入手，"立志"为正面的激励，"知耻"则是反面的劝诫，二者相互为用。"知耻"，即人有耻辱感，可以少犯错误，也属于如何正确对待错误的一项教育内容。知耻的教育，是建立在价值判断基础之上的。人们对事物的价值判断各异，诚如俗话所说"公说公有理，婆说婆有理"，反映了社会价值观的驳杂性。孔子进行知耻教育，就很注意帮助学生进行正确的价值判断，使他们知所为耻，知所不耻，不轻易地随俗。有一次，子贡问孔子，为什么以"文"作为卫国大夫孔圉的谥号？孔子告诉他，因为孔圉"敏而好学，不耻下问，是以谓之文也"。[①] 以能问于不能，以多问于寡，都叫"下问"，一般人几乎都以此为耻，而不屑为之，而孔子却认为"下问"不是"耻"，恰恰是孔圉的美德，有这种虚心学习的态度，必然学有所成。他还结合弟子们的行为进行正确"耻辱观"的教育，例如，子路家贫，他穿着破旧的棉絮袍，和穿狐裘衣裳的人站在一起，却能够不感到耻辱，孔子对此十分赏识，专门引用《诗·雄雉》中的诗句"不忮不求，何用不臧"，赞扬子路不以自己的贫寒为耻、对他人的富有无贪求之念，认为子路能够有这样的品德，就用不着担心他不为善了。此话对子路鼓励极大，以至他经常背诵不忘（子曰："衣敝缊袍，与衣狐貉者立，而不耻者，其由也与？'不忮不求，何用不臧？'子路终身诵之。"[②]）。与子路相反的是，以衣食不好为耻辱的人，孔子认为这种人，就没有资格谈论什么道义了，他们绝对不可能学而致其道的（子曰："士志于道，而耻恶衣恶食者，未足与议也。"[③]）。

孔子认为在乱世，"知耻"教育十分重要，他曾说："邦有道，贫且贱焉，耻也；邦无道，富且贵焉，耻也。"[④] 指出如果一个人身处一个有道的邦国，自己却既贫且贱，说明他是无所作为的人，就很可耻；如果身处一个无道的国家，自己却既富且贵，同样是可耻的，说明这个人同流合污了。那么，什么人能够做到在乱世洁身自好，免于耻辱呢？孔子指出只有"笃信好学，守死善道"的人

---

① 《论语·公冶长》
② 《论语·子罕》。
③ 《论语·里仁》。
④ 《论语·泰伯》。

能行。这种人一般来说都是"危邦不入，乱邦不居。天下有道则见，无道则隐"①，也就是功利之心比较淡泊的人。孔子认为"知耻"是一个人责任心的表现，他曾对子贡说："行己有耻，使于四方，不辱君命，可谓士矣。"②明确将知耻视为"士德"，这种人以完成使命为己任，将不能完成使命视为失职和耻辱，足见"知耻"是一个读书人或从政治国的人，所必须具备的品德。总之，孔子希望通过"知耻"的教育，使人持志守道，不同流合污，并使人获得改过迁善的正确道德标准。他认为道德教育的目的在于使人耻于为非，所谓"有耻且格"，就是借德教激发人的廉耻之心，使之自觉地改正错误，趋于正道。

培育"耻感文化"。在孔子的倡导下，逐渐形成了中华民族的"耻感文化"。所谓"耻感文化"，就是促进公认道德标准的形成，使核心价值观转化为强大的公众舆论，以此激发人们良知的社会文化。社会舆论的作用对形成"耻感文化"是非常重要的。孔子经常借助古人来告诫人们，"知耻"之心，古已有之。他指出："古者言之不出，耻躬之不逮也。"③这就是以古人为例，以警示今人，说古人不轻易说话，就是怕自己的行动跟不上，那是十分可耻的。这是指言行不一是为"耻"。此外，孔子还以他人的"耻辱感"来证明自己认识的正确性，例如，他本来就认为"巧言令色，鲜矣仁"④，却还要说："巧言、令色、足恭，左丘明耻之，丘亦耻之。匿怨而友其人，左丘明耻之，丘亦耻之。"⑤这段话的意思是说，一个人净说好听的话，装出一副好面孔，摆动着双腿，扮成一副恭敬的好样子，取悦于人，将心里的怨恨藏匿不露，仍然与之交友，左丘明认为这很可耻，孔子也认为可耻。这是孔子在努力促成"耻感"的舆论共识，这是形成耻感文化的前提。与此同时，孔子告诫统治者，不应满足于人们不敢为非，应该促使人们耻于为非，这样社会人心才能淳厚。这是他希望借助统治者的力量，促成耻感文化的形成。

重建"耻感文化"必须德法兼治。孔子其所以如此强调知耻教育，是由于当时社会正处于急剧变革之初，规范解构，道德失范，他期盼借助人的耻辱感来

---

① 《论语·泰伯》。
② 《论语·里仁》。
③ 《论语·里仁》。
④ 《论语·学而》。
⑤ 《论语·公冶长》。

抵制礼崩乐坏的现状，重建新型的社会道德文化。当前，我国社会也处在急剧转型的历史时期，"八荣八耻"的提出，有着很强的社会针对性。但是，要真正形成"耻感文化"，仅仅依靠道德教育是远远不够的。儒家学者杨时曾说："赴汤火，蹈白刃，武夫之勇可能也；克己自胜，非君子之大勇，不可能也。"深刻认识到耻于为非，需要有大智大勇。杀敌陷阵，敌人是清晰的，武夫之勇，可以胜任。而战胜自我，不为外界诱惑所动，武夫之勇就无济于事了。那就必须具有强大的内在道德自觉，需要有"君子之大勇"。如何培育"君子之大勇"呢？《礼记·中庸》引用孔子的话说："知耻，近乎勇。"揭示了知耻可以转化成持守道德原则的力量，使人具有勇气与邪恶斗争。不过，孔子说得很有分寸，"知耻"只是"近乎勇"，二者还不能等同。那么，怎样才能建立整个社会的"耻感文化"呢？孔子认为"齐之以礼"，可以使整个社会"有耻且格"①。礼，在此处是指制度、规范。它不同于"用刑"治国，其制度规范侧重于道德规范，而且具有"全员性"，要求"上者以德化下"，运用"礼"制来规范人们的行为，就有可能使人产生耻于为非之心，而按照"礼"的要求去做。在孔子的教诲下，他的学生有子也明确指出：待人恭敬必须合乎礼节，这样才能免遭耻辱（"恭近于礼，远耻辱也"②）。进入现代社会之后，只有完善制度建设，特别是法治建设，才有助于正确的耻感文化的形成，使人少犯错误，避免耻辱，保持做人应有的尊严，这是一个重要的启示！如果法治建设跟不上，仅仅依靠道德自觉是难以形成新型"耻感文化"的，更难建成社会主义新型伦理体系。一言以蔽之，必须德法兼治，并以法治建设为主。

① 《论语·为政》。
② 《论语·学而》。

第四章 成功改革教育内容之二

——齐家之教

齐家之教是人一生不可或缺的教育内容，它不仅影响人一生的幸福和成就，而且还关乎社会的稳定与祥和，对统治者来说，还直接涉及他们能否顺利地治理天下。孔子明智地发现了齐家之教所具有的普世性功能，孔门后学继其志，甚至提出了"以孝治天下"的国策。自孔子倡导，逐步形成了中华民族特有的婚姻教育，系统的、独步天下的家庭教育和孝道教育。在价值观念重构的今天，孔子创立的齐家之教有许多合理的内容，仍然具有鲜活的生命力，值得我们珍惜。

第一节 婚姻教育

婚姻是形成家庭的开端，孔子曾经发表过诸多有关婚姻的论述，希望借助婚姻教育，促进家庭的和睦，提升社会的道德风尚和文明水准。

（一）顺乎天道，以成婚配

孔子极其重视婚姻大事，他称结婚为"大婚"，盛赞婚姻的伟大神圣。他以自然为喻说，如果天地阴阳不合，万物就不会生长（"天地不合，万物不生"）。"大婚"是"合两姓之好"，即结合两个不同血统的人，使先圣后继有人（"以继先圣之后"），得以主掌天下的宗庙社稷（"以为天下宗庙社稷之主"）。这是从人类生命的繁衍角度论述了婚姻的重要性，指出建立家庭，乃是遵从天道自然，当然应当予以高度重视①。孔子以天道比喻人道，阐述了婚姻的重要性，有人认为这是迷信思想。其实，恰恰相反，孔子以天道晓喻婚姻的价值，恰恰暗合历史唯物主义的基本观点。

恩格斯指出："根据唯物主义观点，历史中的决定性因素，归根结蒂是直接生活的生产和再生产。但是，生产本身又有两种。一方面是生活资料即食物、衣服、住房以及为此所必需的工具的生产；另一方面是人类自身的生产，即种的蕃衍。一定历史时代和一定地区内的人们生活于其下的社会制度，受着两种生产的制约：一方面受劳动的发展阶段的制约，另一方面受家庭的发展阶段的制约。"②家庭，属于人类自身再生产的重要领域，是人类生命延续的环境。自家庭产生以来，它一直是制约人类社会发展的重要因素之一。足见孔子的见解是十分深刻的，它比仅仅用爱情至上的观点阐述婚姻的意义，要全面得多，家庭伦理教育的重要性也就不言而喻了。

（二）婚姻是治国之大事

孔子对当政者能否处理好婚姻家庭关系尤为关注，这在封建宗法制度下，统治者的家庭生活与政治密不可分，这已经为历朝历代的宫闱事变所证明。今天，中外各国反腐倡廉的经验教训，也使人们逐渐认识到，婚姻、家庭的建设，并非纯粹的个人生活，正确地进行这方面的教育，实在是应当提到议事日程上来了。《孔子家语》、《礼记》、《大戴礼记》等典籍，都记载多篇鲁哀公向孔子请教治国之道的文章，而孔子则借此机会向他阐述正确的婚姻观念，揭示婚姻对当政者来说是治国大事的道理。他采用逐步推论的方法解释说："古之政爱人为大，所以治。爱人礼为大，所以治。礼，敬为大。敬之至矣，大婚为大。"③他指出，为政应当极端重视爱人，这才能获得大治。要想真正达到关爱的目的，必须极端重视礼的指导作用，才能大治。对于礼来说，最重要的莫过于敬重专一。而"敬"的极致就是"大婚"，即把婚姻视为礼中之"大"，这是认为天子和诸侯的婚姻是治国大事中最大的事情，不能轻率从事。

---

① 《孔子家语·大婚解》。
② 恩格斯：《家庭、私有制和国家的起源·第一版序言》，《马克思恩格斯选集》，第2页，人民出版社，1972年版。
③ 《孔子家语·大婚解》。

孔子告诫哀公治国必须办好三件大事，即"夫妇别、男女亲、君臣信"，头两件大事就是建立家庭伦理。所谓"夫妇别"，"别"本意是区别，即指夫妇在家庭中所承担的责任应当有所区别，各得其所，理顺夫妻之间的关系，这是家庭伦理的重要组成部分。怎样才能实现"夫妇别"呢？前提在于"男女亲"，即夫（男）与妇（女）双方相亲相爱。这就不难理解孔子为何选《诗经》的第一篇为《关雎》了，他正是为了倡导爱情的专一和真挚，强调只有心不旁骛（"思无邪"），才能建立康乐的家庭。在此基础上，拓展出"君臣信"，并指出君主如果率先做好了这三件大事，那么其他许多事情就能够顺理成章了（"三者正，则庶物从之"）。所以君子都要用敬慕的感情与妻子相爱，如果抛弃了专一，就将失去相爱的情感。如果不相爱，双方就不能互相敬重，没有内心的庄重感，双方就不能互相尊重（"是故君子兴敬为亲，舍敬则是遗亲也。弗亲弗敬，弗尊也"）。夫妻之间的爱与敬，特别是国君夫妻之间的爱与敬，是为政治国的根本（"爱与敬，其政之本与"），孔子高度评价了建立健康和谐夫妻关系的重要性，甚至认为它是治国的根本。

孔子还以上古时代的圣明君主为例，进一步阐述婚姻的政治作用。他从周朝的先祖太王的婚姻说起。孔子对哀公说："昔太王之道也，如此国家顺矣。"此处说的"太王之道"，王肃注释说："太王出亦姜女人，亦姜女国无鳏民，爱其身以及人之身，爱其子以及人之子，故曰太王之道。"是指太王之妻太姜，贤惠聪颖，富有爱心，国内居然没有"鳏民"，她推己及人，以关爱自己的心关爱他人，以关爱自己子女的心关爱他人的孩子，从而成就了太王的事业。孔子借此告诫哀公对待婚姻不可不慎重，对于国君来说，它是国家的政治大事。汉代刘向所撰的《列女传》也有类似的更详尽的记载，称"周室三母"，首位就是太姜，她是太王之妃，生太伯、仲雍、王季三子。她为人"贞顺率导"，"太王谋事迁徙，必与太姜。君子谓太姜广于德教"，被认为是颇有影响的"母仪"典范。"周室三母"的第二位，相传是王季之妃，为中国胎教最早的实践者之一。"周室三母"的第三位太姒为周文王的妻子，生有十子。她"仁明而德"，能为文王分担国家大政，料理家务，教育儿子，所谓"文王治外，文母（太姒号）治内"，"教诲十子，自少及长，未尝见邪僻之事"。对中国文化教育事业做出突出贡献的成王、周公，便是太姒教诲成人的。孔子以史为鉴，高度重视国君的婚配，将其视为治国的大事。

（三）敬妻、爱子、成身：婚姻伦理三要素

婚姻是构建家庭伦理的开端，它不仅有夫妻关系，还将派生出家长和子（女）的关系。当代的有些年轻人，认为结婚只是两个人之间的感情问题，对结婚之后必然出现的子女抚养教育等问题，似乎不在思考之列。这种婚姻观，是缺乏责任感的婚姻观，或者也是没有远见的婚姻观。孔子则不然，他在《孔子家语·大婚解》中，概括了婚姻伦理的三大要素，指出：

> 昔三代明王，必敬妻子也，盖有道焉。妻也者，亲之主也，子也者，亲之后也，敢不敬欤？是故君子无不敬，敬也者，敬身为大。身也者，亲之支也，敢不敬欤？不敬其身，是伤其亲。伤其亲，是伤本也。伤其本，则支从之而亡。三者，百姓之象也。

孔子以古喻今说，夏、商、西周三代圣明的君主，都敬重他们的妻儿，这是有道理的。妻子是侍奉宗嗣的主要人物，儿子是传宗接代的人，岂能不敬重吗？所以君子对妻儿没有不珍重的。在诸多需要敬重的亲人中，尊重自我尤为重要。自己乃是承前启后的关键，是血脉传承的支柱，岂敢不自重、自爱？不敬重自身，就会危及血统的延续，伤害宗族的根本。宗族的根本一旦被伤害，其支属也将随之灭绝。自身、妻子、儿女，这三方面，天下的百姓与国君一样，都是拥有的。国君如果把这三者的伦理关系处理好，百姓就会效仿去做。这是孔子期盼统治者能够成为推行正确婚姻伦理的典范，上行下效，以实现整个社会的和谐。

以上是孔子关于君子应当如何认识自身、妻子、儿女在家庭中地位与作用的论述，揭示了婚姻与家庭伦理的三大要素。婚配娶妻是构建家庭伦理的起点，有了夫妇，才有父母子女和兄弟姐妹的伦常关系。再推广开去，在人类社会中，才有了亲戚朋友、尊卑上下的人际关系。美满的婚姻不但是青年男女个人的终身幸福，也是下一代儿女的健全成长和国家社会进步与稳定的基础。孔子将"敬妻"放在婚姻伦理关系的第一位，奠定了中华民族关于"婚姻大事"的观念，儒家经典中有许多关于婚姻的论述，将婚姻称为"人伦之始"、"王化之基"等等，如此重视婚姻和家庭，这在世界思想文化史上是独一无二的，并且还由此生发出后世道德修养的序列：修身——齐家——治国——平天下。在孔子看来，自我修养不好、家道不和，是绝对治理不好国家的，甚至不应给予治国的资格，这使中

国古代选拔官员，都十分重视"齐家之道"。当今我国政府倡导构建和谐社会，"家和万事兴"的传统美德重又获得新的生命，受到社会的尊重。

（四）婚配观

孔子重视《诗》教，传至今日的《诗经》第一首就是《关雎》："关关雎鸠，在河之洲；窈窕淑女，君子好逑。"《诗经》中除了这一首以外，还保留了许多描写男女恋爱、追求婚姻幸福的古代民歌。可见，孔子认为男女恋爱是正当的，是人生不可缺少的内容。但是，如何恋爱，怎样组成家庭才于己、于人、于社会有积极作用呢？这绝不是一件简单的事情。《孔子家语·本命解》论述了娶妻的原则，认为五种女人不可为妻："女有五不取：逆家子者，乱家子者，世有刑人子者，有恶疾者，丧父长子。"即叛逆家庭的女子、在家中就淫乱的女子、祖上曾经判过刑罚的女子、患有疾病的女子、其父去世为长女的女子。孔子论述的娶妻原则，注重家庭背景、个人品德、所承担的家庭负担以及自身的健康状况。该文还记述了孔子关于"休妻"的七项原则："七出者：不顺父母出者，无子者，淫僻者，嫉妒者，恶疾者，多口舌者，窃盗者。"一是不孝敬父母，二是不能生育子女，三是品行淫乱邪僻，四是心怀妒忌，五是身有重病，六是胡言乱语挑拨离间，七是偷盗财物。"休妻"是件慎重的事情，不可随意而为，他指出三种情况不能"休妻"："三不去者：谓有所娶无所归，与共守三年之丧，先贫贱后富贵。"一是（休妻）之后虽然有人娶她，但是无处可归，二是曾与丈夫一起为公公或婆母守丧三年，三是丈夫原先贫贱而后富贵。有此三项中的任何一项，都不得"休妻"。

孔子关于结婚和"离婚"的理念，虽然与现今社会生活相距甚远，而且只从男方考虑，具有明显的"大男子主义"思想，甚至连患病的妻子都可抛弃，很不人道。但是，其中又有很多是符合"婚姻乃人伦之始"的观念，所考虑的几乎都是婚配后的家庭生活，既没有讲求门第的封建社会的等级观念，又不同于爱情至上的西方资产阶级倡导的婚姻观念，而更多的是十分重视娶妻对成家后的影响，十分实际。例如，珍惜"相濡以沫"共度贫寒的夫妻情分，这远比"现代陈世美"要高尚得多！他十分重视妻子自身的道德品行，这一思想直接影响后世"母仪风范"的形成。孔子认为妻子必须具有敬老、爱亲的品德，因为这将影响家庭上上下下的和睦。在孔子看来，家庭能否和睦，关键在于主事的妻子。

孔子的想法至今仍有一定的现实意义，值得我们深思。一些社会问题的产生，与我国在社会急剧转型期，婚姻伦理失范大有关系。

孔子选婿。孔子的婚配观不专指"择妻"，还应包括"择夫"。当父母、长辈的，应当如何为女孩"择夫"呢？孔子曾为自己的女儿和侄女选婿，生动体现了他婚配观的另一个侧面。据《论语·公冶长》记载："子谓公冶长，'可妻也，虽在缧绁之中，非其罪也。'以其子妻之。""子谓南容，'邦有道，不废；邦无道，免于刑戮。'以其兄之子妻之。"第一段叙述的是孔子为女儿择婿的情况，他选的是自己的学生公冶长。传说公冶长会鸟语，可能比较聪明，但是坐过牢。孔子了解到，公冶长坐牢并不是他本人有何罪行，当时，世道很乱，"冤假错案"不少，孔子对此有正确的认识，他不盲目从众，也不以当政者的判决作为识人的依据，而只根据事实进行判断，果敢地将女儿嫁给他，又一次显示了孔子的明智。第二段讲的是孔子把侄女嫁给南容。孔子之兄已死，将女儿托付给孔子，由他为之主婚。孔子十分负责地抚育侄女，当他知道南容这个人很有才，在政治清明之际不被废弃，在政治黑暗之时还能不遭刑戮，这足以判断，南容不仅有用世之才，还有处世之道。有用于世时，不恃才自傲，世道不好时，还能洁身自保。这样的人在乱世是十分难得的，孔子就把亲侄女嫁给了他。从孔子择婿这一点上清楚表明，他绝不是一个看重钱财和权势的人，看重的是一个人的品德与处世的能力。在价值观念十分混乱的当时能够做到这一点，证明孔子的确是"即凡而圣"① 者。

十分明显，孔子择婿体现的是传统的家长包办婚姻，违背了现代自主选择对象的原则，是过时的婚姻观念。不过，不能因此父母就可放弃对子女进行婚姻观念的教育。孔子择婿注重人品的原则，仍然是可取的。在我国离婚率呈现上升趋势的情况下，提醒青年人慎重地选择对象，树立负责任的婚姻观念，是十分必要的，这可以减少所谓"单亲家庭"的数量，使绝大多数的儿童获得应有的家庭幸福和父母的关爱。

从孔子关于婚配的论述可以获知，他并不认为结婚只是个人之间爱情的结合，它包含着重大的社会责任，是人类生命、文化，即道德的结合。在此基础

---

① 取自美国著名汉学家赫伯特·芬格莱特著，彭国翔译：《孔子：即凡而圣》的书名，江苏人民出版社，2005 年版。

上，中国古代创立了世界上最为发达的家庭教育。

第二节　孝道教育

（一）孝道的思想渊源

孔子是中国古代文化的集大成者，他倡导孝道，是他对中华民族远古孝道传统的继承与发展。孝道最初着眼于理顺"长幼"关系，我们不妨从"孝"字的源头上略加考释。我国著名金甲文专家康殷对此有较详细的阐释①：金文和甲骨文的"孝"字均由两部分组成，上部是"耂"，甲骨文和金文都描绘的是这样一个老人的形象 ：："头发松白，体态龙钟，伸手扶杖或儿童。""孝"

字的下部为"子"字，甲骨文和金文都描绘了这样一个小孩的形象： ，这个"子"字不仅表示婴儿，也"代表少年人形"。康殷考释，金文中的"孝"字"像'子'用头承老人手行走。用扶持老人行走之形以表示'孝'"，他还

绘图展示"孝"字： 。康殷的考释，从"孝"字的源流上告诉人们，"孝"作为伦理观，表述了晚辈与长辈的人伦关系，这是毋庸置疑的。而且，金文的"孝"字，还凸现了行孝的情态：老年人弯腰驼背、体弱力衰，而下面的"子"则着力支撑着老人。从"孝"字的结构还可知，"子"受着"老"者的呵护与引领。"老"与"子"合一，便赋予"孝"包含着血缘亲情的长幼关系，显示"孝"是人类延续最直接的传承关系：老一辈培育着后代，后代子孙承接着前辈，一路前行。这种人际关系，是有家庭之后才确立的，所以人们说，有家才有"孝"。"孝"隶属于家庭伦理，理顺这一人伦关系，家庭才能和睦，人类的繁衍才能够得到保障。孝道教育正是保证恩格斯所关注的"人类自身的生产，即种的蕃衍"健康发展的重要举措。

---

① 康殷：《文资源流浅说》（增订本），第30～32、39页，国际文化出版公司，1992年版。

（二）孝道凸显了教育的人性化功能

孔子在总结前人教诲基本要素的基础上，进一步提出了家庭伦理的重要德目——"孝悌"。孔子曾说："夫孝，德之本也，教之所由生也。"① 孔子的弟子有子更明确地重申孔子的思想，指出："君子务本，本立而道生。孝弟（悌）也者，其为仁之本欤？"② 儒家学者确立了孝道教育的基础地位，认为它是培养完美人格的根本。当代心理学研究表明，在影响儿童成长的诸多社会因素中，家庭因素显然是最重要的，它是儿童社会联系中出现最早和持续最久的一种，而家庭中父母与子女之间的关系又是居于核心地位的一种主要的家庭关系。亲子之间的相互作用和情感关系将会影响到儿童对以后社会关系的期望和反应。孔子认为孝是"德之本"、是教育起源之一的思想，具有合理性。

倡导"生命教育"。"孝道"是中国先民对人生命活动自觉意识的体现。动物都有生命活动，不过是一种本能，而有了孝道观念的古人，却常常用来证明行孝也是动物的天性，是符合天地自然之道，为孝道寻找到了理论依据。所谓"慈乌有反哺之恩，羔羊有跪乳之义"，告诫人们如果不行孝，那就不如畜生了，不配成为天地中的一员。其实，这是人对生物本能所作的"孝行"诠释，它从一个侧面反映了孝道观念的确是人类对生命活动的觉醒。我国古代孝道观念的创立，从人类思维发展的角度而论，又一次反映了中华文明的早熟。为了提倡孝道，古人明言："知为人子者，然后可以为人。"意思是说懂得自己作为"人子"应尽的孝道，那才谈得上是一个真正的人，才算是一个具有人性的人。中国古人认为人和动物的区别，最为重要的不仅在生理上，更在心智上，只有具有人特有的社会意识和情感，才算真正区别于禽兽，具有人性了。因此，能不能理解孝道，实施孝道，便成为衡量一个人人性天良的标尺。

孔子的弟子曾参著《孝经》，其中记载了孔子所言："身体发肤，受之父母，不敢毁伤，孝之始也。"③ 直接将孝道的发端（"孝之始也"），与人的生命体的产生（"身体发肤，受之父母"）相联系，告诫弟子们要珍惜生命。马克思曾深刻

---

① 《孝经》第一章。
② 《论语·学而》。
③ 《孝经》第一章。

指出："动物不把自己同自己的生命活动区别开来……人则使自己的生命活动本身变成自己的意志和意识对象，他的生命活动是有意识的。"① 这一论述对我们理解孝道的人性化特征有着直接的启示。众所周知，"孝"的观念，来源于人类最基本的生命活动——生命的产生和延续。中国千百年来民间流传一句俗语，即"生我者父母"，道出了是父母给予了自己生命这一最朴素的事实，告诫弟子们要珍惜生命。

生命教育是我国古人实施孝道教育的重要内容，在当前仍然具有很强的现实意义。据网络统计披露，我国目前的自杀率达23/10万，相当于美国的两倍。平均每两分钟就有一人死于自杀。15岁到34岁的青少年死亡事件中，自杀已经成为第一死因，约占死亡总人数的26.04%。辽宁省青少年研究会调查则显示，约有2/3的中学生在抗挫折、适应社会能力方面不及格，面对挫折、困难，不知如何解决，甚至产生厌世、轻生的念头②。

有位学者说："生，是偶然的；死，是必然的。"我们应当教育学生珍惜造化只赐予每个人仅有一次的生命，要珍惜自己的生命。生命需要意义的支撑，没有意义支撑的生命，就是无根的浮萍。人民教育家陶行知曾经写过一首《自勉并勉同志》③ 的诗：

> 人生天地间，各自有禀赋。
> 为一大事来，做一大事去。
> 多少白发翁，蹉跎悔歧路。
> 寄语少年人，莫将少年误。

"为一大事来，做一大事去"，这是珍惜生命者的共同理想与抱负。

我们倡导孝道应当教育人们既珍惜自己的生命，同时也要尊重他人的生命，不可无视生命的价值，践踏生灵。弘扬孝道教育，应与生命教育相联系，将生与死讲透，借以唤起人性的良知，使全社会都形成珍爱一切生命的共识。不久前离我们而去的巴金老人，留下了一篇题为《小狗包弟》的散文，被选进了人民教育出版社课程改革的新教材。巴老是"文革"的受害者，却为自己在当时连一

---

① 《马克思恩格斯全集》第42卷，第96页，人民出版社，1979年版。
② 新华网：《四成大学生想轻生，理科大学生自杀率最高》，2006年8月4日。
③ 陶行知：《自勉并勉同志》，《陶行知全集》第7卷，第269页，四川教育出版社，1991年版。

条小狗的生命都不能保护感到内疚并忏悔。文章从善良可爱的小狗包弟不能逃过劫难的遭遇，使人们具体理解"文革"期间几乎任何生命都不能免受残害的现实。巴老正视人性的弱点和勇于解剖自己的精神，深深地震撼着人心，起到了呼唤人性、警醒人们记取历史教训的作用，为我们留下了进行生命教育不可多得的宝贵教材。

2008年5月12日汶川大地震，夺去了数万人的生命，也创造了一个又一个生命的奇迹。我国政府不惜一切代价拯救每一个生命的举措，军民万众一心拼死从死神手中夺回每一个生命的事迹，以巨大的震撼力，净化着中华民族的心灵。

灾难使人们顿悟了生命的珍贵！

孔子在传统孝道中倡导珍重生命的教育，在21世纪初的中华大地开始变成现实。虽然我们承受着巨大的伤痛，但是，我们却接受了一次亘古未有的尊重生命、以人为本的深刻教育。

我们期盼在弘扬孝道教育优良传统的同时，能够培育出一大批"生命卫士"！

培养感恩情怀。孝，是孔子仁义之教的重要内容，对此，他十分注重人的真情实感的陶冶。当孟武伯问孝时，他让其体会父母对子女的爱心："父母唯其疾之忧。"[1] 这是说子女有病时，做父母的是何等的忧虑焦急，引导晚辈也以天下父母心去尽孝。这是以情育情，感染学生。后来子游问孝，他又说："今之孝者，是谓能养。至于犬马皆能有养，不敬，何以别乎？"[2] 明确指出人有情感，是人不同于禽兽之处，高度评价美好亲情的道德意义。作为获得先辈恩泽的后人，理应知恩怀德回报先人，这是"孝道"观念的核心。

孝道教育中的情理相融，可以有效抵制社会功利主义思想对人们道德的侵蚀作用。极端的功利心往往会泯灭人的善良天性，《论语》一书阐述了"慎终追远，民德归厚"[3] 的思想，以求孝道教育能够克服片面功利心的干扰，养护人性的理智与情感。"慎终追远，民德归厚"是孔子的弟子曾子说的，意思是对死亡者的送终之礼能谨慎，对死亡已久者能不断追思，就能使社会风俗道德日趋笃厚。当代史学家钱穆指出"慎终"和"追远"都是礼制，体现了古代先贤追念

---

① 《论语·为政》。
② 《论语·为政》。
③ 《论语·学而》。

祖先功德的理性认识，儒家其所以要倡导这种礼制更有其深意在："儒家不提倡宗教信仰，亦不主张死后有灵魂之存在，然极重丧祭之礼。"① 因为这种礼仪能够表达人们对于死和生的一种纯真感情，体现孔子所倡导的仁心与仁道。钱穆认为，孔门经常用孝道教育来"导达人类之仁心"。古人实施的丧祭之礼，是当时行孝的最后表现。这种丧祭之礼，对死者不可能有实利可得，对于生者也不可能获得任何酬报，这种礼仪活动有可能"超于功利计较之外"。如果对死者尚有怀念的仁心，可以推想，对于生人当然就更不会违背仁德了。钱穆进一步指出："儒者就理智言，虽不肯定人死有鬼，而从人类心情深处立教，则慎终追远，却有其不可已。"充分肯定了儒家孝道教育注重培育人类仁德情感的旨意（至于今人借丧葬摆阔、散布迷信思想等，则与原始儒家的初衷大相径庭）。儒家极端重视真情实感的教育作用，这是儒家教育获得成功的重要原因之一。宋代著名儒家学者、教育家陆九渊，曾经为丧祭礼制赋诗道："墟墓兴哀宗庙钦，斯人千古不磨心。"意思是说，人们面对埋葬先人的坟墓所涌动的深沉哀痛，以及在宗庙中所表现的对先祖真诚的崇敬之情，这是人类最为珍贵的、绵延千古不曾泯灭的良心啊！

　　经孔子的大力倡导，我国古代形成了敬老、养老的良风美俗。其内容归纳起来大致有以下一些形式：第一是"养则致其乐"。它要求子女不仅要好衣好食供养老人，还要承欢膝下，使他们舒心欢乐。让老人舒心，在奉养上应当尽心尽力，但不需追求奢华。古人传有"菽水承欢"的成语，出自《礼记·檀弓下》，该书记载孔子对子路说："啜菽饮水，尽其欢，斯之谓孝。"意思是说尽力了，心意到了，即使吃豆饭喝白水也是孝。表彰了生活清苦，却能孝养父母的孝行。第二是"病则致其忧"。人生到了老年、心血既衰，各种疾病随之而来，因此，对父母尊长应尽心照料、护理。第三是建立敬老尊长的礼俗。例如有丧祭之礼，还创建了阖家团圆敬贺老人的各种节日，除了专门为长者设立的重阳节之外，在元宵节、中秋节、春节等节日中都有敬拜老人的礼俗。第四是"寿礼祈福"。例如《小雅·天保》曾记载："如南山之寿，不骞不崩。"后人则演变成"福如东海，寿比南山"等等吉言，为老人祈福。第五是在言行举止上的孝敬礼貌。例如，"晨昏定省"，要向父母请安。再如，要求待父母食而后食，待父母寝而后

_____

① 钱穆：《论语新解·学而》。

寝。有事出门，必须先告父母，得到允许才出家门。听父母教诲时态度要恭敬，回答父母的问询时要认真，等等。长期进行这方面的教育，以至老百姓素朴地认为：不孝之人，天理难容。就此赋予家庭伦理"天伦"的称谓，中华民族认为，共享"天伦之乐"为人生一大幸事！

孝敬老人的礼制和礼俗，代代相传，收到了知行合一的效果，大大提高了社会整体的文明水准，培育了中华民族亘古不衰的人文情怀。

（三）倡导孝道教育，促进政治伦理化

孝道政治说。孔子对社会的发展有深刻的认识，他直觉到宗法社会对孝悌的依赖性，甚至认为用孝悌之德影响施政者，这本身就是为政。因此，他坚定地说："《书》云：'孝乎惟孝，友于兄弟，施于有政。'是亦为政，奚其为为政？"[1] 他引用《尚书》中的话说，"孝啊！只有孝顺父母，友爱兄弟，把这种风气影响到政治上去"。这也就是参与政治了呀，为什么一定要做官才算参与政治呢？这是孔子首先揭示了孝道教育的政治意义。在孔子的影响下，弟子有子明确地认识到："其为人也孝悌，而好犯上者鲜矣；不好犯上而好作乱者，未之有也。"[2] 借助孝道来防止犯上作乱，一向被认为是孔子反对改革的重要证据之一。其实，在乱世，此话也包含期盼社会稳定的意愿在内。有一天，掌控鲁国大权三个家臣之一的大夫孟懿子，曾经向孔子请教何为"孝"。其父孟僖子"贤而好礼"，临终前曾经托付孟懿子拜孔子为师，向孔子学礼。而孟懿子却"不能谨守其父之教"。所以，孔子告诉他"孝"就是"无违"，希望他能"善体父命卒成父志"[3]当孔子的学生樊迟对"无违"不明白时，孔子进一步解释说："生，事之以礼。死，葬之以礼，祭之以礼。"这是孔子告诫当政者应当将行孝与实施礼制相结合。鲁国的权臣季康子也曾向孔子请教治国之道说：如何使老百姓能够对上敬重忠诚，并且相互劝勉向善呢？（"使民敬忠以劝，如之何？"）孔子告诉他，你只要对老百姓庄重，他们就会敬重你。你如果能够奉行孝老、慈幼，他们就会忠于你。你如果能够举贤才，用以教导那些无能的人。他们就会相互劝勉，努力

---

① 《论语·为政》。
② 《论语·学而》。
③ 钱穆：《论语新解》，第30～31页，三联书店，2007年版。

向善了（"子曰：'临之以庄则敬，孝慈则忠，举善而教不能，则劝。'"①）。应当注意的是，孔子在此首次提出了"孝"与"忠"相关性的观点，为后世"移孝作忠"奠定了基础。故古人曰："忠臣出于孝子之门。"

借助孝道教育促进政治伦理化，这是封建统治者掩盖专制主义的重要手段，在历史上曾经发挥过巩固封建专制制度的作用，形成了吃人的礼教，这是应予深刻批判的。

家国一体说。孔子创立的孝道教育，曾经有效地培育起个人与国家血肉相连的情怀。孟子记载孔子离开鲁国时曾感叹道："'迟迟吾行也。'去父母国之道。"② 后来，人们常用"父母之邦"来称谓祖国，表达了个人与祖国血肉相连的感情，其源盖出于孔孟。孔门弟子还说："四海之内皆兄弟也。"③ 道出了在祖国大家庭里，各族人民情同手足的关系。孟子在孔子之后，进而提出了"国家"的概念。他说："人有恒言，皆曰天下国家。天下之本在国，国之本在家，家之本在身。"④ 这种观念深入人心，在抗美援朝战争中，中国人民志愿军军歌曾高唱："保和平，为祖国，就是保家乡！"生动体现了中华民族家国一体的传统思想。

荀子继续阐发了孔子的思想，说："四海之内若一家。"⑤ 宋代的理学家张载，则进一步发展为"同胞物与"的理念，明确指出："民，吾同胞；物，吾与也。"⑥ 将国人视为"同胞"，认为天下万物是天下人所共有的，这是何等的胸怀，何等的气魄！世界上只有倡导孝道的中国创立了"同胞"这个概念。孝道，作为家庭伦理的核心，借助教育，传递了亲情仁爱，促成**"天下一家"**博爱精神的形成。这就不难理解为何中国领导人能够首倡构建和谐社会的人性化发展目标，也更不难理解为何在世界上民族分裂主义甚嚣尘上的时候，在中国，56个民族却能够团结如一家，致使分裂祖国的任何企图，都会遭到广大民众的唾弃和抨击。

孝道教育，有效地沟通了思亲、忆祖、怀土和恋国的感情，形成了中华民族

---

① 《论语·为政》。
② 《孟子·尽心下》。
③ 《论语·颜渊》。
④ 《孟子·离娄上》。
⑤ 《荀子·议兵》。
⑥ 张载：《西铭》。

"落叶归根"的观念，成为团结全世界炎黄子孙的文化纽带。据载，诺贝尔奖得主李政道和他的夫人于 1984 年 5 月 7 日回国访问，曾经专程到陕西黄陵县拜谒了中华民族始祖轩辕黄帝陵墓。他偕夫人进入"人文初祖"大殿，在"轩辕黄帝之位"前，虔诚地叩礼膜拜，并感慨地说："凡我华裔，不论走到天涯海角，都不能忘记自己是黄帝的子孙。凡回国的人，都应该到这里寻根拜祖。"还挥笔写道："世界各族皆兄弟，黄帝子孙独人杰。"

"祖功宗德说"。中国古代的孝道文化，借助礼仪制度，形成了中华民族强烈的文化认同感。例如，孔子十分重视"追远"的祭礼，用以追念祖先的功德。人们逐渐由祭礼创立了中华民族独有的**"祖功宗德说"**和相关的民俗活动。所谓"祖功宗德说"，是指我国古代祭祖不仅论血统，而且重功德。史学家范文澜考释，凡是"曾为民创立新法，抵御大灾大难，勤民事劳苦身死，用武力驱杀暴君的古人"[1]，都可以享受后人的祭祀。

"祖功宗德说"，培育了中华民族祭祀共同祖先的礼俗，形成了同为"炎黄子孙"的观念，历经千年而不衰。所谓"炎黄"，指传说中的炎帝和黄帝。据载，炎帝为烈山氏，号称神农氏（或神农氏的子孙）。在炎帝身上集中了我国上古先民的诸多创造和贡献，至于"黄帝"，同样是上古先民创造发明和优秀品质集中的典型。他带领中华民族从野蛮走向文明，从而被后人尊奉为人文始祖。黄帝与炎帝统领的氏族经过征战而后合并，从此统一了华夏民族。炎黄精神就是自强不息的进取精神，以及华夏民族高度团结和统一的精神。

"祖功宗德说"不仅形成了同为"炎黄子孙"的传统，提升了中华民族的凝聚力，同时也传承了优秀的民族精神。例如，浙江绍兴地区正月有祭祀大禹的习俗，成都祀李冰，庐陵祀文天祥，杭州祀于谦……后人为了宣扬岳飞的爱国精神，表达自己在祭祀活动中所受到的教育，留下了难以计数的诗、词、碑文，其中最为人们所熟知的是精忠门两侧的对联："青山有幸埋忠骨，白铁无辜铸佞臣。"深刻地表现了古代民众的忠奸观念。在"祖功宗德说"思想影响下形成的民风习俗，饱含哀而动人的情思，传承并铸就了中华民族忠奸分明、勤劳爱民的优良传统。

祖功宗德说，提升了孝道教育情理相融中的理性精神，使人们更为重视家人对社会的贡献。在这一思想的哺育下，中华民族面对灾难困苦考验时，往往能够

---

① 范文澜：《中国通史简编》（修订本）第一编，第 193 页，人民出版社，1965 年版。

先公后私；在忠孝不能两全时，大多都以忠于人民大众和国家，作为首先的选择。在人们心目中反倒认为，这才是对先人教养之恩最好的报答，是孝心的真正体现。因为人们都能理解，做出这种选择所承受的伤痛是何等的巨大，它远远超乎直接行孝之所为。在 2008 年 5 月 12 日四川汶川大地震中，多少人都是义无反顾地弃小家顾大家，以致为救助他人而耽误了救助亲人的最佳时间，但是，他们无怨无悔，还以此告慰在天之灵的父母亲人，他们在生死关头向世界显示了中华民族特有的亲情观——"同胞物与"、功德与亲情同在！中华民族独有的这种价值观，焉能不受到世人的感佩！

家国一体说和祖功宗德说，犹如纽结炎黄子孙的彩带，促进了人们对民族文化的认同感，大大增强了中华民族的凝聚力。特别值得珍视的是，中华民族的爱家、爱国之情，大气恢弘，它是建立在对各民族文化习俗尊重基础之上的，中华民族的大团结、大融合，志在与世界各国各民族和谐发展，共建大同，完全不同于狭隘的民族主义。

（四）借助孝道教育，构建中华民族的"秩序文化"

《论语·为政》篇，孔子提出了"孝慈"的概念，"孝"是下对上，"慈"是上对下。其中还有"友于兄弟"的话，终于形成了"兄友弟恭"的理念。其中，"友"就是兄对弟，"恭"则是弟对兄，这就是子路所谓的"长幼之节"①。孔子在告诫季康子为政之道时，明确提出了"相互对待"的伦理观：当政者不能一味要求老百姓，前提是自己必须向善行孝、举贤任能，老百姓才能待之以敬忠，也同样努力向善。这就是子路所谓的"君臣之义"②。孔子将"孝"与"忠"相联系，大大拓展了"孝道"的功能。孟子继承了孔子的思想，他认为：父子之间有骨肉之亲，君臣之间有礼义之道，夫妻之间挚爱而有内外之别，老少之间有长幼之序，朋友之间有诚信之德，这是处理人与人之间关系的道理和行为准则。就此构建了"五伦"，将孝道教育拓展为社会普世性的伦理关系："父子有亲，君臣有义，夫妇有别，长幼有序，朋友有信。"③ 这体现了伦理教育的民

---

① 《论语·微子》。
② 《论语·微子》。
③ 《孟子·滕文公上》。

本精神，与汉儒提出的专制主义"三纲"有很大的差别。所谓"三纲"是指"君为臣纲，父为子纲，夫为妻纲"，要求为臣、为子、为妻的必须绝对服从于君、父、夫，这就背离了"相互对待"的道德原则。当然，这是后话。就孔孟当时所论，我们已经可以窥见以孝亲为端点构建的人伦"网络"：

后来，孟子又发展了孔子的推己及人之道，将孝行由家庭伦理推广到社会，提出了著名的"老吾老以及人之老，幼吾幼以及人之幼"① 观念，大大强化了孝道的博爱精神。《礼记·礼运》篇还根据孔孟倡导的理念，描绘了人类社会的理想蓝图——大同社会。在这个社会中，人们奉行的是"天下为公"的原则，具体体现为："人不独亲其亲，不独子其子。使老有所终，壮有所用，幼有所长，矜寡孤独废疾者皆有所养。……是谓大同。"孝道的博爱思想，经过历代儒家学者的发展，终于使中国的孝道教育具有了开放性的特点，如下图所示：

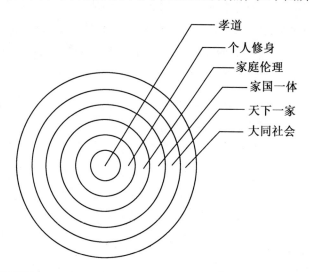

---

① 《孟子·梁惠王上》。

我国古代以孝道为中心，并不断延伸家庭伦理的思想，逐渐构成了一个覆盖整个社会伦理关系的结构体系，对中华民族礼仪之邦的建成，有着积极的贡献。它不仅具有社会教化的功能，在一定程度上还具有约束统治者道德行为的作用。例如，《孝经》认为自天子以至于庶民，都应当遵循孝道，而且所实施的孝行还应根据各自的社会地位不同，权力的大小而有所区别。该书分"天子章"、"诸侯章"、"卿大夫章"、"士章"和"庶人章"，阐述了各自应当遵循的孝道。

经过汉代加工发展了的孝道，是**伦理政治化和政治伦理化**的典型。无论从理顺人际伦理关系的角度，还是从建立政治等级制度的角度分析，中国传统的孝道都体现了"秩序文化"的特点。这种"秩序文化"既有巩固封建专制的一面，又包含一定的民本精神。传统孝道作为"秩序文化"的民本精神，主要表现在它对统治阶级的制约作用上。在中国封建社会，统治阶级内部因为财富和权力的争夺，屡屡发生骨肉相残的惨剧，他们提倡孝道既有虚伪性又有欺骗性，甚至以孝道为口实压迫百姓。但是，《孝经》倡导的孝道，对各级各类统治者都提出了行孝的要求和规范，这就对他们的言行具有一定的道德舆论制约作用，多少能限制他们恣意妄为地破坏伦理纲常，正是从这个意义上说，历史上的孝道也体现了一定的民本精神。

还应指出，家庭伦理关系，例如父母与子女之间，或者长幼之间，都具有不对称性。一般来说，在子女处于养育期时，相对于父母而言，他们属于"弱势群体"；当父母年老体弱之后，相对子女而言，他们又成了"弱势群体"。只有各司其责，各尽其能，才是合理的、具有民主精神的孝道观，否则就会造成家长专制，抑或虐待老人等问题，从而扭曲了孝道的本质。

（五）孝道应有智愚之分

我国历史上推行的孝道，有"愚"、"智"之分。封建统治者曾经利用"孝道"来推行封建专制主义，制定了"三纲"，其中一纲就是"父为子纲"，并衍生出所谓"父叫子亡，子不敢不亡"的谬论。他们还在《二十四孝图》中表彰过"郭巨埋儿"这样惨无人道的事情。这些就是人们所说的"愚孝"。它是"愚民"政策的重要组成部分，在"移孝作忠"的口号下，"愚孝"往往和"愚忠"联姻，以温情脉脉的绮罗，掩盖血淋淋的压迫。近现代思想家们在中华民族生死存亡的关头，为推翻封建专制主义，猛烈抨击封建礼教，特别是封建主义的家庭伦理，有的人甚至提出了"打倒孔家店"的口号。很长一段时间，人们不仅不敢倡导孝道，甚至认为孔子就是"愚孝"和"愚忠"的代表。其实，恰恰是孔子倡导行孝应当有智慧，反对"愚孝"，并向弟子们阐述了孝道的"智愚之别"。

孔子倡导的孝道智慧。孔子倡导的孝道，与"愚孝"是迥然有别的。《孔子家语·六本》记载了孔子对"曾参耘瓜"行孝的贬斥和对上古时期舜孝行传说的赞许，这一反一正，一贬一褒，鲜明地体现了孔子的孝道观，他反对"愚孝"，倡导行孝的智慧。

所谓"曾参耘瓜"，《孔子家语·六本》的记载大致如下：有一天，曾参到瓜田铲草，不小心弄坏了瓜苗的根，将造成瓜的减产。身处贫困境遇中的曾参之父十分生气，拿起一根大棍子没头没脑地打他。曾参为了表示听从父亲的教训，便一直站在原地不动，既不逃避，也不求饶，结果被父亲打昏在地。孔子知道这件事情后，很不高兴，禁止曾参到学校来学习。曾参感到十分委屈，心想，自己如此孝敬父亲，不正是按照老师教诲做的吗？怎么没有受到老师的表扬，反而受到惩罚，这究竟是什么缘故呢？他就托人问孔子自己犯了什么错。孔子指出，做儿女的有了过错，父母有所惩戒是常有的事情，如何对待父母的惩戒，应当视具体情况而异。曾参在他父亲暴怒，甚至失去理智的情况下，竟然情愿被打死也不逃。如果被打伤或打死了呢，岂不陷自己的父亲于不义之地了吗？这样的后果，绝不比不孝顺父母的过错轻！曾参的做法，就属于善良人没有智慧的"愚孝"。孔子对曾参的批评，表明他认可的孝道不是要求晚辈机械地服从长辈，而应处置得当，力求达到父子相亲、家庭和睦的目的。显然，这与封建统治阶级推行的"愚孝"有本质的区别，而是主张借助智慧来行孝，体现了孔子倡导的"孝道"是有"智"、"愚"之分的。

孔子服膺舜，将其称为圣人，并以舜如何行孝的佳话传说告诫曾参。舜是我国原始社会末期部落联盟的首领，素以孝敬闻名。舜的遭遇十分不幸，父亲名为瞽叟，是个盲人，母亲很早去世。瞽叟续娶，继母生弟名叫象。舜生活在"父瞽叟顽、母嚚、象傲"[①]的家庭环境里。然而舜对父母不失子道，十分孝顺，与弟弟十分友善，多年如一日，没有丝毫懈怠。有一天，舜的父亲叫他去修理仓库的屋顶，当舜爬上仓库顶后，其父就将上房的梯子搬走，并在下面放火，想把舜烧

---

① 《史记·五帝本纪》。

死。但是，舜早就有所准备，一发觉火烧起来了，便立刻从自备的梯子上爬下来溜走了。后来瞽叟又与象合谋，让舜挖井，等舜下到井的深处时，二人立刻封住井口。而舜却从准备好的侧道逃出去了。舜的身世如此不幸，环境如此恶劣，却以非凡的品德和智慧，没有造成骨肉相残的惨烈，酿成父子反目的人间悲剧，而且还感动了父亲，全家得以和睦相处。舜也在对待家人的孝道中，锤炼了团结民众、共建社会幸福乐园的品德和能力，造就了他"从政"后的伟业，成为千古称颂的圣人。舜奉行的孝道，正是孔子称赞的"大孝"，是实施"孝道"智慧的典范，孔子批评曾参所行的孝道则是机械服从的"愚孝"。俗话说得好："为子无他：孝其不忍陷亲不义处便是孝；为父无他：慈其不肯听子为恶处便是慈。"

从舜的"大孝"事例中，我们不难认识到，孝道的智慧，有可能化干戈为玉帛，将矛盾的对立面转化为和谐的统一体。我们提倡孝道的智慧，企盼人们能够从"斗争哲学"的思维定势中解脱出来，善于化解各种矛盾，特别是人民内部矛盾，做到"家和万事兴"，这对我们构建和谐社会具有重要意义。

（六）孝道观念必须与时俱进

现代孝道是代际和谐互动的伦理关系。 现代社会的孝道，属于家庭中的代际伦理，这种伦理关系应当在传统孝道"相互对待"民本精神的基础上，发展成为"代际和谐互动"的良性关系。现代的亲子关系是一个双向互动的关系，在父母行为影响孩子发展的同时，孩子也以自身的特点接受并影响着父母的教养态度与行为。这种互动随着人一生的生理与心理变迁，而有着不同的内容。孔子提出过"君子三戒说"，即"少之时，血气未定，戒之在色；及其壮也，血气方刚，戒之在斗；及其老也，血气既衰，戒之在得"[①]。当子女处在"少之时"或"壮之时"，父母负有提醒帮助他们"戒色"和"戒斗"的责任。成长中的子女，应当虚心接受父母的告诫，走好人生之路。当到"老之时"，做父母的就应该注意"戒得"，不能自满自足，需要向子女学习。近年来，随着社会的发展进步，有的小孩接受新生事物比父母快，甚至在学校的教育下有些行为习惯比父母做得还要好（例如不抽烟、不喝酒，懂得许多礼貌用语，等等），这就出现了所谓"小手拉大手"的活动。至于知识的更新，往往小孩子获得的新知比较多，当父

---

① 《论语·季氏》。

母的应当注意主动更新自己的知识结构，努力适应社会发展的需要，必要时应当向自己的孩子学习新知识。在"代际互动"的过程中，不仅含有相互学习的内容，还有共同遵守的内容。必须认识到，**孝道首先是人道**，父母和子女都应该遵循做人做事的准则，不做违法缺德的事情。只有这样推行现代孝道，才具有构建和谐代际关系的基础。

推行现代孝道，需要借助成年人的力量，即借助父母、老师和邻里中的长者来教育儿童和青少年，这就需要提高成年人，特别是父母自身的修养，要转变观念，不能再认为"孩子是自己的私有财产"、"天下无不是的父母"，努力以平等的态度加强与子女思想情感的沟通。心理学研究初步发现，父母对待子女的态度，与子女人格的形成具有相关性。例如父母属于"支配型"的，子女的性格大多具有"服从，无主动性，消极，依赖，温和"等特点；父母属于"照管过度型"的，子女的性格大多具有"幼稚，依赖，被动，胆怯"等特点，如此等等，不一而足。作为子女，也是新型孝道建设的主体，虽为独生子女，也应当理解"可怜天下父母心"的伟大与无奈，不能心存依赖，心安理得地享受父母的供养和"裙带关系"的所谓"恩泽"。在孝敬父母的同时，必须努力培养自强自立的意识和能力，这是起码的孝道。近年来，我国社会表彰的孝道典型，他们的孝心和坚毅不屈的品格，具有感天动地的力量，业已成为消融利己主义冰雪的骄阳！

孝道观念的更新。孝道教育与时俱进，还表现在因事因地制宜讲求实效上。所谓"善奉养者不必珍馐也，善供服者不必锦绣也，以己之所有尽事其亲孝之至也"，"必在生前济咽喉，莫到死后祭山头"，都是流传至今、讲求孝道实效性的格言警语。今人更应该认识到，不同的经济发展水平，决定不同的养老需求，孝道观念必须与时俱进，讲求实效。

多元化的孝道观及养老方式，对孝道教育提出了新的挑战。近来，社会上流行的尽孝观念，有所谓"奉养说"、"顺从说"、"哄逗说"和"真爱说"，等等。不仅观念在变，养老的需求和方式也在变。例如，随着老年人口增加，子女侍奉父母往往会感到力不从心。敬老院、托老院、老年公寓相应建立，逐步改变着子女奉养老人和父母养老的方式。值得关注的是，户型缩小，老年人想单独生活的人数日益增加。……随着时代的进步和社会的发展，需要不断改变人们敬老、养老的观念和方式，构建新型的孝道文化，以适应社会发展的需要。但是，在

"变"中，还存在"不变"的因素。就人的共同需求而言，"孝"应该是以感情为基础的，包括物质和精神两个方面，这就是新型孝道不可或缺的不变的内容。

近年来，国际老龄协会提出了21世纪全球养老新观念，为孝道教育与时俱进，提供了重要的启示。

养老新观念的第一条是"从满足物质需求向满足精神需求方向发展"，第二条是"从经验养生向科学养生发展"，第三条是"从追求生活质量向追求生命质量转化"，第四条是"从安身立命之本向情感心理依托转变"。总之，孔子倡导的孝道教育，毕竟是农业社会的产物，它在历史上曾经发挥过积极作用，也起过相当消极的作用，我们需要以"因革相成"的原则，正确对待这一教育传统。

第三节　齐家之教对中国古代教育的影响

——中华民族创立了独步天下的家教

（一）中国编撰了世界最早的家教专著

经孔子和儒家后学的长期倡导，终于使我国古代有了世界上最发达的家庭教育，这可以从我国第一部系统的家庭教育专著《颜氏家训》的问世，比西方著名的家教专著、夸美纽斯的《母育学校》早了约1000年得到证明。我国古代的家教专著，不仅问世早，而且内容全面而丰富，至今仍有启发意义。

《颜氏家训》的作者是颜之推（公元531—公元595年?），梁朝建业（又称金陵，今南京市）人，著名历史学家、教育思想家。所撰《颜氏家训》是为"整齐门内，提撕子孙"而著。他本人"身经三代之悲，一身而三化"，经历了南北朝分裂割据至隋朝的社会大动乱，目睹当时许多士大夫遭祸以至被诛的惨状。结合本人立身治家的经验，尤其是许多次沦为亡国之人的教训，他对社会有了颇为深刻的认识。为了使家族不致在政治变动中衰败，他认为需要依靠家庭教育。加之当时士族子弟的教育基本上也依靠家庭教育，于是，写成《颜氏家训》20篇。此书为前代《诫子书》、《家诫》、《家教》等书的集成之作，系统阐述了家庭教育的重要性、实施的原则、主要内容，创建了家庭教育教材的新体例，成为我国古代进行家教的经典。与夸美纽斯的《母育学校》相比，其内容并不因为是我国封建时代的作品而有逊色，更值得自豪的是，《颜氏家训》颇有中国的特色和创造。例如，颜氏的家庭教育是"大教育"，即为对家庭成员的终身教育，而不以学前教育为限。再者，颜氏的家教内容更为宽广，它有"家学"的传承。以下简要介绍《颜氏家训》的论述：

强调儿童早期教育的重要性。《颜氏家训·序致》篇说："夫同言而信，信其所亲；同命而行，行其所服。"这是认为在实际生活中，人们对自己亲近的人的话，往往容易信任，对自己敬佩的人的指教，往往乐于照着去做。父母等家庭成员属于儿童亲近和所敬佩的人，因此施教效果必然要好。《序致》篇又说："禁童子之暴，则师友之诫，不如傅婢之指挥；止凡人之斗，则尧舜之道，不如寡妻之诲谕。"这是说，纠正儿童的不良习性，老师的苦口劝诫，哲人的至理名言，都代替不了家庭教育的特殊作用。《颜氏家训》特别重视幼儿的教育，认为进行教育越早越好。此书的《勉学》篇指出家教及早进行的理由："人生小幼，精神专利，长成已后，思虑散逸，固须早教，勿失机也。"还进一步设喻明理："幼而学者，如日出之光，老而学者，如秉烛夜行，犹贤于瞑目而无见者也。"因此应抓住幼年的有利条件开展教育。《教子》篇对早教与晚教的利弊作了对比："当及婴稚，识人颜色，知人喜怒，便加教育，使为则为，使止则止。比及数岁，可省答罚。"说明人在幼年时期可塑性大，教育较易，效果最好。如果不及时教育，及至"骄慢已习，方复制之"，就得"捶挞至死而无威，忿怒日隆而增怨，逮于成长，终为败德"。指出了不及早教育必将造成的恶果。《教子》篇还引用孔子"少成若天性，习惯成自然"的话为理论依据，引用"教妇初来，教子婴孩"的谚语为实例，证明儿童早期教育的至关重要。

家庭教育的重要原则。首先，《颜氏家训》指出，家庭教育必须正确处理好"爱"与"教"的关系。颜之推认为，把爱护与教育很好地结合起来，是家庭教育中的一个重要原则。承担家庭教育责任的父母，对子女当然要爱护，同时必须进行教育，严格要求，方能收到预期的教育效果。《教子》篇说："父母威严而有慈，则子女畏惧而生孝。"然而，在家庭教育中，未必所有的父母都能处理好"爱"与"教"的关系。往往是"爱"有过而"教"不及："吾见世间无教而有爱，每不能然；饮食运为，恣其所欲，宜诃翻奖，应诃反笑"，尽量满足子女生活上的追求，放纵不管。本应严加训诫的却给予奖励，本应责备的却一笑而过，完全颠倒了是非观念，结果只能贻误子弟终身。《教子》篇告诫道："父子之严，不可以狎；骨肉之爱，不可以简。简则慈孝不接，狎则怠慢生焉。"只有严而不狎，爱而不简，才是必要的严肃和真正的爱护，教育就有权威，教子就能成器。《教子》篇还郑重告诫家庭教育切忌对子女厚此薄彼，指出，如有偏爱，必将流弊遭祸："人之爱子，罕亦能均，自古及今，此弊多矣。贤俊者自可赏爱，顽鲁者亦当矜怜，有偏宠者，虽欲以厚之，更所以祸之。"并以史实为鉴，要求人们警惕。需要指出的是，该书在严格管教上主张采用鞭挞体罚的手段，显然是封建专制主义在家庭教育中的体现，应予批判、抛弃。

家庭教育应当重视环境对幼儿潜移默化的作用。鉴于少年的思想正处于发展变化阶段，尚未定向、定型，易受环境的影响，此书《慕贤》篇要求父母特别留意子女与他人交往接触："人在少年，神情未定，所与款狎，熏渍陶染，言笑举动，无心于学，潜移默化，自然似之；何况操履艺能，较明易习者也？是以与善人居，如入芝兰之室，久而自芳；与恶人居，如入鲍鱼之肆，久而自臭也。"环境因素有积极方面也有消极的一面，家庭教育者应充分认识环境对少儿这种"潜移暗化"的作用，故对少儿"必慎交游"，设法避其消极影响，正确利用其积极影响，尽可能使少儿在良好的环境的影响下健康地成长。

家庭教育的主要内容与特点。家庭教育教什么和怎么教，随机性比较强。《颜氏家训》号称"古今家训，以此为祖"，为后人展现了家庭教育的独特内容与方法。就后人的评论可知，颜氏进行的家教至少有四个方面："敦伦之矩"、"博物之规"、"保身之铨"、"考世之资"。所谓"敦伦之矩"，是指家教应以道德教育为先，教育并培养儿童良好的美德。所谓"博物之规"，是指家教应当让儿童"多识鸟兽草木之名"，并了解周围的社会环境，获得初步的常识。所谓"保身之铨"，是指家长有责任将自己的处世的经验传给后人，使他们懂得应当如何待人接物。所谓"考世之资"，是指要教给儿童如何去观察自然和社会，父母应当把自己观察的所得传给后代。至于传授的方法，《颜氏家训》也堪为典范。它不像学校的教材"词旨深远，义理蕴奥"，必须经教师讲论方能明白。家训应当通俗易懂，深入浅出。诚如后世学者所评，《颜氏家训》就具有这样的特点："自乡党以及朝廷，与夫日用行习之地，莫不用至正之规，至中之矩，虽野人女子，走卒儿童，皆能诵其辞而知其义也。是深文可为格致诚正之功者……浅文可为动静语默之范者……"

《颜氏家训》从内容到文风，都是家教专著的典范。颜氏家族的子孙多有得益，据颜门子孙回忆："……兄弟每侍先人侧，先人必举黄门祖（指颜之推）

《家训》……盖祖宗切切婆心，谆谆告诫，迄今千余年，只如当面说话，订顽起懦，最为便捷……"颜氏宗族秉承《家训》教诲，一直人才辈出。颜之推之孙有颜思鲁、颜师古，"并以文雅著名"，"其后真卿、杲卿兄弟，大节皎皎如日星"，至宋代又有"潭州安抚公"等等。充分显示了颜门家教的成功。

《颜氏家训》是我国封建社会的产物，其中有不少封建纲常名教，具有历史和阶级的局限性。但是就其主要成就而言，仍不愧为世界第一部独具特色的、系统的家庭教育专著。

（二）世传家学家风

孔子关于家庭教育的重要作用论述于前，历代有识之士践行其后，培育了中华民族高度重视家教的优良传统，著述与成功的家教典范，屡见不鲜，成为中华民族特有的文化现象。中国传统的孝道，并非只包括对父母的敬养，还包括对优秀家风与家学的薪火相传。子女自身的德性与智能的修养，对社会所尽的责任，都被视为孝的表现。诚如《中庸》所指出的："夫孝者，善继人之志、善述人之事者也。"正是孝道，铸就了中国古代家学家风世传的历史。在战乱时期，我国古代曾出现过"岳家军"、"杨家将"、"戚家军"等英勇奋战的家族军队。孝道，在中国古代也是文化传承之途，它不仅仅对培育良风美俗发挥过积极的作用，而且开辟了学术传承的重要渠道。时至今日，大江南北时常在"老屋"还能看到"诗书传家久，忠孝继世长"的门楣，生动显现了孝道传承优秀文化的功能。

家学，曾经是我国古代的一种民间自发的教育制度。在中国的奴隶社会，家学依附于氏族宗法制度。据史书记载，在西周时期，有过"畴人之学"。所谓"畴人"是指在朝廷中，掌握有关生产技术和科学知识的职官。例如负责"告朔之政"的天官，就掌握较丰富的天文知识；再如虞师、司空、司田等官员，一般都掌握较多的农业生产和工程技术知识技能。在氏族宗法制度下，职官实行的是世袭制度，上述这些官员所掌握的知识技能，只能通过世袭的方式传承，即子继父业，这就在历史上形成了"畴人之学"这种类型的家学。除此之外，作为没有入仕的普通社会成员，也在劳作过程中向子弟传授相关的知识技能。这种民间的家学，时至今日都未曾中断过。

至封建社会，我国推行的是官僚政治，对于专业性很强的职官，曾实施"宦学事师"制度，也就是将职官所需知识技能传授给相关的官员，不过，并不明确规定为世袭，这意味着"畴人之学"的终结。此后，家学便成为私学的一种类型，在家庭中由长辈施教。在中国的封建社会，家学十分盛行，所授内容也十分广泛。不过，有成就的家学，在儒家经典一统天下之后，大多为"专经之学"。汉代名臣杨震，曾从父专习《欧阳尚书》，并以此传授其子。东汉末年著名的文学家、书法家蔡邕，其女蔡文姬就继承了家父的文学教养，成为一代著名女诗人。班彪更是重视家学世传，子女都继承父业，成就了一番事业：班固著《汉书》，其女班昭堪称女杰，不仅撰写了《女诫》，而且收大学者马融为徒，为其教授家学《汉书·天文志》。至宋代，更有王安石父子创立的"王学"，还有集属地之秀的苏氏家学，曾经轰动朝野。

"家书"是我国古代家学创制的不成文的"教材"，它寄托着先辈对子女的期盼、教诲，记录着他们的人生体验，其中洋溢的真情实感，不仅打动子女，而且常常成为世人传诵的佳作。古时诸葛亮的教子书中，"淡泊以明志，宁静以致远"，流传至今，成为励志的格言。至于近代的《曾文公家书》和现代的《傅雷家书》，更是畅销于世。家书将父母的苦心，溢于言表，感召子女也随之涌动孝道之念，同时传播着他们的人生体验，培育着各代家风。

在中国民间，更有所谓中医世家、书法世家、工艺世家等等家族人才群落的产生。特别是工艺技术和医学专科，往往是家庭赖以生存的技能，还形成了所谓"一线单传"的家规。有时家家相仿，年久相承，则造就了各地独有的特色文化，所谓刺绣和"菜系"等，就有不同的流派，可谓家学世传的结晶。至今，许多非物质文化遗产，有不少都是赖于家学世传得以保存至今，足见家学世传的重要。

今天，如何当好"独生子女"的父母，业已成为我国教育事业中一个不容忽视的方面。孔子倡导的齐家之教，可谓即古弥新。

第五章 成功改革教育内容之三

——交往与交友之教

　　人为什么要交往和交友？应当交什么样的朋友才能达到交友的目的？有交友的艺术吗？如此等等，都是人生实践中的普遍问题。关心人生实践之教的孔子，明智地将交往与交友之道列入教育的内容之中，而且，经他的倡导，中国古代社会还专门制定了交友的伦理规范，又一次显示了中国的确不愧为一个伟大的文明古国。在今天网络时代向我们走来之时，地球尚且称之为"村"，足见人与人之间的距离大大缩小了，如何正确地交往与交友似乎显得比以往任何时代都重要，我们应当感激像孔子这样的智慧先民们，为我们留下了正确交往与交友的丰厚思想资源，启迪我们促进人际关系的和谐，能够卓有成效地建成一个理想的和谐社会。

第一节　促进人际和谐

——交往与交友之教的目标

（一）交往与交友的内涵

　　交往。马克思、恩格斯在 1845—1846 年间他们共同撰写的《德意志意识形态》一书中首次提出了交往理论，从人类历史发展的意义上论述了人与人之间的社会交往现象，通过历史上交往形式的变迁，揭示导致这种变化的原因及其发展趋向。他们所说的"交往"包括"物质交往"和"精神交往"两个层面。"交往"（intercourse），它既指物质意义上的，如商业贸易、交通运输等活动，也指精神上的思想、信息、观念等的传播。孔子倡导的交往与交友之教，同样包括这两方面的内容，但以精神交往为主。

交友。孔子期望培养造就具有完美人格的人，他深深知道这种教育不能离开社会进行，尤其不能离开人的交往、交友活动。基于这种认识，他实施的教育，着力使学生明确个人在家庭、他人、国家、天下以至天人关系中的地位和义务，借以促成天人关系、社会关系、人际关系的和谐，造成天下太平的盛世。孔子的教育理想能否得以实现姑且不论，但是，他关于人与他人，即与社会不可分割的思想是可贵的，他希望通过培养人格高尚的人来积极发挥教育社会功能的思想也是可取的。交友属于人的社会交往活动，区别在于，交友比交往包含更多的情义成分。孔子注重人的情义修养，故将交友之道视为"士人之德"。他的学生子路曾经向孔子请教怎样才是一个合格的"士"。（子路问曰："何如斯可谓之士矣?"）孔子回答说："切切、偲偲、怡怡如也，可谓士矣。朋友切切、偲偲，兄弟怡怡。"[1]"切切"和"偲偲"是指相互切磋研究的意思，"怡怡"是指相处和睦的状态。孔子着重指出士人交友应当注重切磋研究，又应具有兄弟相处的和睦之情。孔子的交往之教，特别是交友之教，具有源头活水，特揭示如下。

（二）对前世"交友之道"的损益

孔子倡导交友之教，是他对原有"友道"的继承与发展。人们从上古文献《书》的记载中，已经发现了"友"字，例如记载大禹时代的《书·洪范》曰："强弗友刚克。"这说明在金文盛行的氏族宗法社会，人们就开始意识到人与人之间少不了互相帮助。至西周，"友"的内涵进一步政治化、理性化，《周礼·地官·大司徒》的职责就有"联朋友"一项，此处的"友"是指"同志"。当时社会处在氏族宗法制度阶段，"友"多用于氏族内部兄弟之间，例如《书·康诰》："大不友于弟。"此处的"友"，指兄弟之间的"善"和"爱"的情感。研究文字学的《尔雅》在《释训》中仍然指出："善父母为孝，善兄弟为友。"后世，多保留了"友"字中所表达的善意和友爱的含义，将其扩大为人际交好的朋友。例如，《诗·周南·关雎》唱道："琴瑟友之。"

---

[1]《论语·子路》。

孔子是中国古代文化的集大成者。由于他对人不能离群有了进一步的认识，意识到人与人之间具有相互依存的关系，因而格外重视交友，并将其由兄弟之间的友爱关系和血缘至亲的友善关系，扩大为一种特殊的社会关系，即人与人之间的友好关系。他十分珍惜友谊，特别是知己。《论语》开篇就记载孔子曰："有朋自远方来不亦乐乎?"① 表达了他乐于交友的欢悦心情。有的学者认为此处的"远"字，不宜理解为表现空间距离远近的远，只是孔子强调知己难得之意。其实，即使认为"远"字代表空间距离，也是说得通的。因为，从遥远的地方来看望孔子的朋友，应该是敬重孔子、热爱孔子的人，孔子当然会"不亦乐乎"了。孔子重视交友，格外珍惜"知己"，所以接纳能够远道而来、情深义重的朋友，被他视为人生一大乐事。

孔子的交友思想，影响十分深远，在他死后，为弟子们所传承光大。孔子的弟子司马牛因为桓魋作乱时，他的兄弟死的死，逃的逃，他感到十分孤单，悲伤地感叹说："人皆有兄弟，我独亡（无）。"子夏就用孔子生前的教诲劝勉他说，君子只要敬业，做事没有差错，待人恭敬有礼，那么，四海之内的人就都是你的兄弟了！君子哪怕没有兄弟呀？（"……君子敬而无失，与人恭而有礼。四海之内，皆兄弟也。君子何患乎无兄弟也?"②）孔子"四海之内皆兄弟"的思想，大大拓展了传统的交友理念，表达了天下一家的博大胸襟。"四海之内皆兄弟"，成为流传千年的道德格言，培育了中华民族与世界人民共建大同社会的伟大理想。他后来还发表了很多关于交友的思想，为儒家奠定了"交友之教"的基础。

（三）"交友之道"旨在实现人际和谐

孔子倡导交友之道，目的正在于促进人际和谐。"礼"是人际交往的规则，礼的功能贵在协调人与人之间的关系，达到和谐的目的。孔子认为，要实现人际和谐，在与人相处时，必须奉行优游宽厚的准则。诚如《孔子家语·儒行》所言："礼必以和，优游以法。"（礼以和谐为贵，以宽厚为准则）孔子之所以提出交友一定要以宽容为准则，是因为，他深知人与人是不相同的，存在着差异，不宽容，就不可能与他人建立友谊。所谓宽容，在交友时应当表现为"慕贤而容

---

① 《论语·学而》。
② 《论语·颜渊》。

众，毁方而瓦合"①。既仰慕贤能的人，又能容纳各色各样的众人，就像制作陶瓦一样，该去掉棱角时就去掉棱角，做到方圆随机，这才能"容众"。足见孔子主张宽容，是对人之间"差异"的尊重。但是，宽容是有原则的，即使见解相同的人交友，也不可结党，对见解不相同的人，也不应该诋毁。这就是儒者立身行事与众不同之处（"同己不与，异己不非；其［指儒者］特立独行，有如此者"②）。"容众"而不"结党"，"容众"而不"媚俗"，更不能同流合污，表明交友要讲原则，志同道合是友谊的基础，持守道义而特立独行，是做人的气节，在交友时也不能苟且。这就是"和而不同"在交友上的体现。孔子传授交友之道，旨在促进人际和谐，只有坚持上述原则，才能达到社会和谐的终极目的。

我国政府正在为创建和谐社会而努力奋斗，在外交上以求同存异的原则广交朋友，增强了各国人民对中国的了解，形成了得道多助的可喜局面，大大发展了孔子倡导的交往与交友之道。在学校教育上，我们也很有必要借鉴孔子的交往与交友之道，拓展我们的教育内容，提高学生的文明素养，帮助他们学会做人。

第二节　交往与交友的哲学
——忠恕之道

（一）"忠恕之道"解

孔子的弟子子贡曾向孔子提问说：如果有人能够对民众广博地施予和救济，这样做您觉得怎样？是不是就可以称得上是行仁了？（"如有博施于民而能济众，何如？可谓仁乎？"）孔子回答说：这哪里是仁者所为呢？必须是圣人才能办到的事情。连尧舜这样的人，虽然有德也有位，却不一定能够做到呢。（"何事于仁，必也圣乎！尧舜其犹病诸！"）因为孔子深知"博施于民而能济众"是十分繁复的事情，而行仁则不同，它侧重于仁德的修养，没有地位和权力的人，也是有条件实施的。孔子认为子贡的想法过于高远，因此告诫他：你自己希望立于社会之上，而能想到使他人也能立于社会之上；你自己希望发达，也能想到使他人

---

① 《孔子家语·儒行》。

② 《孔子家语·儒行》。

也能发达：这就是行仁了。（"夫仁者，己欲立而立人，己欲达而达人"）孔子对子贡这位思想十分活跃的学生，不只是简单地告诉他正确的结论，还注意从思想方法上引导他，因此，进一步指出，实施仁德，必须从每个人的欲望出发，兼顾他人的利益，这才是推行仁德的根本方法。（"能近取譬，可谓仁之方也已"①）子贡毕竟是子贡，他向老师请教的几乎都是重大的问题，例如他问孔子，有没有一句话是终身应当奉行不悖的？（"有一言而可以终身行之者乎？"）孔子回答他说："怕只有一个'恕'字吧！"而什么是"恕"呢？孔子指出，你自己不情愿的事情，就不要强加给他人，这就是"恕"。（子曰："其恕乎！己所不欲，勿施于人。"②）令人思忖的是，当子贡说，我不希望别人强加于我的，我也不将这些强加于别人。这话似乎与孔子所言一致，可是孔子却恳切地指出，赐呀，这却不是你能力所能办到的了。（子贡曰："我不欲人之加诸我也，吾亦欲无加诸人。"子曰："赐也，非尔所及也。"③）有人发问，为什么孔子自己提出了"恕道"，即"己所不欲，勿施于人"，而当子贡说"我不欲人之加诸我也，吾亦欲无加诸人"时，孔子却认为他办不到？——区别在于，孔子所言，是从"己所欲"出发，而子贡是从"不欲他人"出发，这当然就很难掌控了。对比孔子与子贡两次关于"勿施于人"的对话，可以发现，孔子坚守的是"为仁由己"的原则，即自己把握自己言行的原则，而不是欲求于他人的原则。子贡则不同，他是从要求他人如何对待自己出发的，这就取决于他人了。师生之间的对话，生动体现了孔子思想的缜密。

在历史上，儒家学者们将"己欲立而立人，己欲达而达人"称为积极的"忠"，将"己所不欲，勿施于人"称为消极的"恕"，二者合而为一便是著名的"忠恕之道"。这个"忠恕之道"，一般而言，它不适用于解决激化的社会矛盾。我国近代有的思想家，例如鲁迅先生，曾经批判过"忠恕之道"，从当时暴力革命的需要出发，这种批判是具有历史进步性的。但是并不等于在矛盾没有激化的平常时期，"忠恕之道"也是消极或反动的。恰恰相反，从哲学的角度分析，"忠恕之道"体现了矛盾的同一性原则，它着力于协调人际关系，防止冲突和破

---

① 《论语·雍也》。
② 《论语·卫灵公》。
③ 《论语·公冶长》。

坏，有利于促进社会的进步和发展。

此外，"忠恕之道"包含着浓厚的人文精神。孔子提倡仁德，旨在激活人潜在的向善的人性。"己欲立而立人，己欲达而达人"，就具有深刻的人性化内涵，诚如郭沫若先生生前所说：**"每一个人要把自己当成人，也要把别人当成人，事实是先把别人当成人，然后自己才能成为人。"**这是对"己欲立而立人，己欲达而达人"最恰当的诠释。在经历了"文革"非常时期之后的中国民众，极其渴望人性重光，决心建立一个令世人羡慕的和谐社会。我们正可以从孔子"己欲立而立人，己欲达而达人"的思想中，汲取交往与交友的智慧。

（二）忠恕之道与市场伦理

我国社会开始实施社会主义的市场经济体制，我们的道德教育必须适应市场经济的运作原则，才具有实效性。对利益的不同取向，构成了伦理学上的不同派别：有利己主义、利他主义、互利主义和集体主义等。忠恕之道属于哪种主义，而且，哪种主义更符合现代市场经济发展的需要呢？

从市场经济发展的历史看，西方国家曾经以利己主义作为他们市场经济自发遵循的道德原则。市场之中，不损人就不能利己，不你死就不能我活，这就是他们原始的掠夺经济、海盗经济。以利己主义为指导，必然导致向社会攫取，而不能激励人们去创造，从市场经济自身的发展来说，也是有害而无益的。因此，西方国家在历史上曾经提倡"合理的利己主义"和加强法治，来限制利己主义无节制地膨胀。西方国家的历史证明，利己主义对于市场经济有破坏作用，而利他主义又与市场经济格格不入。那么互利主义又怎样呢？

孔子倡导的"忠恕之道"属于互利主义，在中国古代可谓独树一帜，这从孟子批判墨子利他主义的"兼爱"思想，以及对杨朱利己主义的抨击，就清楚地表明了儒家特立的立场：既反对理想主义的"利他主义"，也反对破坏伦理底线的"利己主义"。

那么，"忠恕之道"这一互利性质的伦理观，是否符合市场经济的需要呢？

市场经济下的商品交换（也就是马克思主义的"物质交往"），必须遵循两个原则：第一，等价交换；第二，自愿交换。这就要求经济行为的主体必须把追求自身利益的愿望与交换对方的利益结合起来。在自由交换和自由选择的市场经济中，人们只有充分满足他人的需要，才能最大限度地牟取自己的最大利益。这正是"己欲立"必须先"立人","己欲达"必须先"达人"。正常情况下，市场经济是以自利和利他相结合为道德原则的。提倡"己欲立而立人，己欲达而达人"，充分肯定了经济行为主体追求个人正当利益的合理性，这就有可能激励人们去创造；"己所不欲，勿施于人"，又可以调节人我之间的利益分配。互利所具有的激励与调节功能，正是市场经济健康发展所需要的道德原则。"忠恕之道"体现了市场伦理的基本原则——"互赢"。

（三）夯实道德教育的基础

就道德教育而论，儒家的"忠恕之道"还体现了德育的主体精神和基础性。所谓德育的主体精神，包括受教育者和教育者互为主体的特点。首先，儒家教人的出发点和归宿是建立在受教育者自身道德体验和自我选择上的。孔子所说的"己欲"和"己所不欲"，都是指个人的道德体验，以此为基础去认识社会道德规范，就能收到理解深刻和感受深切的效果。以受教育者个人的道德体验作为道德行为的动因，这是受教育者道德自主意识的表现。这种自主性贯穿在"忠恕之道"的始终，有利于调动受教育者自身的自觉性，提高修养水平。

宋代儒家认为孔子的"忠恕之道"是由"己"出发而推及他人，故名之为"推己及人之道"。在孔子教育思想的长期影响下，"推己及人"业已构成我国传统文化和传统思维的一部分，老百姓还通俗地将其称之为"将心比心"。宋代儒家从教育者的角度，提出为人师者教人做人，不仅应当教人所当为，还应教人所以为，应为受教育者提供有效的道德思维方法，"推己及人"就是这种思维方法。他们发展了孔子重视"知人"的道德智慧（"不患人之不己知，患不知人也"[①]），告诫学生应当从自己的心态出发去理解他人的利益和需要，形成善解人意的道德智慧，养成尊重他人的品德，以此来提高自身的道德修养水平。这样的教师指导作用，就不是"说教式"、"灌输式"的，而是"沟通交流式"的：与学生相沟通，与他人相沟通，与社会相沟通。这种德育与现代德育所要求的"开放性"、"平等交流性"是一致的，它可以大大提高德育的有效性。

这种建立在受教育者主体体验感受基础上的"推己及人之道"，有效提升了我国古代众多优秀人才的人生境界。著名"诗圣"杜甫在他撰写的《茅屋为秋

---

① 《论语·学而》。

风所破歌》中，生动地表达了他关爱天下"寒士"的情怀。这首诗首先唱出了杜甫在风雨交加的漏屋中，夜不能寐的凄苦情境和他的悲凉心情。他由一己推想到天下寒士的苦难，最后生成了"安得广厦千万间，大庇天下寒士俱欢颜"的理想，甚至升华为"吾庐独破受冻死亦足"的献身精神。杜甫的大爱之心，不仅感动了千百年来的民众，而且显示了建立在实践真切体验之上的道德认知的深度，以及由此激发出来的道德情感是何等的感人！我们的道德教育要想走出苍白无力的困境，道德实践是万万不可或缺的途经。

孔子的"己欲立而立人，己欲达而达人"的思想，体现了人我兼顾的道德互利原则，它是对损人利己以及只顾自己人生哲学的有力批判，孟子抨击"拔一毛而利天下不为"的杨朱，清楚表明了这种批判立场。这种批判和否定，符合人类社会存在的基本要求，不如此，社会就要解体。人我兼顾互利原则的推行，有助于正确认识个人利益与他人利益的正相关关系，具有启发受教育者关心和尊重他人正当利益的价值导向作用，因此，它可以成为基本的道德要求与高层次道德要求沟通的津梁。正是基于此，孔子曾经明确指出忠恕之道是"行仁之方"，"仁"的核心是"爱人"，忠恕之道的"推己及人"，意味着"推爱及人"。孟子在此基础上提出了"老吾老以及人之老，幼吾幼以及人之幼"的著名道德格言，这对培养中华民族的人道精神，曾经起过重要作用。我国古代许多仁人志士，虽未接受过现代集体主义的先进教育，但是，他们在"推己及人"思想的影响下，关心国家和民间的疾苦，生发了"先人后己"或"大公无私"的价值取向，奉行"先天下之忧而忧，后天下之乐而乐"的做人原则，增强了"天下兴亡匹夫有责"的社会责任心和使命感。这些事例有力地说明，人我兼顾的互利原则，既可以满足社会先进成员的道德要求，又能适应社会一般成员的道德水准。在今天，既可以与现代市场经济相契合，又可以上升为集体主义，这是儒家德育极有生命力之所在。

当 300 年前罗马传教士来到中国，看到孔子的名言"己所不欲，勿施于人"的时候，他们震惊了，因为耶稣也曾说过："你们想让别人怎么对待自己，就应该怎么对待别人。"但是，耶稣比孔子要晚整整 5 个世纪！正因为如此，西方人对孔子更是尊敬有加。这两句名言，从此在西方被称为道德"黄金律"。在法国大革命时期的《人权宣言》中曾写道："自由是属于所有人的，做一切不损害他人权利之事的权利，其原则为自然；其规则为正义；其保障为法律；其道德界限则在下述格言中——己所不欲，勿施于人。"孔子倡导的互利主义道德法则，与马克思所引《圣经》"我为人人，人人为我"的观点几乎完全相同，在哲学上具有"同一性"的基本特征，在道德上体现了社会道德的普遍性，这一点，早被西方国家的思想家和教育家所发现。英国教育家洛克在《人类理解论》中曾经赞道，"以己所欲于人者施于人"，"是一切社会德性底基础，同一切道德底不能动摇的规则"。① 德国思想家费尔巴哈也认为，忠恕之道是朴素的、通俗的原理，是最好的、最真实的，同时也是最明显的而且最有说服力的。时至今日，孔子的忠恕之道，对世界其他国家影响仍然十分显著。在德国柏林得月园的入口处，矗立着两米多高的大理石孔子塑像，塑像花岗石基座上刻着"己所不欲，勿施于人"的格言，在这个伟大哲学家辈出的国度的公共场所，镌刻孔子这一名言，说明"忠恕之道"在德国人心目中的地位。新加坡华侨中学是一所著名的现代普通学校，他们以孔子"己立立人，己达达人"为学校奉行的教育哲学。该校校长认为，这一原则体现了现代商业竞争的"互赢"原则，在学校也很适用。他认为，就教师教学而言，如欲"立己"，必先从学生出发，只有先"立人"，方可实现自己的教育目标，成就"立己"之初衷。

综上所述，孔子提出的互利主义的原则，具有现代德育所要求的"协调个人与社会利益的功能"，体现了"道德义务与道德权利相结合的特点"，具有现代价值。同时也为我们实施道德教育提供了夯实道德基础的宝贵思路，可以帮助我们的学生构筑起崇高的人生大厦！

第三节　协调竞争与合作的教育②

在人际交往与交友活动中，离不开竞争与合作。孔子倡导的教育注重协调竞争与合作，这在世界进入全球化的时代，格外凸显其高明与智慧。

（一）竞争的道德分析

改革开放使人们发现中国与发达国家的发展距离拉大了，我们面对的是一个

---

① 洛克：《人类理解论》上册，第 28 页，商务印书馆，1997 年版。
② 详见梅汝莉：《竞争与道德——如何对待培养竞争意识引发的道德冲突》，载《中小学管理》，1997 年第 7～8 期。

激烈竞争的国际环境，如不拼搏，中华民族就有被开除"球籍"的危险。社会主义市场经济出台以后，人们进一步发现生产和生活充满着竞争。学校教育开始反省：我们的学生竞争意识太差了，缺乏冒险精神。于是，培养竞争意识的教育逐渐受到广大教育工作者的重视，为学校教育增添了新的内容，也带来了活力。但是，我们还应当看到，培养竞争意识也引发了强烈的道德冲突。

所谓"竞争"，原意是"相互争胜"。争胜，必然引导人们自我关注，设法以己之长胜人之短，这就与谦让、在利益面前先人后己的道德要求相冲突。优胜劣汰是竞争不可动摇的法则，它在本质上与"宽容"、帮助弱者的原则相悖。近代社会的商业竞争，无不表现为"大鱼吃小鱼"、弱肉强食。至于不公平、不正当的竞争中，更是充满着尔虞我诈和各种罪恶。我们的教育需要培养竞争意识，但是又不能不正视竞争引发的道德冲突。如何树立正确的竞争观，如何有效地培养竞争意识，这是摆在我们每个教育工作者面前不可回避的责任。在激烈的竞争面前，孔子的教育思想还有意义吗？这不能不受到人们的质疑。

（二）如何培养竞争意识

明确"谁竞争"和"为什么竞争"。这是培养竞争意识必须正面回答的两个重要问题，前者关乎竞争的主体，后者则是竞争的目标。

西方国家的价值观体系，决定了他们倡导的竞争主体是个人，竞争的目标则是最大限度地获取个人利益。个人争胜与个人奋斗密不可分，在历史上，曾经推进人的自我开发和个性的发展，但也带来许多破坏性的社会问题。中国的传统则不然，在孔子倡导"和为贵"思想的影响下，认为只有上下一心、犹如"吴越同舟"的合作精神，才是取胜之道。至近代，在这种传统思想的影响下，众多倡导竞争意识的有识之士，都能从中国备受列强欺凌的实际出发，大力提倡以国家、民族自救为目标的竞争意识，提出了"强我中华"的响亮口号。这种教育发挥了对外"争胜"、对内凝聚的双向作用。这可从流行于民国初年的《童子军歌》中窥其一斑。歌词警醒国人道："大陆蛇龙起"，"虎视鹰瞵"，"国其危兮"！号召儿童与帝国主义抗争应当"心肝虽小血自热，头颅虽小胆不惊"；对祖国则应做到"爱吾国兮如身，爱吾群兮如亲"，要立志为国家民族"共谋立足地"！这正是孔孟强调的家国一体思想在近代的重现。在19世纪与20世纪之交，先进的中国志士曾呐喊："20世纪天演争，安能存？"100年过去了，这种以国家民族为主体的竞争意识，旨在反抗帝国主义列强、争取民族独立与解放的竞争意识，推进了社会的进步，造就了无数中华英豪。今天，我国面临21世纪的"天演争"，应当以马克思主义唯物史观为指导，批判地总结历史经验，树立更为科学的竞争观。对竞争的主体，应坚持个人与群体辩证统一的观点；对竞争的目标，在肯定为合理的个人利益竞争的同时，更应鼓励并大力提倡为国家、民族及社会整体发展开展竞争和拼搏。

提高竞争力应立足于发展自我。儒家经典《周易》曰："天行健，君子以自强不息。"① 大力提倡自强不息的精神。《孟子·离娄上》托孔子之言，从反面论证了竞争的失败者多有内在的原因。他说："人必自侮，然后人侮之；家必自毁，而后人毁之；国必自伐，而后人伐之。"这与内因是事物变化根据的思想是一致的。近代教育家以中国特有的文化传统为指导，在培养学生竞争意识时，同样教诲他们应当立足于"自强"，提出"自修以止谤，力行以雪耻"的训育誓词，发展了"自强者胜"的观点。今天我们更应当教育学生，立自强之志，战胜自我，超越自我，为国家创造更大的辉煌！

增强竞争力，兼采众长。近代思想家康有为以孔子"仁学"为旗帜，用托古改制的手法，引用《春秋董氏学》，阐述了兼采众长以发展自我的道理，他说："天积众精以自刚，圣人积众贤以自强……天所以刚者，非一精之力；圣人所以强者，非一贤之德也。故天道务盛其精，圣人务众其贤。"② "积众贤以自强"的观点，就思想方法而言，"自强"与"众贤"，虽然为矛盾的对立面，但是，孔子的和谐观并不认为它们是"非此即彼"的决然对立，相反倒认为"自强"和"众贤"是相互依存、相互转化的。越是要发展自我，就越应该向他人学习。只有"兼容并包"者，才能成其大。我们在进行竞争意识培养时，如果能以此为指导，将在很大程度上克服西方竞争意识引发的道德冲突。特别是对独生子女，更应注意使他们在树立自立自强观念时，不要走到自我奋斗的误区中去。教育他们懂得"积众贤以自强"的道理，将大有裨益。

培养忧患意识，进行意志锻炼。孔子告诫人们，人无远虑，必有近忧，倡导了培养忧患意识的教育。后世儒者进一步指出："生于忧患，死于安乐。"警示

---

① 《周易·乾》。

② 康有为：《春秋董氏学·春秋微言大义·任贤》。

人们要"居安思危"。就民族群体而言，忧患意识是民族自强的动力；就个人而言，忧国忧民是高度社会责任心的表现。忧患意识是我国古代知识分子的优良传统，他们"位卑未敢忘忧国"，以天下为己任，表现了深沉的爱国情怀。从竞争意识的角度分析，忧患意识体现了一个人的进取精神，是不满足现状、不苟安现状的心态。它是建立在"穷则变，变则通，通则久"① 观念基础之上的。忧患意识可以帮助人们识变、思变，发现机遇，应时而变，推动社会的进步与发展。历史经验告诉人们，教育不仅应当发挥适应社会的功能，更应当肩负改造社会、促进社会发展的责任。在培养学生竞争意识时，注意忧患意识的教育，将会增强他们的社会责任心、历史使命感，提升其竞争力。从某种意义上说，坚强的意志是抗竞争之矛，合作意识是抗竞争之盾，二者缺一不可。教育人们不能只讲竞争不讲和谐，**竞争与合作，是可以兼容并包的，这就是孔夫子倡导的东方智慧！**

（三）把握时代精神，培养合作能力

1989 年，联合国教科文组织发表了《学会关心》的报告，明确提出："21 世纪的教育哲学观需要强调一种全球合作精神。"报告还提到，21 世纪全球经济、政治的发展道路不能靠后凯恩斯主义，也不能靠保守主义，而是"需要一条以关心所有人为基础的新道路"。近来的世界性的金融危机证明了这一论断的正确性。

1996 年联合国教科文组织 21 世纪委员会提交的报告，题为《教育——财富蕴藏其中》（教育科学出版社，1996 版），提出教育的四大支柱，"学会共同生活，学会与他人一起生活"，是为一大支柱。报告郑重指出："普遍的竞争气氛已成为各国内部，尤其是国际上经济活动的特点，它愈来愈突出竞争精神和个人的成功。"报告在分析的基础上，对激烈的竞争提出了严重的警告：这种竞争现在终于导致无情的经济战争，导致贫富之间的紧张关系，从而造成各国和整个世界的分裂；这种竞争也激化了历史上存在的敌对情绪。教育有时因为对竞赛概念的解释不正确而有助于这种气氛存在下去，这是令人遗憾的。

这一报告反映了世界众多有识之士竞争观念的变化，不再一味地肯定竞争，不主张把竞争绝对化，认为建立在个人主义基础上的竞争，对人类的发展极为有

---

① 《周易·系辞下》。

害。故将教学生"学会共同生活",作为 21 世纪教育的重要任务。为完成这一任务,报告提出两项要求:其一,必须教育学生"发现他人",目的在于使之具有一种能力,即"……应付人与人之间、群体之间、民族之间不可避免地出现的紧张关系的能力"。通俗地说,就是要培养学生具有与竞争相对的"协调"能力。报告将"协调"视为"竞争"不可缺少的补充,是很有见地的。其二,必须教育学生"为实现共同目标而努力",强调了群体精神和合作态度与修养的重要性。"合作"与"协调"一样,是与竞争相对的行为。报告倡导协调与合作,使之与竞争相平衡,与孔子倡导的"和合"观念颇为接近。从联合国教科文组织迎接 21 世纪发表的一系列报告中,不难看出我们正处在竞争与合作、协调共存的时代。正确培养学生的竞争意识,必须把握这一时代精神,决不能片面强调竞争而忽视了合作与协调。我国作为后发性的现代化国家,教育负有加快速度赶超世界发达国家的使命,我们不能淡化竞争,又须克服西方国家自发竞争的弊病,这就需要汲取历史的经验,认真研究如何正确地培养竞争意识。当竞争与谦让、宽恕,竞争与合作、和谐等美德发生冲突时,应教育学生掌握正确的价值标准。竞争与否,怎样竞争,当看其是否有利于发展社会主义的生产力,是否有利于增强社会主义国家的综合实力,是否有利于提高人民的生活水平。总之,必须教育学生树立正确的价值观念,只有这样,才能恰当地处理竞争引发的道德冲突,创造一个竞争与合作、竞争与协调和谐并进的局面,适应 21 世纪发展的要求。

我国政府在 2007 年向世界各国提出了加强全球合作精神的号召,并倡导构建和谐社会。2008 年出现的全球性金融危机,再一次显示了孔子等贤哲培育的"和合"文化传统,是解救人类于危难之中不可或缺的卓越智慧。

第四节　交友与做人

——交友的作用

孔子善于交友,使他见闻广博,得到各方人士的帮助,以布衣之身周游列国,而且能够上下圆通,传播他的政见和学术思想。他广收门徒,并实施了交往和交友之教,促进了他们的成长,成就了中华民族辉煌的文化教育事业。

（一）以文会友，以友辅仁

孔子教育的核心，是教人做人。它包括两个方面，一是"修己"，一是"善群"。"修己"的目的是为了"善群"，而"善群"又包含齐家、治国和平天下，而这些任务的完成，都建立在正确处理个人与他人关系基础之上。孔子曾说："德不孤，必有邻。"① 对这句话历来至少有两种解释：一是指孔子认为一个人不能"独修成德"，必须求助于师友的帮助；一是指有德之人即使处在乱世，也不是孤独的，必然会有师友同道，相互呼应，携手并进。总之，孔子已经认识到，修德成才绝非个人私事，属于社会行为，与交友至关密切。孔子的得意门生曾子，深通孔子思想的要旨，他说："君子以文会友，以友辅仁。"② 指出君子都注重与朋友共同研习礼乐文章，以增进学问；还注重与朋友相互辅助、劝勉，以共进于仁道。并告诫人们，君子的成长，其道德学问都离不开友人的相互帮助。

孔子之后的思孟学派，在《礼记·学记》中，将"观摩"列为教学的重要原则之一，提出"相观而善之谓摩"，要求学生互相观摩并学习他人的长处，做到切磋琢磨。《学记》又从反面论述道："独学而无友，则孤陋而寡闻；燕朋（轻慢的朋友）逆其师，燕僻（'辟'，通'譬'，即轻慢老师的比喻，认为太浅）废其学。"意思是说，不和同窗的朋友一起研讨、切磋琢磨，便会陷入孤单落寞之中，而缺少见闻。如果结交不正当的朋友，还会导致轻慢和违背师长的教诲，沾染不良的习惯，最终荒废了自己的学业。

《学记》的视学制度，将"敬业乐群"列为学生第一年的考评标准。"敬业"是指学生是否专心学习；"乐群"是指学生与周围的人是否和睦相处。"敬业"与"乐群"相配合，可以发挥相资以长的作用。因为，一个学生如果能够专心于学习，不仅仅需要内在的动力，也需要外在和谐的环境。反过来说，几乎凡是"乐群"者，即生活在一个感到人际舒畅的学校环境中的学生，一般都"乐学"。"敬业"与"乐群"相配搭，是十分恰当的，大大深化了交友之道的价值观念。

---

① 《论语·里仁》。
② 《论语·颜渊》。

（二）获得"一面精神上的镜子"

马克思认为："人不仅通过思维，而且以全部感觉在对象世界中肯定自己。"① 也就是说，只有把人放在实践活动中去，才能理解世界，不仅仅是理解人所生活的世界，而且能够获得自我认识的"一面精神上的镜子"。孔子质朴地感到，人认识自我，是在"人与人"的相互交往过程中实现的。孔子曾经教育学生应当"以人为镜"，用以促进有效的自省自克。他主张律己严，待人宽，所谓"躬自厚而薄责于人，则怨远矣"②。这是一个协调人我矛盾的可行原则，它有利于人际关系的和睦，社会的安定。尽管孔子所说的人与我都是具体的、历史的，但是不应忽视其中包含的社会道德的普遍性，诚如孔子所言，严以律己，宽以待人，可以取得"怨远矣"的效果，这不是教人圆滑，而是教人善于协调人与人之间的矛盾，改善相互之间的关系。

孔子学贯古今，他敬佩舜善与人同，善于向他人学习的精神，并以舜的历史传说教诲弟子。据说，舜居住在深山之中，与木石同居，与鹿豕同游，一旦听到一则"善言"，欢欣得"沛然若决江河"。因此，《礼记·中庸》称赞他："舜善与人同，乐取于人以为善。"孔子弘扬古人这种"善与人同"、"乐取于人"的虚心好学精神，借以引导和启发学生，取人之长，补己之短，虚心好学，做到学无常师。他曾说："三人行，必有我师焉。择其善者而从之，其不善者而改之。"③这句名言，经常被用来说明孔子倡导"学无定师"的民主精神。其实，还应认识到，孔子十分重视培养学生善于观察他人的能力，也就是希望学生能够以他人的言行作为自我反省的镜子。孔子教诲学生以他人为镜，绝不是机械地模仿，而是择善而从。更为可贵的是，要以他人的过失警示自己，提高判断是非的能力。以人为镜的自省能力，不仅需要具有判断力，还需要有虚怀若谷的心态，他告诫弟子说："见贤思齐焉，见不贤而内自省也。"④ 不耻笑他人的过失，不幸灾乐祸，还能以此为戒，这种气度和胸襟，才是能够成就大事的君子风度。

孟子继承并发展了孔子严于律己的思想，提出了"反求诸己"的修养原则。

---

① 《马克思恩格斯全集》第 42 卷，第 125 页，人民出版社，1979 年版。
② 《论语·卫灵公》。
③ 《论语·述而》。
④ 《论语·里仁》。

他说："爱人不亲，反其仁；治人不治，反其智；礼人不答，反其敬。行有不得，皆反求诸己。"① 这是说，如果对人关爱却未能获得人家的亲近，那就应该反身思考自己的仁德修养是否"到位"；如果对人实施管理却达不到顺治的效果，那就应该反身思考自己的智能水平是否足以胜任肩负的任务；如果自己觉得待人很有礼貌人家却不理会，那就应该反身思考自己待人是否真正做到了应有的敬重。总之，自己的行为没有达到理想的效果，就应反身自求，进行反省。孟子提出的"反求诸己"的修养原则，不仅体现了严于律己的精神，更为可贵的是，以行为实践的效果作为进一步认识自我的依据，是十分明智的做法，它将引导人们在待人接物中不怨天，不尤人，努力自强不息进行自我超越。

后世的唐太宗，继承孔子之教，在怀念魏徵时说道："以人为镜可以知得失。"现代认知心理学公认，人的认知能力是在与环境相互作用中提高的，自我认识能力的提高更不能离开与他人的交往，善于学习他人的长处，克服他人的短处，是提高自我认识水平，亦即提高自省能力不可或缺的一个重要途经。这也说明，孔子认为自我认识、自我评价，离不开与他人的比较和对照，这种修养方法显然不是封闭式的，将其称为"闭门思过"是不恰当的。相反，孔子认为善于与人交往、交友，可以获得认识自己的一面重要的精神镜子。

（三）培养积极向善、敬贤的情怀

虚心向他人学习，是交友的首要条件。什么人具有虚心学习的需要呢？只有具有积极向善、敬贤心态的人，才会产生虚心向他人学习的动力。《论语·学而》篇中有一句耐人寻味且有争议的话，即"贤贤易色"。有人将"色"理解为"女色"，说一个人如果敬重贤哲之人，就像爱好女色一样，那么这个人就是一个有道德的人。南怀瑾先生对此持有异议，他认为这是说君子见到修养高深的人，就会产生肃然起敬的心情，表现出感佩敬重的神态来。这是一个人具有向善、敬贤、虚心学习心态的体现，这才可能结交到有益的朋友②。这两种对"色"的解释虽截然不同，不过，都认为君子是具有向善、敬贤之心的人。也只有具有这种心态，才能虚心发现他人的长处，结交有益的朋友。所以，交友之

---

① 《孟子·离娄上》。

② 详见南怀瑾：《论语别裁》（上），第28～29页，复旦大学出版社，1991年版。

道，首先必须解决一个人处世态度的问题。孔子高度评价善于交友对形成有志之士的深刻影响，他明确指出：读书人有直言劝谏的朋友，就不会做不合道义的事情（"士有争〔诤〕友，不行不义"①）。

孔子深刻认识与人相交对人发展的重要影响，而影响的好坏，完全取决于本人处世的态度。只有积极向善的人，才能从益友身上不断获取进步的营养。由此，他能根据弟子交往的情况，预测他们的未来。《孔子家语》曾经记载：

> 孔子曰："吾死之后，则商也日益，赐也日损。"曾子曰："何谓也？"子曰："商也好与贤己者处，赐也好说不若己者。不知其子视其父，不知其人视其友，不知其君视其所使，不知其地视其草木。故曰与善人居，如入芝兰之室，久而不闻其香，即与之化矣。与不善人居，如入鲍鱼之肆，久而不闻其臭，亦与之化矣。丹之所藏者赤，漆之所藏者黑，是以君子必慎其所与处者焉！"②

孔子说："我死之后，子夏的学问会逐渐增加，子贡的学问会逐渐减少。"曾参不解地问："您为什么这样说呢？"孔子说："子夏喜欢与比自己贤能的人相处，子贡喜欢取悦于不如自己的人。不了解儿子，就看他的父亲；不了解这个人，就看看他的朋友；不了解君主，就看看他任命的大臣；不了解土地，就看看草木在上面的生长情况。所以说，和好人相处，就像进入有香草的屋子里，时间一长就闻不到香气，就是自己已经消融于其中，与之同化了；和不好的人相处，就好像进入咸鱼铺子，时间一长就闻不到臭味，也是与之同化了。用来装丹砂的容器会变成红色，用来装漆器的容器会变成黑色。因此君子一定要谨慎地选择与自己相处的人。"孔子这是告诉人们"近朱者赤，近墨者黑"的道理，提醒人们一定要慎重地选择与之相处的人，而只有积极向善的人，才能选择贤能者为友。

孔子正是鼓励学生在交友过程中，培养自己积极向善、敬贤的情怀。孟子十分赞同孔子的见解，告诫人们，应当"善与人同，舍己从人，乐取于人以为善"③。孔孟正是借助交往与交友的教育，帮助学生提高向善、敬贤、虚心学习的品质。

---

① 《孔子家语·三恕》。
② 《孔子家语·六本》。
③ 《孟子·公孙丑上》。

第五节　交往与交友的原则与艺术

（一）交往与交友的原则

以"仁德"为指导。孔子认为，交友是推行仁德的重要方面，因此，成功的交友之道，在于以"仁德"为本，应当处处体现善意、尊重、宽容、谦逊、有礼、温文尔雅。孔子阐述过这些交友原则，他说："夫温良者，仁之本也；慎敬者，仁之地也；宽裕者，仁之作也；动作逊接者，仁之能也；礼节者，仁之貌也；言谈者，仁之文也……其尊让有如此者。"① 也就是说，待人温和善良是行仁的根本；待人恭敬谨慎是行仁的基础；待人宽容是行仁的出发点；待人谦逊亲切是体现行仁的功能；待人注重礼节是行仁的外貌；待人言谈举止得体是行仁的文饰……总之，儒者交友均应抱仁而行，载德而处，以仁德为指导。孔子在《孔子家语》中，概括阐述了儒者的交友之道，他说："儒有合志同方，营道同术。并立则乐，相下不厌。就（久）别则闻流言不信。义同而进，不同而退，其交有如此者。"② 指出，儒者交友，要有相同的志趣追求，研究真理有一致的思维方法。对彼此有建树都感到快乐，不得志时，互相也不厌恶。彼此长期不见面，听到流言，也不会相信。志向相同就保持友谊，志向不同就分手。说明儒者交友是建立在道义相同基础之上的，即以仁德为指导，这样才能共享行仁尽义的幸福，经得起人生境遇浮沉的考验。孔子在深入察人观世的基础上，告诉人们：有的人可以与其共同学习研究学问，但是却不能与其一起去追求道义，有的人可以与其共同追求道义，但是未必能够共同经受世态变化的考验，做到"强力而不反"，因为这样的人在变化多端的时代里，缺乏权衡轻重的处世能力，当然就很难有效地行仁施义于天下了。（"可与共学，未可与适道；可与适道，未可与立；可与立，未可与权"③）孔子交友以仁德为指导，含义是很深刻的。"仁"主要是指爱人之心，"德"在古代与"得到"的"得"同义，交友既要情投意合，更要

---

① 《孔子家语·儒行》。
② 《孔子家语·儒行》。
③ 《论语·子罕》。

有益于推行道义，没有"权变"的道德智慧是不行的。这正是孔子视智、仁、勇为和谐人格的思想，在交友之道中的体现。

真情实意。以仁义为指导，必然注重交友时礼尚往来的情义。据《论语·乡党》记载："朋友死，无所归。曰：'于我殡。'朋友之馈，虽车马，非祭肉，不拜。"孔子讲，有朋友将死，其人没有归处，就迎之而来，并说："病中就在我处寄居，死了就在我处停柩吧！"表明他待朋友十分重情义，病与死这种繁难之事，他都热心地承担。朋友之交有通财之义，当有的朋友馈赠孔子贵重的车和马时，他不予拜谢，而当有人送给他祭肉时，他倒郑重地加以拜谢。子路对此十分不解，就问老师，祭肉是用瓦罐这样粗陋的器皿煮出来的微薄的食品，夫子您为什么要拜谢呢？言外之意，朋友送给你车和马如此贵重的礼物，你却不拜谢，傻不傻呀！朱熹在注释中阐述道："朋友有通财之义，古车马之重不拜，祭肉则拜者，尊其祖考，同于己亲。"朱熹认为孔子知道祭肉是奉献给祖考的，但凡把祭肉赠送给他，意味着把他视为自己的亲人，这当然应当拜谢。可知，孔子对朋友的通财之义，是以真情实意为重的，而不以钱财的多寡为重。在功利主义泛滥之际，孔子之举，是很值得体味和学习的。故而当今也有人说出"情义无价"的话，道出了金钱难买真情的现实，表达了人们珍惜情义的心声！

忠信为本。待人"忠信"是交友的根本原则，孔子与弟子们畅谈个人的理想时，子路谈及他的交友观，十分豪爽，很有气魄地说："愿车马、衣轻裘，与朋友共。敝之而无憾。"意思是说，凡是朋友，衣、食、住、行都共同享用，用坏了拉倒！子路问孔子的理想，孔子说："老者安之，朋友信之，少者怀之。"[①]朋友之间讲信用，是他追求的人间理想境界之一，突出了忠信乃是交友之本的思想。在孔子的教育下，孔门弟子也遵循这一交友原则，曾参每日三省，必定反省"与朋友交而不信乎"[②]。"信"即信实可靠的意思，这一概念经常与忠诚相连用，例如孔子认为君子为人必须"主忠信"[③]，即以"忠信为主"。他最痛恶不忠不信的人，斥之为可耻之徒。

孔子倡导交往和交友要讲求信用，而且做事也要讲信用，言行必须一致。在

---

① 《论语·公冶长》。

② 《论语·学而》。

③ 《论语·学而》。

这种理念的影响下，中华民族形成了"一诺千金"的格言、警语。而忠信为本的思想不仅成为交往和交友的原则，对净化社会空气，形成良好的民风，发挥了积极作用。

"让你的敌人都相信你"。不仅人与人之间的精神交往需要忠信，物质交往同样需要忠信。当下，人们更是期盼市场经济能够奉行童叟无欺的诚信之道。有人误解，以为"诚信"只是对消费者有利，对经营者无利。其实不然，健康的市场经济恰恰是建立在诚信基础之上的，诚信能够带来"商机"。香港大企业家李嘉诚成功的要诀是"让你的敌人都相信你"，下面就是他关于商业交往中诚信原则的阐述：

> 有人问我做人成功的要诀为何，我认为做人成功的重要条件是，让你的敌人都相信你。要做到这样，第一是诚信。我答应的事，明知吃亏都会去做，这样一来，人家说，在商业交往上，我答应的事，比签合约还有用。
>
> 曾经，我有个对手，人家问他："李嘉诚可靠吗？"他说："他讲过的话，就算对自己不利，他还是按诺言照做，这是他的优点。"答应人家的事，即使自己吃亏还是照做。让敌人相信你，你就成功了。
>
> 举个例子，有一次，我们将和一家拥有大量土地的公司进行合作，他们公司有个董事跟其他同业是好朋友，有利益关系，就问他为什么要跟长江集团合作，不考虑其他公司。他们主席（指董事长）说："跟李嘉诚合作，合约签好以后你就高枕无忧了，麻烦事就没有了；跟其他人合作，合约签好后，麻烦才开始。"
>
> 这次合作，长江集团赚了很多钱，对方也赚了很多钱，是双赢。
>
> 敌人相信你，不单是因为你诚信，还因为他相信你不会伤害他。例如我是他的竞争对手，他相信我不会伤害他，不会用不正当的手段来得到任何东西，或是伤害任何一个人。……①

物质交往，通财之义，遵循诚信的原则，才能保证"双赢"。"诚信"是市场伦理不可或缺的内容，是物质交往的重要原则。

---

① 转引自《读者》，2008 年第 10 期。

善交益友。孔子告诫弟子要学会选择朋友,他说:"益者三友,损者三友:友直,友谅,友多闻,益矣;友便辟,友善柔,友便佞,损矣。"[①] 朋友对个人影响而言,可以分为两大类:一类为"益友",一类为"损友"。"益友"有三种:第一是"友直",就是讲真话的正直的人。这种朋友为人真诚、坦荡、刚正不阿,他可以在你怯懦时给你勇气,在你犹豫不决时给你果决。第二是"友谅",个性宽厚的人,为人诚恳,不作伪。与这样的朋友交往,我们内心是安稳的,精神能得到一种净化和升华。第三种是"友多闻",就是友人见多识广。结交一个"多闻"的朋友,可以从他的学识经验里,得到对自己有益的借鉴。"损友"也有三种:第一是"友便辟",这是指专门喜欢谄媚逢迎、溜须拍马的人。和这种人交朋友,往往会使人感到愉快,但是,却会误导人失去了基本的自省能力,与这种人交友,必然招致灾难。第二种是"友善柔",是指"工于媚说"的人,也就是今人常说的"两面派"。与这种人交友是十分危险的,因为他们是真正阴险的小人,稍有不慎,就会遭其陷害。第三种是"友便佞",便佞,指的就是言过其实、夸夸其谈。孔夫子从来就非常反感巧言令色的人,这种人与"友多闻"正相反,没有真才实学,与之交往,难以获得教益。

孔子关于益者三友和损者三友的论述,是他的经验之谈,十分切合人生的实际,产生了历史性的影响,以至成为重要的传统教育内容。《礼记·学记》将"论学取友"列为评价学校教育的一项标准。"论学"是指学生是否具有研究学问的本领;"取友"是指学生是否具有识别朋友的能力。"论学"与"取友"相搭配,这是在暗示人们不是什么人都适合在一起讨论学问的。要"论学"必须学会正确"取友"。反之,"取友"的目的旨在"论学",促进彼此进德成才。《学记》教学与视学原则的提出和实施,对儒家交友之道的传播,起到了推波助澜的作用,它曾促进我国古代太学形成问难论辩的良好学风,还促成后世书院"讲会制"的形成,这是世界古代教育史所仅见的优秀教育制度。与此同时,也促进了中华民族"交友文化"的形成。

(二)交友的艺术

李白曾经发出过难觅知己的感叹,自嘲地说:"古来圣贤皆寂寞。"鲁迅先

---

① 《论语·季氏》。

生赠给瞿秋白之辞曰:"人生得一知己足矣,斯世,当同怀视之。"意思是说只要有一个充分理解自己的真朋友就可以了。在艰难困苦之中,心灵深处的纽带牢固地连在一起,患难相扶。而且要把自己的知己看做自己的同胞兄弟一样,爱人如爱己,充分表达了对真诚友谊的珍惜之情。孔子深知交友不易,经常与弟子们谈交友的艺术,启迪他们待人接物的智慧,如他一样能够享受"有朋自远方来"的快乐。

交友何能"久而敬之"? 孔子积极倡导交友之道,并不限于个人感情的需要和自我修养的进步,它更包含着社会责任感在内。所以,他认为只有温柔敦厚而不愚的人,在待人接物时,才能对他人和社会发挥积极的作用。因为这种人能够包容他人的错误、原谅他人的过失,更能以自己的真诚渐渐感化他人,帮助他人改正错误。这是仁德之心在交友上的表现。与这种人交友才能做到全始全终,以至地久天长。孔子曾为弟子们举例说:"晏平仲善与人交,久而敬之。"[1] 晏平仲,是春秋时期齐国的大夫,名婴,字仲,谥号为平,故后人称其晏平仲。是一位大政治家,尊称晏子。晏子交友,相处久了,却能敬爱如新,所以孔子称赞他"善与人交"。一般的人交友,时间一长,往往敬意就会衰减,甚至于好朋友会变成冤家对头,结果"相识满天下,知心能几人"。这是因为,交友之初,一般人只看重友人可取之处,常常"敬重"有加。但是,人无"完人",相处时间一长,会更深入地了解友人的各个方面,能否"久而敬之",这既是对交友者"识人"和交往能力的考验,也是对其是否珍惜友情和有无宽容心态的考验。

晏平仲之所以能够做到交友"久而敬之",这和他对事物有着深刻认识分不开。晏婴曾在齐灵公、庄公、景公三朝为相,可谓"三朝元老"。仅此就足以表明他善与人交。究其原因,在于他深通"和同之别",会协调人际关系。据《左传二十年》记载,齐景公曾经向晏子询问:"和"就是"同"吗?所谓"和"即"和谐","同"即"相同"。晏子明确回答二者是不一样的。他以烹饪为例说:就像做肉羹,用水、火、醋、酱、盐、梅来烹调鱼和肉,用柴火烧煮。厨工调配味道,使各种味道恰到好处(这就是"和谐");味道不够就增加调料,味道太重就减少调料(这就是协调)。君子吃了这种肉羹,有助于平和心性。"同"可不是这样的(它是相同事物的聚合)。晏子还拿做汤为例告诉齐景公,如果做汤

---

[1] 《论语·公冶长》。

仅仅是用水来调和水，谁能喝得下这种汤呢？深入浅出地揭示了"和"与"同"的差别。接着，晏子联系君臣关系深入进行阐述，他指出，如果国君认为可以的事，而其中包含了不可以为的事，臣下进言指出不可以为，并加以纠正，这样就可以使决策更加完备；反之，如果国君认为不可以为的事，而其中包含了可以为的因素，臣下进言指出其中可以为的，并去掉不可以为的，这就是君臣关系的"和"。国君照此处理政事，既平和又不会违背礼制，百姓也不会生争斗之心。晏子引经据典告诫齐景公要善于听取不同的谏言，不要只喜欢听阿谀奉承的话，这样才能使政事无误，国泰民安。反复强调了君臣关系和谐的重要性。

晏子对"和同差异"的见解，孔子完全认同，故而教诲弟子们应当学习晏平仲善与人交的智慧与艺术，并提出了"君子和而不同，小人同而不和"[①] 的著名论断，成为古代有识之士待人接物、处理交往及君臣关系等事务的重要指导思想。承认差异，能够求同存异，才能做到善与人交，以至"久而敬之"。交友能够"久而敬之"，孔子认为关键在于能够"与人交，推其长者，违其短者故能久也。"[②] 也就是说，与人交往，要看重他的长处，避开他的短处，这样才能长久地交往下去。后世将"推其长者，违其短者"视为交友的重要原则。

谨防一厢情愿，学会"以直抱怨"。交往与交友，是人与人之间的"双向"或"多项"的关系，不可一厢情愿。有一天，子贡向孔子讨教如何交友。孔子告诉子贡说，朋友有不是之处，应当尽我们的忠心劝勉他、诱导他，但是如果他不听，没有办法，也就不要勉强，应当适可而止。如果过分了，反而会受辱，甚至连朋友的交情都会失去，成为冤家对头。（子曰："忠告而善道之，不可则止，毋自辱焉。"[③]）这说明孔子深知交友不易，一方面，既然是朋友，发现其人有不是之处，就负有规劝的道德责任；但是另一方面，不能因为是朋友，就可以无所顾忌，仍然需要尊重对方。所谓劝勉不成就适可而止，正是尊重朋友、不强加于人的表现。而一般的人常常犯"爱之深，恨之切"的错误。人类的交友活动包含丰富的情感在内，正鉴于此，更需要理性精神加以呵护，谨防一厢情愿要求朋友或知己。孔子主张对朋友负责任应当与尊重和自重相结合，不可主观从事，这

---

① 《论语·子路》。
② 《孔子家语·致思》。
③ 《论语·颜渊》。

是交友的重要艺术。

《论语·学而》曾记载孔子所言："无友不如己者。"① 这句话引起了长期的争议，有人认为这表明孔子交友很挑剔，甚至很势利，不结交不如自己的朋友。台湾研究《论语》的学者傅配荣先生则认为"无友不如己者"，此句中的"无"字，犹如"毋"字，意思是，不要自以为高明认为朋友都不如自己。有道德修养的君子，应当懂得世界上的人聪明智慧的差异并不很大，只有自重并尊重他人，才能结交到有益的朋友。孔子这句话，也包含交友应当志趣一致，差别不应太大，太大了，就没有共同语言，当然就很难建立友情了。

孔子注重交往和交友，要有积极向善、敬贤的情怀。但是，又必须讲原则。忍让、谦虚都要有限度。当时社会上流传"以德报怨"的说法，有人就问孔子："以德报怨，如何？"夫子回答说："那么，又如何报德呢？不如有怨以直报，有德以德报。"（或曰："以德报怨，何如？"子曰："何以报德？以直抱怨，以德报德。"②）孔子倡导人际交往时，应当奉行"直道"，"以德报德"和"以直抱怨"都是"直道"。"以德报德"这是明显的善行。但是，遇到不讲理的人或者恶人又该怎么办呢？孔子遵循仁者能爱人也能恶人的原则，认为施行仁德不能当"烂好人"，故指出，对于不知好歹的人，如果以德报怨（如基督教所言），就会让这种人继续施暴，而应当按原则说理办事。这是交往与交友智慧的又一表现。

在当下，社会上有些人把善良视为"好欺"，好人做了好事反而被人诬陷，得不到好报。按照孔子的教诲，做好事者，应当具有制服邪恶的本领，更应具有自我保护的能力。"害人之心，不可有；防人之心，不可无"。对恶人不妨采用"直道"，揭露之，晓喻之，不行，则应诉诸法律加以解决，只有这样，社会正气才能上升，社会才能和谐。交往与交友不可没有智慧，不可不讲求艺术！

第六节　交友之道对传统教育制度的影响
——中国古代的"导生制"

孔子的交友之道，倡导"以文会友"和"以友辅仁"，注重学生、伙伴之间

---

① 《论语·学而》。
② 《论语·宪问》。

的相互学习，这一思想，对中国古代的教育制度曾产生直接的影响，出现过"生生互教"性质的教学制度。例如，汉代太学问难论辩良好学风的形成和"导生制"的问世，以及后世书院"讲会制"的形成等等。对汉代太学问难论辩的学风与书院讲会制，中国教育史界都有详尽的论述，本书则仅就交友之道对"导生制"的影响，略加阐述。

"导生制"是学校的一种教学制度，是由教师选择一些年龄较大、成绩较优秀的学生，作为自己的助手，先向他们讲授教材内容，再让他们去教其他学生。19世纪时，"导生制"在英美等国颇为流行，欧洲人将其称为"倍尔—兰喀斯特制"，认为这是英国牧师倍尔（1753—1832年）和教师兰喀斯特（1778—1838年）所创立。如果以"导生制"的定义为依据的话，那么，中国古代在倍尔、兰喀斯特之前，已经出现了这种教学制度，最早可以追溯到汉代的太学。

汉代太学就曾实行由学习优长的学生负责教其他学生的制度，即导生制。实行这种制度，不仅解决了学生多教师少致使授课困难的矛盾，而且有助于促进学生相互切磋，相互鼓励，使学习优秀者更加努力上进，使学习后进者增加信心，奋力求学，迎头赶上。《后汉书·郭林宗传》就记有汉代太学生相互学习的生动史实。据说，太学生庾乘由于出身低下，讲论时，常就下座。但是，他学习出众，"诸生博士皆就仇问"。由于向他请教的学生很多，居然使得"下座为贵"。这段记载，使"相观而善"的教学情景跃然纸上，体现了不问门第、只求学问的可贵精神。尽管导生制由于导生的知识有限，有时难以保证教学质量，但是，它倡导的群学群育方式，可以大大调动学生的内在潜力，故为后世所沿用。如宋代白鹿洞书院，专设有堂长，而堂长通常选择年长学优的生徒充任。堂长不同于后世的"班长"，只是学生自治的管理者。古代著名书院的堂长，大多是学优德高的学生，他们经常协助大师讲学，很多堂长都是名副其实的"导生"。南宋朱熹（公元1130—1200年）在白鹿洞书院掌教时，曾聘杨日新为堂长，后来又有朱熹的门徒李燔、胡泳、黄义勇相继为堂长。直到明清时期，白鹿洞书院仍设有堂长制，所谓堂长实际上就是导生。

西方国家所主张的导生制，一般属于教师讲授的重要补充形式，后来多用于班级授课制。而我国古代的导生制却并不局限于此，它还运用于大师的讲学，这种导生制应称之为高级形态的导生制。例如，号称"朱学干城"的蔡元定和蔡沈父子，都是理学大师朱熹的弟子，他们的学术成就直接体现了朱学的特点和朱门教学活动的社会效应，故有"朱学干城"之谓。他们在朱门就学并讲学，是朱熹得力的助手。《宋元学案》曾说蔡元定"精识博文，同辈皆不能及"，朱熹讲授六经，蔡元定都能有独见。当时的讲学，不仅有老师对学生的启发，也有像蔡氏这样的学生对老师的启发。蔡氏尤其精通《易经》的"象数之学"，后来朱熹就让他起草《易学启蒙》，稿成后朱熹进行了"删润"，成书后被收入朱熹的名著之中。蔡沈也如其父，曾受命于朱熹，撰写《书经》的集传。蔡沈以老师朱熹原有关于《书经》的论说为基础，加以发展，书成之后，被列为"官书"。蔡氏父子在朱门是出众的"导生"，他们不仅继承了朱熹的理学成就，而且以自己的研究成果丰富发展了朱门的教育。朱熹为理学的集大成者，他在教育上侧重于道德之学，对自然科学涉猎少，讲授也少。蔡氏父子则在自然科学上都有精深的造诣。蔡元定长于天文、地理、乐数、兵阵之说。当代科技史家戴念祖先生考证，蔡元定曾进行过九进位制与十进位制之间的换算，他说："不同进位制之间的换算问题，一般都认为是从德国数学家莱布尼兹于 1701 年发现二进位制开始的。实际上，我国的律学家早在莱布尼兹之前百余年（朱载堉）或五百余年（蔡元定）就发现了不同进位的小数换算方法。"蔡沈在象数学上继承了邵雍先天图的运算方法，创立了九九图。以现代数学来分析，这属于矩阵数学的内容。不难看出，像蔡氏父子这样的导生，他们不仅帮助传授了其师朱熹的学说，而且丰富补充了朱门的教学内容。这种导生制，是"以文会友，以友辅仁"的成功体现，是我国传统教育中民主性的精华，与现代教育的合作教学是一致的，而且还更深刻，在今天仍然应当提倡和发扬。

孔子之后，"朋友有信"被列为"五伦"之一，为历朝历代所提倡。从蒙童开始，就教之以"交友投分，切磨箴规"[①]，意思是说，交朋友必须情义相托，既诚且信。平日学习时，应当切磋琢磨，相互勉励，精益求精；至于出现过错时，则应当讽喻规诫，相救以正。上有当政者倡导，下有蒙学教诲，交友之道很快深入人心，在民间得到广泛认同，出现了许多表述交友重要作用的俗语，例如"在家靠父母，出外靠朋友"、"远亲不如近邻"等，还将交友加以分类，告诫人们要善交益友，并编撰了众多脍炙人口的交友故事，形成了中华民族优秀的交友文化。

---

① 周兴嗣：《千字文》。

　　应当指出的是，儒家的交友之道与墨子、游侠关于交友的三种思想相结合，形成了中国古代社会根深蒂固的所谓"友道"，发展为后世的帮会这一特殊社会组织。这种社会组织的力量很大，善恶参半，如何进行研究和评价，这是另一个问题，在此不加论述。

第六章 成功改革教育内容之四

——从政管理之教

　　孔子主张"学而优则仕",故而,弟子们问政、师生研讨如何施政的内容十分丰富,各诸侯国的国君也经常向孔子咨询国政,他针对不同的情况,发表过诸多的政见,综合起来,形成了独具特色的从政管理之教,这是他人生实践教育的重要内容之一。孔子的从政治国之道,剔除直接为统治者服务的阶级性,其中有不少内容,属于领导与管理科学的范畴,孔子正是在这个意义上,创立了我国古代儒家学派的领导与管理思想。他的领导与管理思想,对中国封建社会形成所谓"超稳定"的社会结构,有着直接的作用,而且对东南亚等国也产生过深刻的影响,在当今的现代化进程中,东南亚地区不少国家的领导与管理,都有着与西方不尽相同的特点,创造了与西方国家不同的现代化管理模式。历史与现实都告诉我们,应当认真研究孔子创立的从政管理思想,及其相关的教育。

第一节　学习、研究孔子从政管理之教的意义

(一)"半部《论语》治天下"

　　北宋初年的宰相赵普是一位杰出的政治家,为后人留下了"半部《论语》治天下"这样振聋发聩的名言传世。

　　赵普原本是淮南滁州的一名乡村教师,曾为赵匡胤建立宋王朝立过汗马功

劳。宋朝建立后，赵普参与了一系列重大决策，又辅助宋太祖统一了南中国。到了宋乾德二年（公元 964 年），赵普被任命为宰相，晋封为韩王。宋朝总结五代纷争的教训，推行"兴文教，抑武事"的政策。宋太宗更是明确提出，要"与士大夫治天下"。君臣上下，注重文教蔚然成风。相形之下，赵普的学力明显跟不上时代发展的需要。《宋史》卷 256 本传记载："普少习吏事，寡学术。"太祖曾多次向赵普问及前朝制度，他都无以对答。赵普昔日不学无术的劣势也就更加明显地凸现出来，君臣们也越发认为赵普的学养不够了。据南宋罗大经《鹤林玉露》乙编卷一记载："赵普再相（即第二次为相），人言普山东人，所读者止《论语》……太宗尝以此语问普，普略不隐，对曰：'臣平生所知，诚不出此。昔以其半辅太祖定天下，今欲以其半辅陛下致太平。'"这就是赵普"半部《论语》治天下"这句话的出处。从赵普的回答中不难看出，这完全是一种牢骚不平之语，言外之意是说，我读书范围是不出《论语》一书，可我当年能够靠它帮太祖平定天下，现在仍然能够靠它辅佐陛下您把天下治理好。现今满腹经纶的文臣儒士遍布朝野，哪个又能有我的功劳大、能力强呢？——恐怕这就是这句话的真实含义。

现在的问题是，为何赵普的一句牢骚话会引起如此广泛的共鸣并传之久远？其一，与《论语》一书地位的提升有关。《论语》一书是孔子及其弟子的言行录，自战国初年成书以后，在儒家经典中并不占重要地位。从汉代到宋代，《论语》几次作为儒家典籍跻身"经书"之列。但是，即使同样是"经书"，也要依照篇幅长短划分等级，《论语》因其篇幅过短，只被看做是"小经"，所谓"小经"就是"大经"的辅助读物，而更多的时候，《论语》是被当做"经"之下的"传"或"记"来看待的。所以，《论语》一书长期作为妇女儿童启蒙课本使用，唐代墓志记载不少妇女居家"常读《论语》"，杜甫在其《最能行》一诗中写道："小儿学问止《论语》，大儿结束随商旅。"诗中讲的就是这种情况。《论语》地位的真正提高是在南宋时期。理学家朱熹把《礼记》中的《大学》、《中庸》两篇抽出，连同《论语》、《孟子》合称"四书"，并为之详作"集注"，影响深远，《论语》历史性地提升到"大经"的地位。到元明清三代，"四书"完全取代了"五经"，成为科举考试的必考内容，《论语》也成了士子必学之书，所以赵普这句话备受学子关注。

其二，儒家倡导"仕而优则学，学而优则仕"，要求学以致用，要求学为帝王师，主张"格君心之非"。南宋时期的事功学派坚守了这一点，赞赏"勃然有以拯民于涂炭之心"，主张以天下为己任。后世对这种天下意识得到了很好的继承，这正是中国古代知识分子的一大优点。所以，赵普的"治天下说"能够引起士人的强烈共鸣。

综观赵普个人的"功名事业"，可谓隆隆其始而未能克终，而他"半部《论语》治天下"这句牢骚不平之语，反倒成了"千古名言"！①

维新派的干城严复，在《救亡决论》中，讽刺封建统治者"从此天下事来，吾以半部《论语》治之足以，又何疑哉！又何难哉！"抨击封建统治者不思进取，独依赖孔子的《论语》为治国的指导思想。更为严重的是，以此取士，桎梏了官员和民众的思想智慧，"作秀才时无不能做之题，做宰相时自无不能做之事"。但是，仅从关于《论语》正反面作用的论述，也能表明孔子创立的领导管理思想在中国古代不可替代的地位。

（二）孔子与现代管理

随着东亚经济的崛起，特别是中国现代化的飞速发展，不少东方和西方的学者都在探讨儒家文化和现代化的关系，特别是它与现代管理的关系，孔子的"中庸之道"如何应用到现代管理中就是一例。有人认为，从复杂变化的情势中寻求合理的解决办法，就是"中庸"。日本人竹添光鸿把中庸解释为"合情、合理、合法"，即"中道管理"，也就是"合理化管理"。有人用 M 理论来代表中国人的管理之道。M 是"人"（man）"中庸"（medium）与"管理"（management）的字首。从字形看来，它左右均衡，切合"中"的特性。英文 26 个字母中，M 也正好居中，也正合"中庸之道"。1996 年 1 月 8 日，伦敦《金融时报》刊登文章《孔子规则》说，在今后 10 年美国将保持在亚洲的经济领先，但它可能会从该地区学到更有价值的社会课程，教训美国人应向亚洲学习。该文说："美国长期以来把自己看作是其他国家理所当然的模范。但是这个模范的角色现在遇到了挑战，这个挑战不是来自僵硬的欧洲，而是来自东亚。""美国如果鼓励美国人自愿地去采用一些孔子的教诲，其社会将会有莫大的受益。"看来，孔子的管理思想，正日益受到西方国家的重视，这揭示了它的普遍意义与现代价值。

---

① 详见《光明日报》，2007 年 1 月 18 日。

第二节　德治论

孔子管理思想的理论基础是"德治论"，它在一定程度上体现了以人为本的管理主张，属于古代民本主义的思想体系。

（一）民为邦本

人、事、物，是管理的三大要素。在这三者之中，孔子主张以人为中心，体现了中国古代特有的民本思想，这正是我国古代传统领导与管理民本精神的导源。孔子的民本思想，是对历史继承与发展的产物。据《尚书·夏书·五子之歌》记载："民为邦本，本固邦宁。"他对此深信不疑，并加以发扬光大。他认为，一个国家是这样，一个地区的管理也是这样，具体到一个行业、一个单位，也概莫能外。

孔子通过军事、经济和道德人心的比较研究，提出了"以人为本"的管理主张。据《论语·颜渊》记载，孔门高足子贡曾经向孔子请教治国之道，孔子对他说，应当发展生产，增强经济实力；要有充足的兵力，具有军事实力；更要取信于民，形成强大的政治实力。子贡是个有心人，希望夫子能将此三者排出一个序列来，以便知其轻重。孔子明确告诉他，治国平天下要把取信于民放在第一位，只要有百姓的支持，即使经济不景气到饿死人的地步，也可以渡过难关，所谓"自古皆有死，民无信不立"，极言得民心的重要。孔子的见地十分深刻高明，特引录这段对话，以飨读者。

　　子贡问政。子曰："足食，足兵，民信之矣。"子贡曰："必不得已而去，于斯三者何先？"曰："去兵。"子贡曰："必不得已而去，于斯二者何先？"曰："去食，自古皆有死，民无信不立。"

这段话不是说孔子不问民食和军事，而是表明他认为民心所向比军事和解决民生日用所需更为重要，至今仍然是我们贯彻"以人为本"思想的宝贵格言。孟子又继承和发展了孔子这一思想，明确剖析了人与天时、地利，在管理中的不同地位，他指出："天时不如地利，地利不如人和。"① 将"人"的因素放在物质、环境之上，是为至理之论。

（二）道德素养的领导力

以人为本的管理思想，就是以人的素质为管理之本，以德为本。孔子从方法论的角度创立了"德治论"，并且是我国历史上第一个将法治与德治进行比较研究的思想家。孔子所处时代还没有产生我们今天所说的法治思想，他那时的"法"即为"令"与"刑"。他认为用行政命令指导实施管理，采用刑罚来统一人们的言行，民众因为害怕触犯刑律，一般来说可能不去为非作歹；如果我们是以道德为指导，采用礼制来统一人们的言行，就可以使民众耻于为非，自觉地趋于正道。（"道之以政，齐之以刑，民免而无耻；道之以德，齐之以礼，有耻且格。"②）明确指出政令和刑罚仅能使人不敢为恶，但是，这种管理是强制性的"他律"，不如进行道德教育，启发人的自觉，这样可以产生强大的道德力量，使人耻于为非，可以收到强制管理难以收到的效果。不过，孔子并不是一概地反对刑罚，只是主张先教后杀。他说："不教而杀谓之虐，不戒视成谓之暴。"③ 体现了孔子关爱民众的人道主义精神，成为孟子"仁政"治国思想的先导。

孔子还指出，德治可以有效地形成群体的凝聚力，实施德治的领导者犹如"北辰"，在他周围有"众星拱之"。其著名的教育格言就是："为政以德，譬如北辰，居其所，而众星拱之。"④ 高度评价了统治者重视道德教化的社会作用，它可以使天下百姓如众星围绕北极星转一样，按照统治者的意愿去做。他希望通过道德教化，逐渐造成一个不为恶亦无讼的理想社会。正是从以德治国的思想出发，孔子极力主张开发民智，兴学育人。历代明主多将孔子的这一思想，视为长治久安之策，因而形成了注重道德教化的一贯传统。孟子曾从政治的角度进一步指出，能否得到众人的支持是政权巩固与否的关键，他说："得道者多助，失道者寡助。寡助之至，亲戚畔（叛离）之；多助之至，天下顺之。以天下之所顺，

---

① 《孟子·公孙丑下》。
② 《论语·为政》。
③ 《论语·尧曰》。
④ 《论语·为政》。

攻亲戚之所畔。故君子有不战，战，必胜矣！"① 孟子处于战国时代，所以他阐述德治的作用时，常以征战为例，指出多助者必然战胜寡助者，高度强调得人心对管理成败的重要性。得道多助，失道寡助，成为后世著名的管理格言。孟子还继承并发展了孔子德治论的民本精神，指出："民为贵，社稷次之，君为轻。"② "民贵君轻"的命题，体现了鲜明的"民本"思想，曾令西方百科全书派的首领伏尔泰惊叹不已。荀子继其后，引用古训，揭示了统治者和百姓是舟和水的关系。他说："君者，舟也；庶人者，水也。水则载舟，水则覆舟。"③ 因此，要想长治久安，就必须"平政爱民"，关爱民生。

孔子充分肯定道德教育的重要作用，甚至认为德治可以不事耕稼而有收获。他曾教训弟子樊迟说，只要统治者修德，即"上好礼，则民莫敢不敬；上好义，则民莫敢不服；上好信，则民莫敢不用情（说真话）"，就可以使"四方之民襁负其子而至矣，焉用稼"④。这是说德治比生产还重要。显然，这是道德第一的思想。孔子的"德治论"在历史上具有开创意义，但是又有明显的道德至上的局限，过分贬低了生产的作用，是不可取的。

（三）尚贤任能

孔子的德治论主张以人为本，有一个重要的特征，即以"尚贤任能"为实施领导与管理的基本路线。孔子一贯大力主张"举贤才"，他认为任用贤德之人治理国家，不仅事可治，而且还能影响整个社会风气，起到导向作用。他的弟子仲弓担任鲁国季氏宰时，专门向老师请教从政之方。孔子告诉他必须"举贤才"，让他们分担各项职事。仲弓又问怎么才能够得到贤才而举任他们呢。孔子说，只要你举你所知道的贤才，必然会产生以贤举贤的效果，你不知道的贤才，难道不可以依靠他人来举荐吗？⑤ 仲弓担任的季氏宰，在当时的鲁国是一个十分重要的职务，孔子希望通过仲弓来推行"举贤才"的政治改革。举贤才，不仅可以顺利地完成职事，更可以改善世风和吏治，孔子告诫樊迟说："举直措诸枉，

---

① 《孟子·公孙丑下》。
② 《孟子·尽心下》。
③ 《荀子·王制》。
④ 《论语·子路》。
⑤ 《论语·子路》。

能使枉者直。"意思是说，任用贤能的人当政，可以使邪恶的人趋向正道。樊迟不明白老师的意思，子夏将从老师处获得的知识转告他说，古时候，舜有了天下，在众人中选出一个皋陶来，举用他，那些不仁的人便都远去了。商汤有了天下，在众人中选出一个伊尹来，举用他，那些不仁的人也都远去了。这不就是老师所说"举直措诸枉，能使枉者直"吗？① 当鲁哀公向孔子请教，怎样才能使民众心服（"何为则民服？"），孔子告诉他举用贤才，民就能服；反之任用不正直的人，民就不服（"举直错诸枉，则民服；举枉错诸直，则民不服。"②）总之，举贤才的政治作用是多方面的。

孔子认为，领导者和管理者都必须知人善任，这是最重要的政治智慧。荀子继承孔子的思想，告诫统治者，要想得到社会的敬重，就必须"荣礼敬士"；要想建功立业，就必须"尚贤使能"。他托孔子之言说，"平政爱民"、"荣礼敬士"和"尚贤使能"三项，是从政治国者的大节，作为一个领导者应以大节为重，集中力量推行以人为本的"德治"管理③。荀子还进一步发展了孔子的思想，他与法家"法术势"的主张进行比较，指出"明主急于得人，而暗主急于得势"。可是两者产生的效果却大不一样："急得其人，则身逸而国治，功大而名美，上可以王，下可以霸；不急得其人，而急得其势，则身劳而国乱，功废而名辱，社稷必危。"④ 这显然是认为德治比法治优越，重用贤人比急于树立个人的权势更重要。

儒家任人唯贤的思想，在历史上曾经产生积极的影响，成为历代开明君主的治国方略。诸葛亮治蜀，明确提出"治国之道，务在得人"⑤。《贞观政要》专门撰写了《择官》篇，在唐朝初建拨乱反正之时，唐太宗指出："致安之本，惟在得人。"由于他起用了一批贤才，得以创造贞观之治，稳定了天下。不用多所举例，任人唯贤，时至今日，仍然是一个正确的治国之道。

---

① 《论语·颜渊》。
② 《论语·为政》。
③ 《荀子·王制》。
④ 《荀子·君道》。
⑤ 《诸葛亮集·举措》。

（四）育贤才施教化与教育目的论

德治论既构成了儒家的政治观，也构成了它的世界观、人生观和教育观。孔子推行德治论有两个支撑点：一是培养贤能的从政人才，一是加强对民众的教化。他曾借古喻今，赞颂舜和禹的伟大"巍巍乎"，因为他们得天下能够任贤使能，得以无为而治，不干预贤臣们的职事（"舜禹之有天下也，而不与焉。"）例如舜，曾获得贤臣 5 人，因而天下大治。孔子一生崇尚西周，而西周何以能够建成"郁郁乎文哉"的社会呢？孔子从周武王的话中获悉，周有 10 位能治乱的大臣，除去一位妇人不能直接参政，至少是 9 位贤臣，孔子盛赞"周之德，其可谓至德也已矣"，进而指出贤才难得（"才难，不其然乎?"[1]）。显然，只有兴学育才，才有条件推行举贤才的政策。孔子的德治论，是以"礼"为核心的，主张"齐之以礼"，没有教育、教化，老百姓就不会因"礼"而耻于为非，也不可能用"礼"来统一人们的思想和行为。

育贤才施教化，是孔子推行以德治国的基本保障。这一思想，对我国古代教育的发展，产生了重大的影响，构成了古代教育的目的论。孔子之后儒家的思孟学派，在《礼记·学记》中明确地论述了实施教育的目的：

> 发虑宪，求善良，足以谀（xiǎo）闻，不足以动众；就贤体远，足以动众，未足以化民。君子如欲化民成俗，其必由学乎！玉不琢，不成器；人不学，不知道。是故古之王者，建国君民，教学为先。《兑命》曰："念终始典于学。"其此之谓乎！

《学记》开宗明义，提出了 16 个字的教育宗旨：**"化民成俗，其必由学"**"**建国君民，教学为先**"。这 16 个字以后一直贯穿中国的封建社会，是历代统治者创办教育的基本目的。

《学记》首先归纳了当时统治者常用的两种"领导模式"：一是以君王的名义发布颇有深意的政令（"发虑宪"），还经常为之咨询于社会贤达（"求善良"）。这样来治理国家，可以获得一定的声誉（"足以谀〔xiǎo，小〕闻"），但是，只是君主个人所为，达不到感动以至发动民众的作用（"不足以动众"），国

---

[1] 《论语·泰伯》。

家当然难以治理好。二是注意吸纳贤才参政并怀柔比较疏离的社会人士（"就贤体远"），由于扩大了统治的社会基础，当然比仅仅依靠君主个人的力量来治理国家影响会扩大一些，甚至起到调动民众（"足以动众"）的作用。《学记》关于教育宗旨依据的论述，鲜明地体现了儒家"思孟学派"的政治观点。战国时期，人们面对的是"人之熙熙为利而来，人之攘攘为利而往"①的社会风气，很多统治者都着力于"牟利"，并称此为"善政"。例如，"招贤纳叛"、合纵连横等各种施政举措，核心都是一个"利"字。采用这类治国方略，往往可以使统治者获得一时的利益，但是，却不能开发民众善良的天性，也就不能真正起到"得民心"的作用。针对当时的"政风"，孟子明言："善政得民财，善教得民心。"②得民心者，得天下，足见教育才是治国的根本之策。但是，没有经过教育的民众即使被调动起来了，就一定能够使国家大治吗？《学记》作者虽然没有明说，但是，他的"潜台词"却是不言而喻的——那可未必！何以见得呢？作者以"人性善"为据，明确指出，未经教育的"人"好比是块"璞"，表面上与一般石头并无两样，只有经过工匠的认真打磨（"琢"），才能成为贵重的玉器（有的还价值连城）。"人"受教育犹如对"璞"的琢磨，经过教育的民众其善良的天性被"开发"出来了，就能够形成良风美俗（"化民成俗"），社会也才能达到至善的境地。

将"人"的先天素质比喻为"玉"，这显然是思孟学派"性善论"的观点。虽然孔子没有说过人性善，但是，他提出过"学而知之"的正确观点，而且认为他自己也是属于学而后知的。《学记》所论"人不学，不知道"，固然是从性善论出发的，但是，从认识论的角度，它却继承了孔子"学而知之"的认知观。《学记》还举例论证道："学无当于五官，五官弗得不治。"此处所谓的"五官"多指人身的 5 种器官，学习虽然不属于人与生俱来的"器官"，但是，不经教育的人，其"五官"都不能很好地发挥作用，揭示了教育能够开发人内在潜力的作用。在这一思想长期影响下，自古以来，我国老百姓常将不识字的人称做"睁眼瞎"，形象地揭示了教育具有将一个"生物"意义上的"人"提升为一个"社会人"的作用。这一观点，体现了现代发展教育的基本精神，是素朴的"发展

---

① 《史记·殖货志》。
② 《孟子·尽心上》。

教育"思想。

《学记》还有一则比喻："师无当于五服，五服弗得不亲。"意思是说，如果人们没有接受教师的教诲，连五服以内的至亲都不可能和睦相处。这无疑指出，教育具有促进人际和谐的道德功能，是实现"化民成俗"和构建理想社会不可缺少的工具。

（五）德治向人治的转化

孔子所处时代人们所说的"法"，几乎是"刑"的同义语，他倡导德治主旨在于反对严刑峻法。孔子论述德治的作用时，只是进行了"礼"与"刑"的比较，而不是对"法治"的全面否定，与后世的儒法之争，性质不尽相同，因而具有明显的进步性。至战国中后期，开始有了法治的概念。处于这个时期的荀子，开始将德治与法治进行比较，十分明确地提出了"人治"管理的重要命题："有治人，无治法。"① 荀子认为，有高明的管理者（"治人"），但是没有万能的法规（"无治法"）。他论证说，法只是管理的开端，道德君子才是法治的根本。有道德君子从事管理时，法可以省略，管理却足以覆盖全面。如果没有道德君子实施管理，法令即使很完备，但是往往因为管理者不知先后轻重，不能应对事情的变化，必然造成天下大乱（"法者，治之端也；君子者，法之原也。故有君子，则法虽省，足以遍矣；无君子，则法虽具，失先后之施，不能应事之变，足以乱矣"②）。说明他已经认识到管理是一项极富创造性的工作，法规要靠管理者来制定（"法不能独立"）。即使有完善的法规，它自己不可能行使（"类〔即法律〕不能自行"），必须依靠施法者的创造活动，才能有效地付诸实施。因此，管理的好坏，决定于是否"得人"，极而言之，"得其人则存，失其人则亡"③。他总结了管理的历史经验指出："有良法而乱者，有之矣；有君子（指善于进行管理的领导人）而乱者，自古及今，未尝闻也。"④ 这是说，历史上有具有完善的法规却至于大乱的事实，但是却从来没有出现过有善于管理的人而乱的事情。总之，就法而言，不论是制定还是推行，都不能离开人，特别是在很大程度上取

---

① 《荀子·君道》。
② 《荀子·君道》。
③ 《荀子·君道》。
④ 《荀子·致士》。

决于人的素养，所以，管理的存亡以人的存亡为转移（"法不能独立，类〔法律〕不能自行，得其人则存，失其人则亡。"①）《中庸》第二十章将此理论概括为："人存政举，人亡政息。"这一表述"人治"管理思想的千古名言，正导源于此。这既体现了管理者素养的重要性，继承了孔子以人为本的管理思想，同时也显现了"人治"管理的明显局限性。

应当指出，孔子倡导的以人为本的管理思想具有"两重性"。其民本思想和开启民智的思想是它的精髓，具有积极的意义。当以德治否定法治时，必然造成"以人代法"的"人治"，则具有不可低估的消极影响和管理弊病。这一理论往往成为专制帝王、封建官吏主观专断的口实。造成这一理论的内在矛盾，有着深刻的阶级和历史原因，是其自身所无法克服的。

第三节　关于领导者修养的论述

孔子的德治论包括统治者的修德和对下民的德教两个方面。他之所以强调道德教育在管理上的作用，一个重要的目的，就在于反对统治者为富不仁、居上不德。还在于提倡惠民和教民，反对施苛政于民。所以，孔子教育学生应"修己以安人"，"修己以安百姓"。孔子关于领导与管理思想的论述，体现了素朴的人道主义精神。

（一）领导者提高自身素养的重要性

其身不正，虽令不从——"上有政策，下有对策"一解。孔子极端重视领导者的个人修养，认为这是管理成败的关键。鲁国曾经盗贼猖獗，掌权的季康子向孔子讨教：我用杀伐的手段除恶，是否就可以使民就于善道了？孔子表示反对说："子为政，焉用杀？子欲善而民善矣。君子之德风，小人之德草，草上之风必偃。"②他告诫季康子，你是一个主政的人，哪里还要用杀人的手段呢？你心欲善，民众就会群起向善。居于上位的人好像是风，在下面的人好像是草，风加在草上，草必然会随风倒的呀！孔子这番话，一方面是针对季康子贪欲，民不聊

---

① 《荀子·君道》。

② 《论语·颜渊》。

生，鲁国盗贼横行，季康子打算大开杀戒而言的。另一方面，也是他对历史上治乱经验的总结，揭示了上行下效的道理，深刻指出为政者道德行为的表率作用，将影响一国的风气。孔子还认为统治者的进德修身，本身就是从政治国。他多次告诫执政的国君，"政"是什么？就是奉行正道（"政者正也"）。领导者如果率先实行正道，在下的人还有谁敢不正呀！（"子帅以正，孰敢不正？"①）面对众多统治者贪婪凶残的状况，孔子着重强调领导者必须正身垂范，他说："苟正其身矣，于从政乎何有？不能正其身，如正人何？"② 他对统治者说，只要你们能够自己正身，从政治国有什么难？如果你们不能自己正身，那怎么能使人趋于正道呢？又强调说："其身正，不令而行；其身不正，虽令不从。"③ 这是说，领导者只要自己身正，即使不使用政令，老百姓也知道该如何行事；如果领导者自己身不正，虽然掌握大权发号施令，下面的人也会不听从，自有对策的。既指出正其身具有强大的感召力，可以促进政令的推行，同时又指出不正其身则政令无法推行的严重性。孔子将正身修德同施政紧密联系在一起，因此他非常重视培养有德行的统治人才，并将对当权者的德行劝教，同样视为是从政。

针对长期存在的"上有政策，下有对策"的状况，孔子的教诲难道不令我们深长思之吗？

"知所以修身，则知所以治人"——修身之方与管理之道相通。 在孔子看来，领导与管理的核心是对人的管理，修身即为"治己"，是对自身的"管理"，它与"治人"及治天下的道理是相通的。这就是他倡导的推己及人之道，在领导与管理上的应用。孔子曾经以周文王的治国之道为例说，周文王凭借着有王季这样明智的父亲，有太任这样贤惠的母亲，有太姒这样聪慧的妃子，又生了武王、周公这样的得力儿子，这说明文王治家有方，是其修身有成的重要表现。他还举用了像太巅、闳夭这样的贤臣。如此修身有道，都足以显示，文王拥有治好国家的根本条件。周武王也是这样，先把自己修养好，然后再去治理天下，他一行动，天下就大治了。总之，统治者"其本美矣"，即"治己"有成（"王者致其道"），就必定"万民皆治"。周公正是"载己行化而天下顺之"，他修己"诚

---

① 《论语·颜渊》。
② 《论语·子路》。
③ 《论语·子路》。

之矣"!①

　　孔子所阐述的"治己"与"治人"相通的依据是他的"天人观"。孔子曾经告诫鲁哀公，只有"成其身"，才能"安其土"。鲁哀公很想知道怎么才能"成其身"，孔子对曰："夫其行己不过乎物，谓之成身。不过乎，合于天道。"② 这是说，自己的言行思虑都不越过万物运行的法则，这就是成就自身，也就是合乎天道了。哀公进一步追问，君子为何要尊崇天道呢？孔子曰："贵其不已也。如日月东西相从而不已也，是天道也。不闭而能久，是天道也。无为而物成，是天道也。已成而明之，是天道也。"③ 孔子指出，其所以要尊崇"天道"，是因为天道是运行不已的，犹如日月由东向西运行不已一样，永远无阻无止。自然无为而成就万物，这就是天道的特点。言外之意，是指统治者应当像天道那样日新其德，使自己的统治如自然天成一样。自己修养成功，再发扬光大推己及人，这就是依照"天道"来治国了。思孟学派继承并发展了孔子的教育思想，如《中庸》曰："知所以修身，则知所以治人，知所以治人，则知所以治天下国家矣。"④ 这是从推己及人的角度论述了应当修身为本的道理。《礼记·大学》中明确提出："自天子以至于庶人，壹是皆以修身为本。"修身则包括"格物"、"致知"、"诚意"和"正心"，并形成了修身、齐家、治国、平天下的序列。如图所示：

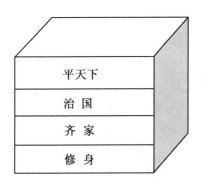

格物、致知、诚意、正心

① 《孔子家语·致思》。
② 《孔子家语·大婚解》。
③ 《孔子家语·大婚解》。
④ 《中庸》第二十章。

　　"道存则国存，道亡则国亡"——"权力"是把"双刃剑"，用之不可不慎之又慎。孔子曾明确地指出"君子学道则爱人"，不致激化与被统治者之间的矛盾，因此，领导者应当尊崇"道"（"王者致其道"①）来修身治国。"道"在古代有许多含义，总的说是指领导者的管理指导思想，具体说它包括管理目标、方向、原则、方法、道路以至道德原则等多方面的内容。后世儒家，特别是到荀子所处的时代，各诸侯国都面临存亡绝续的境遇，更显示出领导者自身素养的重要，它直接关系国家的存亡和自身的安危。故荀子进一步发展了孔子关于领导者应当以道为心，加强自身修养的论述。他指出，领导者处于"利势"，即居于最利于发号施令的地位，他们手中的权力是为利器（"利用"），只有依据"道"去把握（"得道以持"），才可能"大安也，大荣也，积美之源也"。诚然，修身治国之道是成就美德荣誉的本源。如若不然，"不得道以持，则大危也，大累也"②。这与孔子经常论及虞舜的"垂拱而治"截然相反。偏离"道"的要求去进行领导和管理，不仅自己"无为"不得，而且背负的将是沉重的"大累"，这是十分危险的，甚至会陷入身亡国灭的地步。如果没有具备治国的素养，有权还不如无权，到国家危难关头，想求得普通百姓的命运都不能了。荀子以身亡国灭的齐湣王和宋康王为例说明，别看他们都曾居于统治天下的"利势"，由于没有遵循"道"来修身治国，结果都死于非命，"不能自安也"。要想"自安"，必须遵道而行（"安之者必将道也"③）。为此，荀子郑重告诫国家的最高决策人："道存则国存，道亡则国亡。"④ 领导者不可不以道为心，不可不重德。须知，手中掌握的"权力"是一把"双刃剑"，如何用权，不可不慎之又慎！这些论述对于身居高位的领导者，无疑是极好的警示！

　　"道"在历史上是具有具体阶级性和历史性的，在孔子看来，"道"的核心是"爱人"，而且，是否顺民心，这是他和先秦儒家判断领导者是否得道的重要标准，也是他们管理思想中具有民本精神的表现。至于将封建纲常视为"道"，则是后世儒家管理思想的糟粕所在。

---

① 《孔子家语·致思》。
② 《荀子·王霸》。
③ 《荀子·王霸》。
④ 《荀子·王霸》。

（二）关于领导作风的论述

"先之，劳之"与"无倦"——领导者应有的精神风貌。 工作作风，直接体现领导者的修养。据《论语·子路》记载，孔子的大弟子子路曾经向他请教从政管理之道，孔子告诉他应当"先之，劳之"。一种解释是指领导者应身先士卒，任劳任怨，起带头作用。一种解释是钱穆先生所论："民劳则思，思则善心生。逸则淫，淫则忘善，忘善则恶心生。故为政者贵能劳其民。先之者，尤贵能以身先其劳，故民劳而不怨。"[①] 如果结合现代管理思想来理解，则是指领导者不仅应当身先士卒，而且还应该"以劳使民"，即能够调动被领导者积极开展工作，这当然具有合理性。后来子路对孔子"先之，劳之"的回答不满足，又请老师作进一步的补充，孔子便说："无倦。"意思是说一个领导者应当具有毫不懈怠的精神，用以影响整个群体的精神状态，这诚然更为重要。如果说"先之，劳之"是关于勤政的要求，那么，"无倦"就属于对领导者精神状态的要求，这比勤政要求高，体现的是领导者内在的修养。领导者的精神状态，将影响群体的精神状态和氛围，有作为的领导者，都具有"精气神"！

"子绝四"——领导者应有的思想心态。 孔子不仅关注领导者的精神状态，而且还十分关注他们的思想心态。《论语·子罕》记载了著名的"子绝四"，一个"绝"字，道出了孔子对4种思想心态的决然否定态度。即"勿意，勿必，勿固，勿我"[②]。"勿"当"无"讲，也就是"没有"的意思，指的都是孔子从未有过的事。"意"，即臆想，指事情尚未发生，不采用科学推理的思想方式，而主观臆断它的发展。"必"是指"必须"或"必定"，例如"言必行，行必果"的"必"，这是必须言行一致的认识，是很积极的思想；至于"必定"，那往往是事情尚未发生，就认定其必然的结果，得出绝对肯定的结论。此处的"勿必"是指孔子从来没有过必然的期许之想，能够随遇而安，随机而行，所以被孟子称为"圣之时者"[③]。"固"，是指固执、听不进不同的意见。"勿我"从字义上讲，是"无我"，此处不是表述"忘我"，而是指思想行为十分自谦，善于兼

---

① 钱穆：《论语新解》，第327页，三联书店，2007年版。
② 《论语·子罕》。
③ 《孟子·万章下》。

采众长。例如，孔子常说"则我岂敢"，表现的是自谦的思想态度。又说"述而不作"，这是指尊重历史和他人之见，没有"我见"的"无我"。更重要的是主张以"道"为言行的指导，这种"无我"的思想意识，就是要求自己遵循客观规律的思想表现。只有不"唯我独是"的人，才能做到"无我"。以上的"子绝四"，是孔门弟子经过对老师长期的观察，对其为人做事所反映的思想心态所作的总结，也说明孔子是一贯反对主观臆断、思想僵化、固执己见和唯我独是的。很多学者都认为这四项是领导者应当遵循的四条思想"戒律"，在当下，也具有极其重要的启示意义。

为了端正领导者的思想心态，老一辈的革命家陈云，针对我们国家付出过沉重代价的历史教训，提出了"三唯"的主张，即"不唯书"，"不唯上"，"只唯实"。坚决反对教条主义，反对对上级唯命是从的不负责任态度和个人迷信，大力提倡从实际出发、实事求是的思想路线。我国当代的著名学者甘惜分先生，提出了自律的"三不"："思想不能僵化，知识不能老化，讲话不用套话。"这些论述从思想心态上着手，对改变领导者的思想作风，是十分有益而正确的。

识人之方——领导者应有的知人能力。领导者怎样才能不主观而少犯错误呢？孔子反复强调要认真了解下情，特别是要深入了解"人"，这是领导者必须具备的能力。知人才能正确地任事，然而，"人"是最复杂的，为了帮助领导者正确认识"人"，他提出了"识人之方"，包括各种正确了解人的办法。例如，**观人之法。**他说："视其所以，观其所由，察其所安。人焉廋哉？人焉廋哉？"①观人，有三个层次："视"、"观"、"察"。"视"，往往只见人的某一方面；"观"，可以看见人的大体情况；"察"，要求深入到细微处了解人。应当了解哪些内容呢？孔子指出，其一，应当了解人行为的"动机"，即做事的"所以然"。其二，应当了解一个人的行为方式，即"所由"。一般人往往满足于只了解人干了什么，而不注意他是怎么干的。其实，干同样一件事，所采取的方式不同，往往能够反映不同的人品。例如有的人喜欢走捷径，有的人喜欢冒险，有的人则习惯四平八稳。不同的行为方式，反映一个人不同的心性气质。不同心性气质的人适合干不同的工作，领导者不可不知。主张"观其所由"，不满足于了解事情的结果，重视办事的过程与方式，这正是孔子深刻过人之处。其三，还要了解人的

---

① 《论语·为政》。

心理状况，即"察其所安"。"安"是安乐的"安"，从人之"所安"可以知道一个人的性格、追求等等心理品质。像这样来"观人"，其人将无可藏匿，"人焉廋（藏匿）哉"，孔子对这一观人之法十分自信，故而重复说道"人焉廋哉"。

孔子不仅提出过观人法，他还涉及了一般的**社会调查法**，例如向乡里作调查。孔子毕竟是一个久经世故的老师，他深知社会的复杂性，故经常训练学生应当从不同的视角去了解各种社会反应，并加以综合，从而得出相关的结论。例如，子贡曾经向他请教识人的调查方法说，乡人都喜好的人是不是就可以认定为好人呢？孔子说："未可也。"子贡又问，那乡人都厌恶的人是否可以认定为是坏人呢？孔子仍然说："未可也。"他告诉子贡，只有乡人中的善人认为好的，而且坏人都认为不好的人，才可认定是好人，表明孔子已经懂得"人以群分"的道理（子贡问曰："乡人皆好之，何如？"子曰："未可也。""乡人皆恶之，何如？"子曰："未可也。不如乡人之善者好之，其不善者恶之。"①）。对于人的过错，他认为也应持这一观点。所以告诫弟子说，人们犯错误是有不同类型的，从人所犯的错误，可以认识其人心中存有仁德的分量（"人之过也，各于其党。观过，斯知仁矣。"②）。对常人而言，都易贪功而设法避过，因此，从人所犯的过错之中，最容易见其人的真情。一般而言，道德君子之过，往往由于过于仁厚，无德小人之过，则往往由于过于刻薄等等。例如，子路的姐姐去世，他过了丧期还不除丧服，孔子指出他的做法是违背礼数的。子路说，她姐姐只有他这一个兄弟，他实在不忍心除丧服。从子路违背礼数的行为中，可以看出他是一位很有仁爱之心的人。孔子常常以此为例，说明观过知人的道理。教人从人所犯的错误中发现其人的优点，这不能不说是十分高明的辩证观。向社会作调查，只有坚持辩证观点，才可能获得真实可靠的认识。孔子提出的社会调查法，已经触及这一见解，足见其思想之深刻过人。

多思慎思，出以公心——领导者应有的思想修养。孔子认为领导者遇事必须养成多思、慎思的习惯，这是领导者不可缺少的"思想自律"。只有思想自律，才能有行为自律，才不可能有追求所谓表面政绩等矫情的劣习出现。他提出过

---

① 《论语·子路》。
② 《论语·季氏》。

"君子有九思"① 的主张，即"视思明，听思聪，色思温，貌思恭，言思忠，事思敬，疑思问，忿思难，见得思义"。其中"视思明，听思聪"，是指在感知活动中运用思考，可以从"视"、"听"的现象中发现本质，提升人感知活动的水平。其中"色思温，貌思恭，言思忠，事思敬"，是指领导者对自己的视、听、言、动都应当运用思考，从而"言"、"动"得体，做到色温，貌恭，说话忠信可靠，办事专一不二。

孔子主张"多思"，更提倡"慎思"。现在流传的"三思而后行"是褒义，指人不鲁莽行事，注意经过认真思考，这一理解与原意并不相符。此言出自《论语·公冶长》，其记载："季文子三思而后行。子闻之，曰：'再，斯可矣。'"季文子是鲁国大夫，谥号"文"。此人行事瞻前顾后，私心很重。孔子认为领导者决策需要果决，"多思"如果是"多私"，就不可能做到慎思基础之上的刚决，这种"多思"是不足称道的。所以，孔子听说季文子"三思而后行"并不以为然，指出思考两次就足够了，含有批评季文子私心过重的意思在内。就此可知孔子主张的"多思"，不是指领导者怀揣私心的犹豫不决。领导者决策时需要刚断，多欲则不刚。孔子认为"刚"是仁者不可或缺的品德，所谓"刚、毅、木、讷近仁"②。并且还讨论过"刚"与"欲"的关系："子曰：'吾未见刚者。'或对曰：'申枨。'"子曰："'枨也欲'，焉得刚?"③ 夫子说，我们没有见过具有刚德的人，有人认为孔子的弟子申枨就有刚德，孔子指出申枨这个人多欲，哪里能刚呀！此处孔子所言是指"多欲"而不是道家的"无欲"，"无欲"则尚柔，与孔子崇尚刚德不一致。承认人皆有欲，但是，他又指出"多欲"会妨碍人刚断，这是孔子高于道家之处。

由此可知，多思、慎思与思想修养是分不开的，所以，孔子在"君子有九思"中提出了"疑思问，忿思难，见得思义"这一关于思考问题的基本原则。孔子认为管理者必须好学、善学，主张"疑思问"，礼贤下士，虚心求教。"疑思问"的思想，对后世教育影响十分深远。孔子还认为领导者应当有理智，尤应学会控制自己的情感，在激愤时要冷静，应想到各种困难而不能一任情感冲动，

---

① 《论语·季氏》。
② 《论语·子路》。
③ 《论语·公冶长》。

这就是所谓的"忿思难"。在利益面前更应勤思多思，不要被利欲所左右，而应"见得思义"，不可做"见利忘义"之徒。总之，只有出于公心的多思、慎思，才能提高领导者的管理水平。领导者的思考力与其思想修养密不可分。

第四节　建立有序和稳定管理秩序的主张

孔子为领导者论述的领导和管理思想，追求的是"长治久安"，他身居乱世，十分期盼建立社会秩序，他认为只有造成稳定的管理秩序，才能实现"天下大治"，为之，他创立了礼治说和正名说，并成为我国传统"有序管理"的主要内容。

（一）礼治说

"礼教"在五四运动之后几乎成为一个贬义词，说它是"**吃人的**"，是统治者实施专制主义的重要工具，如此等等，不一而足。但是，人们在称颂中华民族的优秀传统时，则常常自豪地说，中国素有**礼仪之邦**的美誉。这是一则十分典型的悖论，耐人寻味。周公是礼教的倡导者，经由孔子才得以在社会上普遍推行，究竟应当怎样评价礼教，这直接关系到对孔子改革教育成效的认识。周礼在形成之初，本来是周族传统的典章制度、生产生活习惯的总称，具有习惯法的性质，是周氏族共同创建的社会文明成果，也是周族与其他氏族区别的文化标志。当"小邦周"一跃而为"天下共主"之后，周礼便成为周王朝统治天下的基本依据，还成为贵族享用的专利，用以维护氏族宗法制度。应当看到，周礼保存了一部分社会进步的文明成果，例如重视婚姻家庭的建设，倡导敬老尊长的社会风俗，培育患难与共的人道精神，营造勤劳、慎德的社会风气，鼓励创建举贤兴功的任官制度等等，都有助于提高整个社会的文明水准，显示了礼的教育功能。但是，赋予贫富悬殊的宗法等级制度合法性，严禁僭越犯上的种种规定，强化了维护贵族统治阶级利益的制度规范，成为氏族宗法制度的重要组成部分，这又是周礼的历史局限性。

孔子重礼，他的贡献在于继承并发展了周公创立的礼教，对周礼有所"损益"。孔子所谓的礼，大而言之，包括上下尊卑的政治制度；小而言之，包括人们礼尚往来的礼貌规矩。具体分析，孔子实施的礼教，体现了他对周礼"因革相成"的原则，完成了对"礼"这一教育的革新，为中华民族荣获礼仪之邦的美誉奠定了基础。孔子对周礼的损益，也为建立有序管理产生了积极的影响。

以"仁"作为"礼"的核心——促进管理秩序的民本化。"仁"字在《论语》中出现了 109 次，"礼"字出现了 75 次，足见"仁"在孔子学说中地位的重要。孔子教育思想的核心是"仁"，这已成为近年来学术界多数人的共识。何谓仁？《礼记·中庸》记载了孔子解释仁的话："仁者，人也。"即"仁"是人所以区别于禽兽之处，也就是人性，而非兽性。那么"仁"的本质又是什么呢？孔子说："仁者，爱人。"① "爱人"就是把人当人看，用"仁"来表述"人"，这本身就体现了孔子珍惜人的生命和关爱人的思想情怀。据《论语·乡党》篇记载，有一天马棚失火了，孔子退朝回家才知道此事，急切地问"伤了人吗"，却没有问马。（"厩焚。子退朝，曰：'伤人乎？'不问马。"）春秋时期，马是十分贵重的"工具"，国家的实力以马匹多寡来衡量，例如称"千乘之国"、"百乘之国"等等。拥有马匹的情况，还是一个人社会地位的重要标志。然而，孔子家中的马厩失火了，他竟然关心的是人，而不是时人十分看重的马匹，足见孔子"重人"、"爱人"。从某种程度上表明孔子已然超出了阶级、等级和家族的界限，承认人均有人格，是应当赋予"爱"和尊重的对象，这是人性的觉醒。郭沫若先生在《十批判书》中说，孔子凸显了"仁"是对"人的发现"，是很有道理的。

颜渊曾向孔子请教"仁"。孔子对他说："克己复礼为仁。一日克己复礼，天下归仁焉。为仁由己，而由人乎哉。"颜渊曰："请问其目。"子曰："非礼勿视，非礼勿听，非礼勿言，非礼勿动。"② 钱穆先生解释说，孔子讲"约束我自己来践行礼，那就是仁了。只要一天能这样，便见天下尽归入我心之仁了。为仁完全由自己，哪在外人呀"。颜渊说："请问详细的节目。"先生说："凡属非礼的便不看，凡属非礼的便不听，凡属非礼的便不说，凡属非礼的便不行。"这段语录，全面阐述了"礼"与"仁"密不可分的关系。所以，孔子多次指责违背仁德的礼制活动，他说："人而不仁如礼何？人而不仁如乐何？"③ 要求施礼必须

---

① 《论语·颜渊》。
② 《论语·颜渊》。
③ 《论语·八佾》。

与仁结合，反对徒具形式的礼仪。从遵循礼的"四勿"来看，表明孔子认为礼是人们的行为规范，体现了社会对人的外在约束；从礼必须"归仁"来看，表明孔子赋予了周礼人道主义的内涵。

礼仁结合，以增强社会管理秩序的和谐性。周公曾曰："予仁若考，能多才多艺，能事鬼神。"那个时代的仁只是表示对双亲或有宗法关系的人的亲爱之情。至春秋，开始扩大了仁的范围，例如"仁所以保民也"①，民也成为仁所施的对象。孔子顺应了时代的新潮流，不仅视孝、悌这种体现宗法关系的品德为仁，而且还指出，"博施于民而能济众"② 和"民之于仁也，甚于水火"③。显然，这里所说的仁，已经突破了氏族宗法的限制，而包括对老百姓施以仁德的意思。这是孔子在"因"于西周道德观的基础上对仁的重大发展之一，它体现了旧的氏族宗法关系的解体和新生产关系诞生的时代精神。孔子对仁的发展不止于此，他还将仁作为最高道德标准，从而完成了自周公开始使道德教育伦理化的过程。殷商的德育是从属于宗教的，旨在"致神事福"。周公重德，因而开始注意协调人伦关系，但还受着敬天思想以及"亲亲"旧制的束缚，周公倡导的道德观皆统于那个"不下庶人"的礼中。孔子则不然，他在礼之外又强调了仁，并视为最高道德标准。

首先，凡是历史上和现实生活中不合人道的事情，例如人殉、贵畜贱人，以及草菅人命的苛政等等，都被孔子视为不合礼的行为，必须予以摈弃。这就使春秋时期初露端倪的"重人轻天"思想，可以借助礼制的重建而付诸实施。其次，作为规范人们社会行为的礼，在仁的制约下，具有了和谐的特征。古人多次阐述，"仁者相人偶"，意思是说，"仁"包括与"我"相关的"对方"，也就是伦理学上说的"人我关系"。什么样的"人我关系"称得上"仁"呢？只有各得其所，互相尊重，甚至充满爱心的"人我关系"才配称为"仁"。这对营造相互尊重、相互关爱的社会风尚，具有积极的促进作用。春秋时期，原有的氏族宗法等级关系开始破裂，为了缓和等级之间的对立，安定社会秩序，孔子以仁充实礼，并主张"礼之用，和为贵"④。经孔子改制后的礼，要求对立的等级之间都要受

---

① 《国语·周语》。
② 《论语·雍也》。
③ 《论语·卫灵公》。
④ 《论语·学而》。

礼的制约，都负有道德义务，从而对执政的当权者也有一定的限制，不允许他们恣意妄为。他曾告诫当权者说："君使臣以礼，臣事君以忠。"① "上好礼，则民莫敢不敬。"② "上好礼，则民易使也。"③ 孔子的主张无疑是维护统治阶级长远利益的，但是，客观上却有利于减轻阶级压迫。**这是前不同于周礼，后不同于"三纲"，具有民本精神的道德思想**，在历史上起过进步作用。这就不难理解中华民族何以在古代会成为礼仪之邦，这与孔子推行以仁为中心的礼教直接有关。再次，以仁为核心的礼，认为施礼必须建立在"修己"、"爱人"的自觉性上，使外在的礼逐渐转化为人们内在的要求，无形中提高了人们遵循社会规范的自觉性。以上是从民本主义的视角对礼与仁结合的评议，如果从管理的角度论，二者的结合发挥了协调管理者与被管理者的双向功能，增强了构建社会管理秩序的可能性及和谐性。

礼的庶民化，以提升社会管理秩序的文明水准。礼的"庶民化"始于孔子，是他对周礼的重大损益。周礼产生于礼、乐、刑、政尚未分离的时代，后世所说的刑律是包容在当时的礼制中的。《中庸》将周礼概括为"仪礼三百，威仪三千"。所谓"仪礼"是为后世的"礼制"，所谓"威仪"是为"刑与律"。周公开始倡导"礼律并重"的原则：用礼来规范人们的行为，施之于"未然"；而将强制性的"律"（即法），"禁之于已然之后"。总体而论，周公制礼作乐，比夏、商两代仅用严酷的刑罚维持统治要人性化得多。这正是孔子崇敬周公的原因。但是，周礼规定"礼不下庶人，刑不上大夫"。这意味着周礼的人性化只施于宗族内部，是十分有限的。孔子不同于周礼，认为礼应下庶人。他提倡以德治国，要求用礼作为社会教化和统治的手段，即"道之以德，齐之以礼"④，反对一味对百姓施用刑杀暴力。他并不简单地反对刑，甚至认为君子也要受刑罚的约束。他说："君子怀德，小人怀土；君子怀刑，小人怀惠。"⑤ 说明刑也能上大夫。这与周礼是完全悖逆的。春秋时期，有许多诸侯、卿、大夫，单靠行政命令、严刑峻法，甚至采用欺诈、阴谋等手段治理国家，孔子对此持反对的态度。他以仁充实

---

① 《论语·八佾》。
② 《论语·子路》。
③ 《论语·宪问》。
④ 《论语·为政》。
⑤ 《论语·里仁》。

礼，希冀使礼对统治阶级有一定的限制作用。他视"仁"的本质是"爱人"，将"礼"用于治国，这体现了孔子爱民、保民的思想，虽然在依靠暴力征伐的时代显得迂阔，不为当政者所采用，而法家倡导耕战、强调严刑峻法的主张，却为统治者所采纳，这是孔子的悲剧。但是，不应以孔子不见用于世，就抹杀他所推行的礼教所体现的民本精神，是对周礼的重大损益。当中国进入"六王毕，四海一"之后，他的礼教逐渐受到历代统治者的重视。孔子使"礼"下于庶民，意味着礼的教育和采用礼进行管理的思想"普世化"了，扩大了礼的使用范围，使它成为处理人际关系的"滑润剂"，即协调人际关系、促进社会和谐的重要管理手段。使施用于贵族内部的礼，成为整个社会的行为规范，大大提升了中国古代社会的文明水准。孔子功不可没！

　　总之，孔子对周礼的损益，使"礼"摆脱了"神启"和氏族"宗统"，成为整个社会应当遵循的行为规范。今天，我们正在努力构建和谐社会，十分需要借鉴传统礼教中的合理因素，重塑中国特色社会主义的精神文明，建立新型的社会管理秩序。

　　礼的等级性与管理的层级秩序。孔子认为"礼"是重要的领导和管理手段，儒家经典《礼记·仲尼燕居》指出："礼者何也？即事之治也。"意思是说"礼"是处理一切事务使之具有秩序的办法。礼的本质就在于协调各种各样的社会关系，使整个的社会在共同规范下联合成有序的整体。由于礼具有区分差别（即"别异"）的功能，故因之而形成了等级管理的思想，或者称之为"差别管理"的思想。孔子认为事物之间存在差别是"天经地义"的，领导和管理的任务在于协调差别，形成各就其位的稳定秩序。他在《易经·系辞上》生动描绘了万物存在与发展的全景："天尊地卑，乾坤定矣；卑高以陈，贵贱位矣；动静有常，刚柔断矣；方以类聚，物以群分，吉凶生矣；在天成象，在地成形，变化见矣。"他指出，天是高远的，地是卑近的；动与静是有规律的，刚柔是确定了的；不同时空中的万事万物都是各有类别的，有差别就会有矛盾，从而生吉凶。人们正是从呈现的天象和地形，获知万事万物不断变化的法则。这段话无疑告诉人们，差别是绝对的，由此引起的变化也是绝对的。各得其所就是秩序，顺其法则变化，就能逢凶化吉。尊重差别进行管理，事物才能获得发展的动力，社会才能进步。

　　《荀子·王制》篇继承孔子的思想，同样深刻揭示了自然界和人类社会的差异性，指出千差万别乃是客观存在（"有天有地而上下有差"），世上没有绝对的均衡，追求无差别的管理，并将此视为"公正"的管理，将有害而无益，所谓"两贵不能相事，两贱不能相使"。不确立等级，就无法进行利益的顺利分配，而且会造成争斗和混乱。要想管理有序，必须区分等级，并使之达到可以相互制约的程度，即"足以相兼临者"①。荀子还引用《尚书》的话说："维齐非齐。"②意思是只有从不齐出发，才能引导人们齐心向善，建成良性的真正的"齐"的秩序。这一思想闪烁着辩证法的光辉。

以孔子为代表的儒家认为，无差别的、"一刀切"式的管理不是有序，而是僵化。有序的管理是依照事物原有的差别建立起来的等级式管理，就是所谓的"各得其所"。我国古代广义的礼，是我国奴隶社会和封建社会上层建筑的别名，包括各种典章制度及意识形态等项内容。儒家礼制的重要功能在于维护统治阶级的等级制度，这是其腐朽的糟粕。但是，遵循"方以类聚，物以群分"进行分门别类的等级管理的思想，反映了事物存在的本质特征，具有客观合理性。

现代管理科学明确提出了"层级管理"的思想，大大提高了管理的效能。随着信息化的推进，以往"金字塔"式的层级管理，逐渐向着"扁平"式的层级模式发展。层级模式的变化，反映了社会结构、人际交往方式的变化。孔子倡导的等级管理，是与封建等级制相匹配的，具有维护专制制度的功能，这是应当抛弃的。但是，其层级管理的内核所具有的合理性，又是不应抹杀的。人们在很长一段时间里，误认为层级管理是将人分为"三六九等"，是不公平的表现，这是混淆了政治与管理的差别。"公平"是政治目标，"层级"是管理概念，二者是不同范畴的问题，不应混淆。混淆了，就不利于管理的正常进行，无法提高管理的效能，促进各种事业又好又快地发展。实施有效的层级管理，对学校领导者的智慧与良知都是考验，当前，无差别的"一刀切"管理，使一些院校滑向了平庸，这极其不利于学校的队伍建设，更谈不上学校质量的提高。

礼治说还要求寓教于治，即管理必须与教育相结合。孔子曾经比较过礼与法，他认为用法来统一人们的行为虽有功效，但这不是自觉的，不可能调动被管理者的"能动性"。而用礼来统一人们的行为，却可以形成道德自觉，发挥被管理者的"能动性"。这就是所谓"齐之以礼，有耻且格"的论断。儒家强调寓教

---

① 《荀子·王制》。
② 《荀子·王制》。

于治，体现的是古典的民本思想。他们认为不教在先就对被管理者施以刑律，这是虐待下民；不经训练就指挥人去打仗，则是残害民众。孔子主张教民，并将西周不下于庶民的礼，扩散为整个社会的教化内容。这是先秦儒家的管理，有别于愚民式管理之处。礼在古代类似"习惯法"，用礼来进行管理，要求管理规范经过训练变成一种风俗，即"化民成俗"。儒家的礼又有一种功能，即向硬性的规范之中渗透人情，使之人情化。但是，这种人情不能超越礼所允许的范围。礼治管理要求以情带众，以礼节情，管理者在实施管理时必须注意"顺民性，节民情"。例如，儒家要求管理者以"礼贤下士"的方式招揽人才，这种"人情"换来的是"士为知己者死"。不过，"礼贤下士"不允许突破礼所规定的等级制度，这表明儒家的礼治管理有着鲜明的阶级局限性。但是，我们又不应在摈弃其糟粕时，忽视了等级管理思想的合理性。

孔子礼教的局限性。孔子倡导礼教，旨在"救世"，表现了强烈的"泛爱众，而亲仁"的人道精神，不乏革新进步的内容。但是，维护等级制度，并将其作为礼教的基本任务，使他时时陷入保守、阻碍革新的窘境。孔子在思想上，特别是在推行礼教上，表现了矛盾的两重性。身处历史转折关头的思想家，常常具有这种性格。

孔子的礼，其保守性是不言而喻的。《论语》中的《八佾》、《雍也》、《泰伯》等文都记载了孔子是如何以礼为准则来论人议事的。他认为季氏祭泰山是违礼的，乐舞用了"雍"和"八佾"更是无礼的。最为典型的是《论语·宪问》的记载：

> 陈成子弑简公。孔子沐浴而朝，告于哀公曰："陈恒弑其君，请讨之。"公曰："告夫三子！"孔子曰："以吾从大夫之后，不敢不告也。君曰'告夫三子'者！"之三子告，不可。孔子曰："以吾从大夫之后，不敢不告也。"

文中记写的陈恒是齐简公的上卿大夫，他治理齐国，很得民心，当政的齐简公却十分平庸，无所作为。在内乱将要爆发之时，齐简公还在饮酒作乐，等内乱乍起，他又仓皇逃跑，被陈恒的军队追上，因为陈恒"恐简公复立而诛己，遂杀简公"①。后来陈恒立简公的弟弟骜为齐平公，陈恒为相。此事引起孔子极大愤慨，他已经不是朝官，竟然沐浴更衣十分庄重地去见鲁哀公，告诉他陈恒把国君杀了，请哀公出兵讨伐。哀公说："你去告诉三桓（鲁国掌握实权的季孙氏、叔孙氏和孟孙氏），这事我管不了啊！"孔子碰了一个硬钉子，退出来之后，他还自言自语地说："我曾经忝居大夫之位，遇到这样的大事，敢不来报告吗？国君却说'你去告诉三桓！'"孔子又不辞辛劳地去报告了三桓，三桓当然不答应出兵讨伐。孔子又碰了一个硬钉子，还继续嘟囔道："因为我曾经是大夫，遇到这样大的事，怎能不去报告呢？"这是孔子坚守忠君尊王礼制的具体表现。历史证明陈恒比简公善于治国，在他为相期间齐国一直比较安定，他的后代成为齐王之后，齐国竟成为战国七雄之一。孔子对待管仲和陈恒的态度完全是矛盾的，从积极方面推断，是否因为孔子并未亲见陈恒的业绩，与他不了解陈恒对老百姓带来的惠泽有关？从消极方面推断，那似乎就可认定这是孔子忠君尊王思想所致，是与当时革新势力相对立的。至于孔子猛烈抨击晋国铸刑鼎，更是孔子反对破坏传统"尊尊"思想的表现，具有明显的历史局限性。

孔子还曾把季氏之妇敬姜奉为"知礼"的典范。《国语·鲁语下》记载，这个妇人敬姜能做到：为男亲开门答话，脚不跨出门限；而子退朝之后，不许怠惰偷安。儿子死了，也不许家人捶胸痛哭，还给自己规定早上哭丈夫，晚上哭儿子等等。如上一些内容，全在于进行封建专制主义的"妇道"教化。至于鲁国的贵族孟僖子让他的两个儿子向孔子学礼，其目的是为了"定其位"，这是孔子将礼运用到政治上，以维护等级制度的又一例证。正是从这个意义上说，孔子于封建专制礼制的确立，有着不可推诿的责任。

孔子的礼教在后世，特别是在汉代，被董仲舒等人演变为体现封建专制主义的"三纲"、"五常"。毛泽东曾将其概括为"四大绳索"，揭示了它的反动性。然而，对这一历史现象，还需要我们进行具体的分析。诚如当代学者冯友兰所说：

> 董仲舒所说的"三纲"对于当时中国社会的经济基础是合适的。中国历史中的实践也证明这个上层建筑是合适的。也许太合适了，所以

---

① 详见《史记·田完世家》。

我们在反封建的时候，要批判它，就觉得要多费一点工夫。好比一座房子，如果盖得很坚固，拆的时候就觉得很费力。但不能由此得出结论说，盖房子就不应该坚固，就只能盖"地震棚"式的房子，以便随时都可能拆掉。

他的分析符合历史唯物主义的原则精神。

总之，经由孔子"因革相成"之后的"礼"，对统治阶级来说，可以利用"礼"来维护等级制度，甚至专制制度；对于普通百姓来说，也可以利用礼来促进彼此和睦相处。但是，从历史发展来看，孔子将"仁"融于"礼"的确产生了两种社会效果：积极的效果是促进了相互尊重、相互关爱的礼仪之邦的优良传统；消极方面则为封建统治者提供了推行专制制度的工具，使之演变为吃人的礼教，建立了超稳定的封建社会秩序。不管从哪个方面分析，都说明孔子对周礼实施"因"与"损益"相结合的原则，成功地完成了对礼教的革新，证明他尊奉的教育改革原则是富有成效的。

（二）正名说

何谓"正名"？"正名"是指辨正名称、名分（fèn）。名称是概念，就辨正名称而言，孔子正名说的提出，曾经引起古代的"名实之辩"。名分是指名位及其职分，孔子提出的正名说，是就"名分"而言的，他认为只有符合名分的领导与管理，才是合法、合理的，才可能建立有序的管理，从这个意义上说，"正名"就是要求管理者的职位与责任、权力相一致，这一观点在一定程度上符合现代管理的要求。鲁昭公末年，孔子赴齐国，齐景公向他请教为政之道。针对齐景公多内嬖、不立太子，以及齐国政局不稳，孔子告诫他，应当君要尽君道，臣要尽臣道，父要尽父道，子要尽子道。这就是"君君，臣臣，父父，子子"这句名言的出处。齐景公听后回答说："善哉！信如君不君，臣不臣，父不父，子不子，虽有粟，吾得而食诸？"[①] 称赞孔子说得极好，并补充道，如果君不尽君道，臣不尽臣道，父不尽父道，子不尽子道，纵有积谷，我哪能吃到呀？这是孔子试图将正名用于齐国，疗治该国乱政的一例。他还直接与弟子们讨论过正名，《论

———————————

① 《论语·颜渊》。

语·子路》篇对此有所记载。当时孔子与弟子们正住在卫国，卫人立出公辄为国君，其父蒯聩正逃亡在外，辄不愿自立为君，致使卫国处于群龙无首的混乱状态。子路问孔子，如果卫君有意等待先生来主政，您将首先从何处下手呀？孔子说："首先必须正名吧！"（子曰："必也正名乎！"）子路认为，一个鲁国人怎么能为卫国正名呢？于是脱口而说："先生您真是迂腐到这等地步了吗？这名又何从正呀？"孔子就批评他："真是太粗野了，由呀！君子对于自己不了解的事情，就应该存疑而不去谈论。"然后对子路阐述了正名的重要性，说如果名不正，就无法将要办事情的理由说清楚。说不清楚，就做不成事。做不成事，便不能兴礼乐之教。礼乐不兴，仅仅用刑罚施政，刑罚也不可能使用得当。刑罚使用不得当，老百姓将会无所措手足，不知如何是好了呀！因此君子做事，先要定名分，说清依据，说得清楚才能办得成功。君子说任何一句话，都必须根据名分，不可苟且马虎。这段论述十分清晰地表达了孔子的正名说，特引录如下：

> 名不正，则言不顺；言不顺，则事不成；事不成，则礼乐不兴；礼乐不兴，则刑罚不中；刑罚不中，则民无所措手足。故君子名之必可言也，言之必可行也。君子于其言，无所苟而已矣。

孔子认为正名是建立和整顿管理秩序必不可少的手段，因为"名不正则言不顺，言不顺则事不成"，这就要求管理者所任职位与所要完成的任务相匹配，使之"师出有名"，使管理者能够说清行使权力的合法性，从而赢得公众的认可（"名之必可言也，言之必可行也"），获得人心的支持。孔子指出在"正名"上不可有一丝一毫的马虎，这是顺利完成管理任务而不会引起任何混乱的必要条件。他甚至郑重告诫弟子："不在其位，不谋其政。"① 孔门弟子曾依据"正名说"提出："君子思不出其位。"② 反映了孔门弟子维护管理秩序的严格性，及其反对僭越犯上的保守性。

正名与法治。"正名"的确是建立管理秩序的必要手段，特别是在社会急剧变革的时期，孔子能够想到采用"正名"来整顿秩序，是他高明之处。不过，在今天，"正名"不能仅仅靠说清楚，而必须依靠法制来"正名"。而且，法治

---

① 《论语·泰伯》。
② 《论语·宪问》。

建设必须与时俱进，法律的解释也应有所"正名"。在社会急剧变革的时代，尤应如此。当然，法治建设与时俱进必须慎重，不可朝令夕改，破坏管理应有的秩序。改革开放初期，关于"两个凡是"的争论，就属于"正名"性质的争论。坚持"两个凡是"，是固守原有的"正名"，反对改革发展，不敢"僭越犯上"；突破"两个凡是"，人们才获得思想解放，改革开放得以冲决禁锢奔腾向前。当下，我国社会正处在转型的历史阶段，法治建设与"正名"的任务十分紧迫和艰巨，直接关系到社会主义事业的前途，不可不积极而慎重地进行。

（三）慎用赏罚——德、能、功、罪区分说

"赏"与"罚"是管理者手中的两大利器，用得正确，可以大大提高管理效益；用得不正确，将造成管理混乱，甚至伤害群众。孔子一贯反对乱用杀伐，主张慎用刑罚，这与他所处时代直接有关。孔子处在氏族宗法制度解构的时代，也就是刚刚走出把奴隶视为"会说话的工具"的时代，他着力反对乱用杀伐，是进步的，人道的。到荀子时，中国社会即将进入大一统，领导与管理的任务需要进一步具体化，具有可操作性，促使荀子在继承孔子慎用赏罚思想的基础上，必须有所发展。他在《王制》篇中指出："王者之论，无德不贵，无能不官，无功不赏，无罪不罚。"[1] 明确区分了"德"、"能"、"功"和"罪"。前三者，属于奖赏范围。一般领导者误认为奖还不容易，谁都喜欢奖励。其实，奖励不仅应有等次之分，还应有类别之异，不可乱用。荀子对赏就十分慎重，认为不能因为它是"给予"，而可以有一丝马虎。他将应当褒奖的内容分为三种，提出了"德、能、功"有别的管理主张。对有德之人，荀子认为应当予以高位，这样可以使高尚的品德借助崇高的社会地位而影响整个社会的风气，引导人们向善。故而我国素有"德高望重"的成语，就是这种管理主张长期实施的结果。对于能人，荀子主张授官，因为官是办事的，无能办不成事。官必须与能相当，不能把职位当成一种"待遇"，用来安抚人心，那将大大削弱管理的效能，造成管理秩序的混乱。至于功，荀子主张立功授奖。有功之人不一定德与能都高，诚如有德的人不一定有能也不一定有功一样。立功，是需要主客观双重条件的，仅仅主观努力，不一定能够立功，外界的机遇至关重要。不管怎样，立功是有益于社会和群体的

---

① 《荀子·王制》。

好事，应该奖励。由于立功者，不一定德与能都高，因此，对其奖励，不宜采用长效性的奖励，授奖即可。总之，德、能、功都是应当褒奖的，但是，必须根据其不同的特点采取不同的方式进行褒奖。这是慎用赏罚的重要表现，也是儒家人才思想的一大发展。至于"罪"，有罪就应罚，依法惩罚，才能树立正气，制服邪恶。该罚的事情，决不能再"研究研究"，那是"人治"，是强化"关系网"的腐朽思想，将扰乱人们的思想行为。所以，建立有序而稳定的管理，离不开慎用赏罚。

第五节　强调实施适度求中的管理

（一）"过犹不及"——"中道"管理的诠释

孔子反对"过"和"不及"，要求处理事情必须把握最恰当的分寸。"过"就是"过头"，是不好的，"不及"是指"火候不到"，也是不好的。孔子曾经与学生进行过这方面的认真讨论，此见于《论语·先进》篇：子贡问："师与商也孰贤？"子曰："师也过，商也不及。"曰："然则师愈与？"子曰："过犹不及。"师，是子张的字；商，是子夏的字。子贡问老师，师与商哪个人更贤良？孔子回答说，师呀，常常容易过头，商呀，又常常是不及的。所谓"不及"，是指射箭未及鹄，比喻办事没有正中目标，用力不够。子贡心想，过头的人往往是很努力的，所以又提出来问老师说，那么是不是师比商更好一些呢？孔子郑重指出"过犹不及"①，意思是"过"犹如"不及"一样不好，都办不成事，应当适度，他称之为"中"。

孔子说的这个"中"，不是机械的"平均"，也不是静止不变的一个"中"点。从字义上解释，"中"即是"宜"。这个"宜"，从处理事情的力度上说，指用力恰到好处，既不过头，也不是力所不及。从处理事情的时空上说，它是变化不已的。它要求管理者善于因时、因地、因人、因事而宜。一个好的管理措施，不能因变而宜，是绝对不行的，诚如孟子所说："执中无权，犹执一也。"② 足

---

① 《论语·先进》。
② 《孟子·尽心上》。

见，"中"不是静态的、机械的平均，固守原有的中道，就如同抓住的是"一"，而不是"中"，真正的中道，是与权变相结合的，它反对思想僵化的管理，要求与时俱进，要求从实际出发。

（二）"君事臣以礼，臣事君以忠"——上下制约的"中道"管理

鲁定公曾经问孔子说："君使臣，臣事君，如之何？"他自认为国君使唤臣子，臣子侍奉国君，这总是对的吧。孔子不以为然，对答道："君使臣以礼，臣事君以忠。"① 意思是说国君如果能够以礼对待臣子，那么，臣子自能侍奉国君做到忠诚不贰。孔子表达了两层意思，其一，反对鲁定公无条件使用臣子的专横思想，他认为君臣之间应当遵循各自的礼节，君有待臣之礼，臣有事君之礼。这无疑是主张实施平等的、相互对待的制衡观。其二，君臣关系处理得当的前提是"君使臣以礼"，只有国君能够实施德治，以礼待人，臣子才有必要，也才有可能对其忠诚，辅助国君治理好国家，使天下太平。这种相互对待的君臣关系，体现了孔子倡导的各得其所的中庸之道。由此可知，适度求中的管理，不是平均主义的管理思想，治国平天下的好坏，首先取决于国君自身的素养。但是，也不是片面地认为只要国君好了就行的，臣子也必须尽到自己的责任，应当忠于职守。由此可知，孔子在领导与管理方面，已经具有上下相互制约的思想，这无疑符合管理的普遍原则。

如何才能推行上下制约的"中道"管理呢？

孔子认为，居上位者应当尊贤纳谏，居下位者负有进谏的责任。《论语·子路》篇记载了孔子关于"一言兴邦"和"一言丧邦"的话，他指出，如果当国君的一言既出众臣无人敢违背，国君还以此为乐，那就很危险了。如果君主说得对倒罢了；如果说得不对，就会"一言丧邦"。竭力主张君主应当纳谏，众臣应当敢于进谏。在这一思想的影响下，我国后世的封建社会建立了谏官制度，出现了不少敢于直言的诤臣。许多为民请命犯颜死谏的忠臣，令世人敬仰，伸张了正义，以至影响了整个社会的风气。唐太宗与魏徵，在一定程度上体现了这种上下制约的君臣关系。唐太宗不计前嫌，重用魏徵，与其共商治乱安邦之策，魏徵得以为后人留下了著名的《谏太宗十思疏》。其《疏》指出：

---

① 《论语·八佾》。

臣闻求木之长者，必固其根本；欲流之远者，必浚其泉源；思国之安者，必积其德义。……人君当神器之重，居域中之大，不念居安思危，戒奢以俭，斯亦伐根以求木茂，塞源而欲流长也。

魏徵的《谏太宗十思疏》，可谓语重心长，一片忠心，感人至深。居安思危的告诫，一直发挥着警示的作用。

孔子上下制约的"中道"管理主张，体现了十分鲜明的民本思想，开孟子"仁政"思想的先河。孟子曾经发出了"民贵君轻"这一振聋发聩的呐喊，令西方百科全书派的首领伏尔泰感佩不已，他们几乎不能想象，中国的封建社会怎么会产生这样强烈的民本思想。孔孟关于上下制约的"中道"管理思想的民本精神，值得自豪，应发扬光大。但是，不能不指出，它是建立在统治者道德修养基础之上的，这是典型的"人治"管理思想。其结果必然是"人存则政举，人亡则政息"，人变了也能使"政息"。尤应指出的是，孔子的"中道"是从属于君权至上的，这就不可能真正实现所谓的"中道"。在我国古代的历史舞台上，上演过一幕又一幕诤臣的悲剧。魏徵死后惨遭削碑之辱，唐太宗何念其忠心已矣？生杀大权操在君主一人之手，功臣尚且有"兔死狗烹"之祸，更何况一般谏官的命运？谏言能否被采纳更无从谈起。新中国建立后，由于个人迷信泛滥，法制、党规遭到严重破坏，甚至还重演了这类不应有的悲剧。人们在痛定思痛之时，更感创建具有上下制约作用的法制和政治体制的极端重要。

（三）"五美"与领导者适度求中的管理

孔子曾经告诫子张，从政管理应当做到"尊五美"：

子曰："君子惠而不费，劳而不怨，欲而不贪，泰而不骄，威而不猛。"子张曰："何谓惠而不费？"子曰："因民之所利而利之，斯不亦惠而不费乎？择可劳而劳之，又谁怨？欲仁而得仁，又焉贪？君子无众寡，无小大，无敢慢，斯不亦泰而不骄乎？君子正其衣冠，尊其瞻视，俨然人望而畏之，斯不亦威而不猛乎？"①

孔子为子张解释"五美"，即"惠而不费，劳而不怨，欲而不贪，泰而不

---

① 《论语·尧曰》。

骄，威而不猛"，此谓从政者必须具备的五项美德。这五项美德，都有一个"度"的要求。例如"惠而不费"，"惠"（即给下属实惠）不能转化成浪费，这里所说的"不费"就是"惠"实施时的"度"。再如"劳而不怨"，"劳"是指让民众服劳作，不能转化为怨恨，"不怨"就是施"劳"时的度。又如"欲而不贪"，"欲"是指领导者的欲望，"不贪"就是其欲望应控制的度。还如"泰而不骄"，"泰"是指领导者舒泰的样子，"不骄"则是舒泰应有之度。最后是"威而不猛"，"威"是指领导者威严的形象，"不猛"就是其威严应把握的度。有度的修养，才是有教养的修养，可以发挥影响力的修养，而不是为修养而修养的"作秀"。例如为下属"施惠"办好事，没有一个辩证的思想是办不好的，就会出现施惠而白白浪费的现象，例如，发了奖金还被骂娘，就属于"惠而费（废）"。孔子指出只有"因民之所利而利之"，才不会产生"费"。这里涉及管理的一项重要原则，就是施惠必须从人的需要出发，利人之所需，才不会"费（废）"。管理者总是要组织被管理者从事必要劳作的，如何才能使之不生怨恨之心呢？那就必须做到所布置的工作，是其应当做，且能够做的，那就不会产生怨恨。人都有欲望，领导者也不例外。那么，什么样的欲望不会使人感到其贪婪呢？只有意欲推行仁德的欲望，才不会使人认为他贪婪。诚如有的领导一心希望提升单位的管理质量，这种欲望是与群体利益相联系的，处置得当人们就不会认为他好大喜功。领导者应有一定的风度，舒泰就是一种风度，如果不怀骄矜之心，人们就不会从其舒泰中感到傲慢不敬。领导者应当具有一定的威严，但是不能使人敬而远之，这就需要防止威猛，应该刚柔相济。孔子提出的"五美"，凸显了"适度求中"的管理艺术。

孔子通过对"五美"的阐述，使人们深入认识实施适度求中管理法则的重要。

（四）"九经"与兼顾协调的领导艺术

管理者面对的经常是利益相左的人群，稍有不慎，就会顾此失彼。儒家后学，将中庸之道施于人事管理，要求管理者注意兼顾协调各种社会力量，专门提出了"九经"之说，曰：

> 凡为天下国家有九经，曰：修身也，尊贤也，亲亲也，敬大臣也，

体群臣也，子庶民也，来百工也，柔远人也，怀诸侯也。修身则道立，尊贤则不惑，亲亲则诸兄昆弟不怨，敬大臣则不眩，体群臣则士之报厚礼重，子庶民则百姓劝，来百工则财足用，柔远人则四方归之，怀诸侯则天下畏之。①

所谓"九经"是指统治者面对的九种人事关系，即自我、德高望重的贤良之士、宗族内的至亲、担当重任的大臣、群体小臣、庶民、百工（多指工商食官的手工业者）、疏远的外族、其他诸侯国。对以上九种人，应当采用不同的对待方式，使之各得其所。对统治者自己，则必须修身，这样中道才能确立，领导得当；对贤才必须尊崇重用，这样才能遇事不惑；对至亲必须关爱，这样家族之内才能和睦而无怨恨；对大臣则应恭敬，他们就会各司其职，不会产生管理混乱；对小臣应当体恤，这样就可获得"士为知己者死"的厚报；对庶民应当"爱民如子"，他们就会互相劝勉忠于国家；对有技能的百工，应当多多招徕，这样国家的财用就会富足；对远方的外族，应当注重安抚，这样四方的人就会闻风归顺；对诸侯，能够恩慰各国诸侯，天下的人就会畏服。治国的"九经"体现了领导者应当具备的"面面观"，做到兼顾各方面的利益，这样的统治才能稳定有序。

综上所述，儒家孔子创立了我国古代德治管理思想，提倡以民为本，重视教育在管理过程中的作用，认为人的素质是保证管理成效的关键所在，强调管理者自身的修养，主张用人唯贤。这些都是儒家德治管理思想的精华。但是，"以人代法"，鼓吹道德至上，又使儒家德治管理思想阻碍现代法治的建立。善于建立有序和稳定的管理，是儒家的长处；而以礼治和正名来维护封建统治，又包含诸多的糟粕。儒家的管理思想在方法论上不乏辩证观，对于提高管理的科学水平也不无裨益。正因为儒家的管理思想有如此丰富的合理因素，所以，第二次世界大战之后，日本经济恢复的奇迹，20 世纪 60 年代后期东亚"四小龙"的经济起飞，以及近年来我国企业界"儒商"的崛起，都向人们展示了以孔子为代表的儒家管理思想转化为现代管理实践的可行性。

但是，不能因此无视儒家管理思想体系存在着深刻的价值悖论。例如，在上

---

① 《中庸》第二十章。

下关系上，它存在着忠君（消极性）与民本（积极性）的矛盾；在领导修养的论述上，它既宣扬克己守道、安于现状（消极性），又反对固执己见、凭空臆测、自以为是、思想僵化（积极性）；在建构管理群体上，它轻视竞争意识，限制发挥人的主体精神和创造性（消极性），但又着力促进人际关系和谐，注意增强内聚力，培养敬业乐群、爱国爱民的忧患意识（积极性）……其中消极的内容无一不与儒家服务于封建宗法制度的根本宗旨有关，这是儒家管理思想的本体。我们只有废其"体"，才能采其"用"，使儒家管理思想的合理内核获得新的生命，重放异彩！

第六节　"以人为本"与"人治"、"法治"和"德治"管理

近年来，我国政府明确倡导"以人为本"，有人误以为它与传统的"德治管理"一脉相承，有的人甚至将其与"人治管理"混同。这就有必要将"以人为本"的思想，与"人治管理"、"法治管理"、"德治管理"等作一比较，以揭示这"以人为本"理念的内在本质及其与各类管理思想的关系。

（一）"以人为本"与"人治管理"

"以人为本"和"人治管理"都强调"人"在管理中的重要地位，人们很容易将二者相比附。实际上，它们却有本质的差别。"以人为本"是现代重要的哲学理念，也是现代管理重要的理论依据；而"人治管理"则是传统管理遗留下来的管理理念。二者不同至少有三：

第一，所指的"人"有多元与一元之别。"以人为本"，明确指出人的作用乃是管理的根本。这是将"人"与其他管理要素，如财、物、时、空、信息等的管理作用相比较得出的重要结论。"以人为本"所说的"人"是多元的，既包括管理者，也包括被管理者，还包括参与管理的人（有时也称作管理的人文环境）。而"人治管理"所强调的"人"，主要是指管理者，它是一元的，在历史上，"人"几乎专指统治者，其重要作用，最典型的表述莫过于所谓"人存政举，人亡政息"，极端强调统治者对管理质量的决定性作用。至于被管理者，在"人治管理"中是没有地位的。

第二，有目的与手段的不同。"以人为本"注重促进管理中"人"的发展，认为这既是管理的手段，也是管理的目的。人的能动性和才干，是管理目标实现的重要保障，这是称其为"手段"的原因。现代"以人为本"的管理，还认为通过管理实践，也应使"人"自身得到发展，并指出这是管理的重要目的之一。马克思主义从来主张，人类在创造未来的同时，也应创造人类自身，共产主义的最高理想，就是要在物质生产极大丰富的同时，塑造全面发展的人。人的发展既被视为管理的手段，更被视为管理的目的。"人治管理"则不然，它强调发挥人的作用，旨在实现管理的目标，其功能纯粹是管理的手段。历史上有些较开明的政治家，经常告诫统治者和被统治者应当以修身为本，认为这是长治久安之策。这固然有限制统治者贪欲膨胀的一面，但它从不负有塑造人的任务，即使造就了明君贤臣，那也只是为了保证统治阶级长远利益的实现。显然，这种举措的意图决定"人治管理"所实施调动人的积极性、教育人等诸方面的活动，其性质无法突破"手段"的范畴。

第三，在管理理论体系中具有不同的地位。"以人为本"是高于"人治管理"的上位概念，它是一种哲学思想；而"人治管理"只是一种管理主张，二者处于不同的层面。"人治管理"与"法治管理"、"德治管理"倒是同一层面的管理思想，由于各自在管理活动中运用的手段不同，管理的侧重面不同，依据的主要理论不同，而分别享有不同的称谓。"人治管理"在历史上一贯"以人代法"，君主之言就是法令，从而取消了法治的管理功能，大大强化了封建专制制度。"人治管理"与中国传统的"德治管理"有着密切的联系，但是，"人治管理"张扬统治者的绝对权力，排斥和贬抑了道德修养在管理中的作用，从这个意义上说，它是传统"德治管理"的异化。"以人为本"则不同，它是管理的最高原则，渗透在各种管理原理之中，不仅与"法治管理"、"德治管理"不相对立，而且在历史上，"法治管理"与"德治管理"常常由于或一体现了"以人为本"的思想，从而具有了不同程度的管理民本性。

（二）"以人为本"在"法治管理"中的体现

"以人为本"重视的是"人"，而"法治管理"重视的是"法"，依常理，这二者似乎必定是迥然有别的。也可能正是受这种思路的影响，人们在接受"以人为本"管理理念的同时，常常自觉不自觉地淡化了"法治管理"。"法治管理"

经历了古代、近代与现代几个发展阶段，不论在哪个发展阶段，"法治管理"的经典理论都渗透着人文精神。而且，历史上成功的"法治管理"实践，都得益于运用法律的手段，有效地管理了"人"。

韩非是我国先秦法家的集大成者，他倡导的法治管理思想，还直接以"人情"为依据来论证法治管理的合理性。他说："凡治天下，必因人情，人情有好恶，故赏罚可用则禁令可立，而治道俱矣。"① 我国先秦法家认为趋利避害是人之常情，善用赏罚的法治管理，被视为是顺乎人情的有效管理方法。秦国采用法家的主张，"因人情、明赏罚"，凝聚了民众的力量，提高了施政效能，增强了国力，一举灭六国而一天下。但是，立国之后，秦王朝违背人心民情，继续推行严刑峻法，激化了社会矛盾，造成二世而亡的惨烈。这从正反两个方面证明法治管理应当本之于人，它如果能与"以人为本"相通，也就能成为成功的管理。反之，则是相悖的、失败的管理。

我国追求的现代法治管理，强调法律制度要促进个人与社会的和谐，人类与自然的和谐，人的个性在法治中受到了尊重和保护，人类的整体利益受到了前所未有的关注。这种法治本身初步体现了"以人为本"的原则，是在运用法律的手段来保障人的全面和谐的发展。不难发现，"以人为本"开始成为我国现代法治管理的根本指导思想。

（三）"以人为本"与传统"德治管理"有同也有异

"以人为本"与"德治管理"都高度重视"人"的作用，将"人"的因素放在管理诸因素之首。还将提高人的素养列为管理的重要内容，并注重选拔德才兼备的管理者。这是二者的相同之处。就我国历史而言，孔子公认是我国传统"德治管理"的创始人，他最早指出人的人格力量可以超过权势的力量，并留下了著名的传世格言："三军可夺帅也，匹夫不可夺志也。"② 孔子还比较了道德和法治对治国的不同作用，他承认运用行政手段进行管理，以及动用刑法来管束人们的行为，都能取得一定的管理效果。但是，他认为这与道德教化的作用不可同日而语。他指出，道德的作用可以使人在平时做到"慎独"，在危急时还能使人

---

① 《韩非子·八经》。
② 《论语·子罕》。

"杀身成仁"，为道义而献身。为了推行"德治"，孔子极力主张选用贤人，并大力倡导"自天子以至于庶人，壹是皆以修身为本"①，将用以提高管理者和被管理者修养的教育，列为管理的重要内容。他曾警告统治者，不先教育民众就动用刑律，那无异于残虐！这些都是我国传统"德治管理"理论与现代"以人为本"管理思想的一致性。这种一致性的思想根源，在于孔子对"人"的发现。我国在春秋战国时期，由于生产力的发展，人们开始认识了"人"的力量，重人轻天的思想有所抬头，孔子正是这一社会思潮的代表，致使他创立的"德治管理"具有较强的人文精神。不过，应当指出，现代的"以人为本"思想，依据的是更高社会发展阶段的"人学"，它与我国传统的"德治管理"有着质的区别。

其一，"人"的内涵不同。尽管传统的"德治管理"与"以人为本"都重视人，但是，"人"却各有大不相同的内涵。"以人为本"的"人"是指"完整的人"，或称"全面发展的人"，包括人的德、识、才、学、体等方面，它尊重人的个性特点，并且认同个人与社会的互动。传统的"德治管理"所说的人只是"道德的人"、社会的人。孟子曾经指出："天时不如地利，地利不如人和。"② 高度评价"人"在管理中的重要地位。不过，应当看到，孟子并不认为一切"人"在管理中的作用都高于"天时"和"地利"，只有构建了和谐人际关系的"人"（"人和"），才具有这种价值。显然，儒家德治管理所谓的"人"，是处在社会网络之中的"社会的人"，他们关注的是人的"群性"，即"道德之性"、"社会之性"，而非人的个性。这是由于儒家处在中国大一统的封建社会，一元化是这一社会的基本形态，体现人的社会性和维护社会统一性的品德，也就被视为是人最重要的素质，是在管理中起决定作用的要素。这种社会不可能满足人的个性发展，而且限制人的个性发展。这种限制不独用于被统治者，而且施于统治阶级内部，这说明封建社会抹杀人的个性，具有社会的普遍性。欧洲国家在文艺复兴时期创立了"人本主义"，从反对封建专制的角度，高度重视人的个性解放，张扬人的独立人格，但是，却对人与社会，人与自然的关系缺乏正确的认识。我国政府倡导的"以人为本"的思想，不仅与传统"德治管理"所论的"人"，而且也与历史上西方的"人本主义"所论的"人"，有着巨大的差别。我国"以人为

---

① 《礼记·大学》。
② 《孟子·公孙丑下》。

本”的思想，反映着现代社会“人”的地位的变化。现代社会是多元化的社会，生产的个性化不仅满足了人个性发展的需要，更需要个性化的人来促进其发展。现代社会还从更高层面上发现了人与社会、人与自然不可分割的互动关系，这就突破了西方传统“人本主义”的狭隘性。“以人为本”的管理，要求在强调人的个性的同时，还必须关注人的社会适应性及自然适应性。

其二，“民本”管理思想与现代民主管理思想的区别。中国传统“德治管理”强调“人”的作用，其中体现了对民众力量的重视，所谓“民惟邦本，本固邦宁”①，“民为贵，社稷次之，君为轻”②。孔子认为必须将取信于民置于治国之首，他曾告诫弟子：“民无信不立！”这使得传统的“德治管理”具有了一定的民本性。不过，这只是自上而下对民施以恩惠，不是将管理权力交付给民众，其主旨在于夯实封建统治的社会基础，不要发生“水则覆舟”的剧变。当然，这只能属于传统的“民本”思想范畴，其管理主体仍然是统治者（管理者），“民”则是管理的客体，与现代民主管理有着质的区别。现代的“以人为本”，其“人”既包括管理者，也包括被管理者。被管理者拥有参与管理的权利，这种权利不是自上而下的恩赐，所体现的民主管理精神，既是管理手段的需要，也是管理目的的达成。

其三，与法治管理具有相通与贬抑的不同。前文已经论及，“以人为本”可以渗透在“法治管理”之中，二者有相通的一面。而传统的“德治管理”在理论上却一贯贬低法治管理的作用。荀子曾说：“法不能独立，类不能自行，得其人则存，失其人则亡。”③ 这就从法家立法以“明公私之分”的立场上大大后退了一大步，也与它本身主张的民本思想相左。儒家思想体系内在的矛盾，使其“德治管理”在历史上经常转化为与法治管理对立的“人治管理”。将“人”置于“法”之上，为个人专断、“以人代法”提供了依据，这正是儒家“德治管理”的历史悲剧。

（四）“以人为本”与德法兼治

今天，我国领导人在构建现代法治社会的同时，又倡导“以德治国”，为传

---

① 《尚书·夏书·五子之歌》。
② 《孟子·尽心下》。
③ 《荀子·君道》。

统"德治管理"向现代转化创造了条件，也为构建"以人为本"、德法兼治的管理格局创造了条件。怎样理解现代意义上的"以德治国"呢？

首先，"德"主要用于精神文明领域的建设和管理，以求充分发挥"德治管理"的教育功能，更有效地提高全民族的素质，从而促进更高层次的自觉、自主型管理的形成，更好地体现"以人为本"的民主精神。

其次，今天倡导的"以德治国"不再是"法治"的对立物，而是它的重要补充，是为了更好地实行法治，达到德法兼治、并行不悖。实践证明，"德"与"法"既有管理目标的一致性，又有功能上相对的差异性，德法兼治，可以使我们的管理更趋全面和完善。"德"与"法"相比较，在功能上是各有侧重的，一般而论，"法"主禁，"德"主教；"法"治寡，"德"服众；"法"属刚，"德"属柔；"法"依理，"德"因情；"法"治行，"德"入心……德法兼治关注到人的方方面面，体现了关于人的整体性的理念。正是从这个意义上说，德法兼治有助于保证现代"以人为本"管理原则的全面实现。

但是，德法兼治并不意味"德治"与"法治"的地位是相当的。建立一个现代法治社会，是我国领导与管理的主要任务，否则很难实现我国管理体制的现代转换。因此，在"以人为本"思想的指导下，德法兼治是指以法治建设为主，德治为辅，这样才能防止我们的领导与管理回到"人治管理"的旧路上去。为了区别于传统的"德治论"，近年来，我国淡化了"以德治国"的提法，而以精神文明建设来加以表述。总之，单一的法治管理不能包揽一切社会问题，提高全民族的素养，是领导与管理不可或缺的重要任务，也是一个极为复杂的任务，必须具有长期奋斗的思想准备。

第七章　成功改革教育的保障机制（上）

——创建经典教材与课程

　　众所周知，孔子编订了世界最古老、使用时间最久远、系统的人文教材，本书则揭示出他所编的教材具有统摄各类学科的综合性特点，为世界教育史上所独有。孔子将前代"世传之史"列为教材，供学生诵习，使教学内容突出了伦理道德、政治教育和治国平天下能力的培养。这使孔子的私学成为众望所归，以及百家之学的发源地。而且他所编订的教材还激活了传统经典的"再生力"，这无疑是我们应对知识爆炸挑战颇有价值的对策。孔子编订教材的成功经验，至今仍然需要我们认真总结。

第一节　编订了世界最古老、使用时间最长久的系统人文教材

——《诗》、《书》、《礼》、《乐》、《易》、《春秋》

　　孔子编订的教材，起初称《六书》，从荀子《劝学》篇开始，尊其为"经"，后世遂称《六经》。孔子编订的《六经》，堪称世界最古老、使用时间最久远的、系统人文教材。后世所说《六经》，即《诗》、《书》、《礼》、《乐》、《易》、《春秋》6部经典。关于它的著者，历来一直有争论。据考，这些典籍大多起始于商、周，经历了漫长的流传、扩充、修订的过程。从有关史料中可以判定，我国古代教育开创时期的代表周公，对它的创作订定有不可磨灭的贡献；而从古籍文献中整理出《六经》，组成学术体系，并成为一套完整系统的人文教材，以传其

道，则功在我国古代教育的奠基人——孔子。孔子也因集成并传播了《六经》，而享有集中国古代文化大成者的盛誉。从我国先秦起直到清末的两千多年间，《六经》一直都是我国学校教育法定的基本教材。其影响之深远以至及于海外的整个华人世界，它对中华民族共同心理的形成有着不可估量的作用，时至今日，要了解和研究中国的传统文化，仍然不能不研读《六经》。

（一）编订教材的指导思想——"志于道，据于德，依于仁，游于艺"

《论语·述而》记载孔子说："志于道，据于德，依于仁，游于艺。"这便是孔子实施教育的指导思想，也是其编订教材的指导思想。"道"是目标（"志"），"德"是根据（"依"），依归于"仁"，游学於礼、乐、射、御、书、数等六艺。

以道为目标，即以阐明和追求真理为教材编订的目标，显示了孔子课程设置和教材编订注重理性的特点。"道"在《论语》中有多种含义，此处所说"志于道"的"道"，应作"主义"或"真理"讲。以献身道义为人生的目标和孔子实施教育的目标，是他对弟子的基本要求，所谓"士志于道"①，就是指读书人应当立志追求真理。孔子为了强调追求真理的无上价值，甚至极而言之："朝闻道，夕死可矣。"② 如果早晨得知真理，即使晚上死去，也心甘情愿。朱熹还认为此处"道"的内涵，乃是"人伦日用之间所当行者"③，表明孔子倡导的"志道"、"闻道"均侧重于社会和人生的实践。西方古代的教育思想也有注重理性的传统，不过侧重于自然和个人。孔子开创的中国教育，在其形成之初，就已表现出探讨合理人生的趋向，以教人做有道德的人为教学的目标，这也是制约教材编撰的目标。

比"志于道"低一个层次的是"据于德"。就孔子的思想体系而论，"德"是道的具体表现，即道德实践。"据于德"，要求课程设置和教材必须以人的道德实践为依据。若与西方国家的古代教育比较，他们着重教人求科学之真，孔子则着重教人务道德之善和行为之美。而且他所谓的道德之善必须合知行于一体，要求人们成于内的必行于外，这正是儒家教育的一大特点。朱熹对"据于德"

---

① 《论语·里仁》。
② 《论语·里仁》。
③ 朱熹：《四书集注·论语·述而》。

有所解释："得之于心，而守之不失，则终始唯一，而有日新之功矣。"① 这就是说道德实践必须是"得之于心"的"知"和"守之不失"的"行"的统一。

道德教育内容广泛，有政治教育、品德教育、思想教育等方面。"依于仁"，则表明孔子的教育和课程设置，都以培养"仁人"为目的。前文已论述"仁"是孔子思想的核心，它是人伦道德的总名。"依于仁"指出，孔子教育的核心是人伦教育，这是孔子教育思想的又一特点。

"游于艺"，是课程设置和教材编订的最后一层意思，它要求学生玩索、游习于"六艺"之中。这里的"六艺"在春秋之时是指礼、乐、射、御、书、数，当《汉书·艺文志》将其释为《诗》、《书》、《礼》、《乐》、《易》、《春秋》之后，"六艺"方有"六经"之意。不论哪一种解释，"游于艺"都需要读书、习艺，掌握实现"仁"的理想的本领。按朱熹所注，六艺"皆至理所寓，而日用之不可阙者也。朝夕游焉，以博其义理之趣，则应务有余而心亦无所放矣"②。揭示了六艺所具德智兼求的特点：它一方面在知识之中寓有至理，可以充实人的道德修养，另一方面这些艺能与知识，又都是民生日用所不可缺少的，是"应务"的本领。孔子用一个"游"字表达了六艺的教学要求：必须是学生自己进行情趣有致的体味玩索活动，必须体现学生主动实践的特点。

"志于道，据于德，依于仁，游于艺"，"是由抽象到具体的四个层次，道是最高原则，德是道的具体表现，仁是德的具体内容，艺是仁的实际运用"③。孔子设置的艺能课，受着道、德、仁的统辖，是为人伦道德教育服务的，这是孔子教育思想、编订教材和设置课程的基本特点。

（二）编订教材的原则——"述而不作"

孔子编订教材，态度极其严肃认真，奉行"述而不作"的原则，如果将"述"和"作"视为"继承"和"创新"，那么"述而不作"属于保守、落后的历史观。在战国时期，墨子曾经对此进行猛烈的抨击，认为这是反对和阻碍创新。但是，结合孔子其论和其人的教学实践来分析，似不应将它简单地指斥为反

---

① 朱熹：《四书集注·论语·述而》。
② 朱熹：《四书集注·论语·述而》。
③ 张岱年：《论孔子的哲学思想》，载《中华文史论丛》，1983 年第 4 辑。

对创新。这一原则出自《论语·述而》，孔子说自己是"述而不作，信而好古"。此处的"述"是阐述、传授的意思。而"作"，钱穆先生认为有两种含义：一种是指"创始"，一种是指"制作"。例如周公身居高位能够制礼作乐，而孔子有德无位，因此只能述而不作，这两种意思应当结合起来理解。孔子提出"述而不作"是就"好古"而言，是明确表示尊重历史，在该书同一篇中，他还说过这样的话："盖有不知而作之者，我无是也。多闻，择其善者而从之；多见而识之；知之次也。"两相对照，"述而不作"的"'作'，大概也是'不知而作'的含义。"① 孔子编订教材典籍，强调以"信"为首，严格要求尊重历史，反对"不知而作之者"，并声明自己绝不做这种人。他注意调查考订，在充分掌握历代官书、庙堂文献、实物传说等大量可靠资料的基础上，通过鉴别、分析、综合，最终编订成书，保证了教材的可信度和科学性。

教材负有传递人类文化成果的任务，"述而不作"符合这一要求。它所"述"的对象，孔子称之为"古"的，其实正是当时的传统文化，他以无限热爱和崇敬的心情对待先民的创造成果，为了使之发扬光大，广为收集、博采，倾注了毕生的心血，体现了严谨的学风，堪为后世师。他编述教材采用了"多闻"、"多见"实地调查的方法。为了考证1500年前的夏代历史，他曾专程到杞地调查。《礼记·礼运》篇引用孔子的话说："我欲观夏道，是故之杞，而不足征也。吾得《夏时》焉。"对于"不足征（证明）"的内容，他宁可阙疑、阙殆，绝不"不知而作"。《论语·八佾》中孔子自己有所表白："夏礼，吾能言之，杞不足征也；殷礼，吾能言之，宋不足征也。文献不足故也。足，则吾能征之矣。"他将"能言之"与"能征之"严格加以区别，强调了实地考证的重要。朱熹还研究了孔子考证依据的"文献"，指出："文，典籍也；献，贤也。"② 这是说孔子注意掌握"第一手资料"和存于民间的"活档案"，这种考证的方法，在今天仍然是十分有价值的科研方法。孔子的实地调查往往有得有失，譬如去杞地，虽然证实不了"夏礼"，但却获得了《夏时》。他对搜集到的文化遗产，总是视若珍宝，详加记载，认真传授。据汉代经学家考释，孔子所得《夏时》为夏代历法，儒家经典《礼记·夏小正》，就转述了他所听到的内容。当代科技史家研究指

① 杨伯峻：《论语译注》，第66页，中华书局，1980年版。
② 朱熹：《四书集·论语·八佾》。

出，《夏时》为一年10个月的"太阳历"，简明而方便于农业生产，孔子对它的发掘、传授建有殊功。以不耻下问的态度向人求教，是孔子搜集散佚典籍的又一重要方法。他曾到周室问礼于守藏史，并请为讲解"十二经"，到着手修《春秋》时，他又派子夏等十四位弟子再访周室，"得百二十国宝书"。孔子入太庙，认真学习一事，在历史上一直传为佳话。据说他观看、询问礼器、礼制，做到了详尽备至，超出了一般常人所为，有人对此很不理解，讥讽地说："孰谓陬人之子知礼乎？入太庙，每事问。"① 孔子却坦然地答道："是礼也。"对认真求学深信不讳，认为这本身就是合乎礼的行为。此外，他还访问过苌弘，问古官司制于郯子，学琴于师襄，"观于鲁桓公庙"等等，以勤敏好学的精神，从众多贤人那里搜集到编辑教材的史料。

孔子编订教材所说的"述而不作"，是就历史研究而言的。历史研究如同进行古建筑的修复工作，必须遵循"整旧如旧"的原则，而不能"整旧如新"，研究历史重在弄清历史的真相，孔子提出"述而不作"正符合实事求是研究历史的要求。至于教育，他绝非"述而不作"，也不仅是"以述为作"，而是很有创造性的。

应当指出，孔子的"述而不作"原则，并非"执一无权"的机械活动，他编订教材的过程有许多创造，是以古求新，"温故而知新"。

（三）删、定、修、序"六书"——编订教材过程中的创造活动

"删《诗》、《书》"。司马迁曾指出，《诗》是上古传下来的，经孔子整理、加工过，所谓："古者《诗》三千余篇，及至孔子去其重，取可施于礼义，上采契、后稷，中述殷、周之盛，至幽、厉之缺……三百五篇，孔子皆弦歌之，以求合韶武雅颂之音。"② 这就是孔子删诗的依据。后世著名学者孔颖达、朱熹、崔述和魏源等人都认为所谓删诗，不可能将三千多古诗删去绝大多数，故对此提出了异议。汉代学者王充结合孔子的诗教，认为所谓删诗，是指剔除重复篇目的意思："《诗经》旧时亦数千篇，孔子删去复重，正而存三百篇。"③ 这与《史记》

---

① 《论语·八佾》。
② 《史记·孔子世家》。
③ 《论衡·正说》。

关于"去其重"的说法一致，由此可以肯定孔子对《诗》做过搜集、整理、校勘工作。《诗》，又称《诗经》，是我国最古老的诗歌总集，上自西周，下迄春秋。现存305篇，分为风、雅、颂三部分。孔子编定的《诗经》，是我国古代留下的最完整、最可靠的古籍，其历史价值可与古希腊的荷马史诗相媲美。

"删《诗》、《书》"的《书》是指《尚书》，即上古时期的历史文献。《尚书·璇玑铃》说孔子曾搜集了三千余篇，《史记》说孔子对其进行过"编次"，《汉书·艺文志》说孔子对其进行过"撰"，总之，孔子编辑整理过《尚书》。由于传说上古时的《书》有三千余篇，经他整理得百篇，故称之为"删《书》"。后世儒家称为《书经》，是我国最早的一部历史资料汇编，保存有上古到殷周以来的珍贵史料。孔子对《书》所记原始史料，以朝代先后为序"编次其事"，并作序"言其作意"；他还以"示人主以轨范"、"足以垂世立教"为政治标准，做了"剪裁"工作，整理成现存的《尚书》。孔子以《书》为教材，旨在向弟子宣扬尧、舜、禹、汤、文、武、周公的德政及任贤的政绩，并强调孝悌为立政之本。《尚书》在当时，相当于"古代史"，而《春秋》则相当于当时的"现代史"。

"定《礼》、《乐》"。先秦典籍多有孔子观览、考定礼器、礼制和实施礼教的记载，现存《仪礼》十七篇以及大、小戴《礼记》，都与孔子正定《礼经》不无关系。《礼》，又称《土礼》，相传为孔子所手定，故称《礼经》。春秋时期，周礼崩坏，孔子主张对周礼"损益因革"，以仁学理论加以改良。他视礼为立国立人的根本途径，认为"不学礼，无以立"①，提出"为国以礼"，对学生最基本的要求也是"立于礼"。孔子所谓的"礼"，有广义和狭义之分。狭义的礼是指礼仪、礼节和礼貌，广义的礼是指法令、规章、制度、风俗和文化。不论是哪一种礼，它都是沟通人类情感，使人们和睦相处的规范。从积极方面说，礼对人的行为有指导作用；从消极方面说，礼对人的行为有节制的作用。由于孔子的提倡，使我国古代形成了良好的民风民俗，被世人称誉为礼仪之邦。但是，"礼"在我国古代，几乎是上层建筑的别名，必然具有很强的阶级性和历史性。孔子提倡的"礼教"被后世统治者加以利用，变成压迫人民的思想武器，是孔子的悲剧所在，也反映了他的阶级局限性和历史局限性。

孔子爱好音乐，并实施过音乐教育，但他是否定过《乐经》呢？《礼经通

---

① 《论语·季氏》。

论·论孔子定礼乐》一文认为："乐本无经，寓乎《诗》与《礼》之中，其体在《诗》，其用在《礼》。名为六艺，实止五经。"这一评论得到学术界的认同。从汉初所传《乐》来看，"盖其遗谱"，估计孔子正乐，只是审订乐谱，至于论述乐教的内容，则是后世的《乐记》。由于孔子素有高深的礼乐射御书数的功底，所谓审订乐谱是指他曾经将三百零五篇诗，"都配乐歌唱，以求合于《韶》、《武》、《雅》、《颂》乐曲的音调。先王的礼乐制度从此才恢复了旧观而得以称述……诚如孔子自己所说：'吾自卫返鲁，然后乐正，《雅》、《颂》各得其所。'不过遗憾的是古代的《乐》最后没有能流传下来。"① 《乐》，被儒家称为《乐经》，早已失传。孔子与前期儒家对乐教社会作用的重视是空前的，他们认为乐与礼相辅相成，是同样重要的政治手段。因此，把乐教列为培养君子不可缺少的教育内容。他本人有着很高的音乐修养，善于操琴鼓瑟，喜欢击磬唱歌。"子与人歌而善，必使反之，而后和之"②，反映了他对乐的造诣较深。据《论语》记载，当他在齐国听到舜时的乐曲《韶》时，竟陶醉到"三月不知肉味"③ 的程度。他之所以如此喜爱音乐，不仅出于个人爱好，还由于他深知艺术教育对人培养的作用。孔子指出"礼所以修外"，是人们的行为准则；"乐所以修内"，可陶冶人的情操。故孔子在要求学生"立于礼"的同时，还要"成于乐"。所谓"移风易俗，莫善于乐；安上治民，莫善于礼"这是《孝经·广要道》对孔子倡导礼乐教育作用的确切评价。

"修春秋"。《左传·昭公二年》记载，晋国韩宣子到鲁国见到了《鲁春秋》，说《春秋》原是鲁国的一部编年史。《孟子·滕文公下》说"孔子作春秋"，披露孔子对《春秋》有所"作"，即修订、加工。《公羊传·庄公七年》也透露了有关信息，说"不修《春秋》曰：'雨星不及地尺而复。'"意思是未经修订的《春秋》写得很啰嗦，经过修订，则改写为"星陨加雨"。司马迁也说，孔子"因史记作《春秋》，上至隐公，下讫哀公十四年，十二公。据鲁，亲周，故殷，运之三代。约其文辞而指博。"综合史家的研究，似可认为孔子对《春秋》进行过修订加工的工作。他在教学中对春秋大义更有许多引申发挥，这恐怕是孟子认

---

① 姚淦铭：《孔子的智慧生活》，第48～49页，上海辞书出版社、汉语大词典出版社，2007年版。

② 《论语·述而》。

③ 《史记·孔子世家》。

为孔子对《春秋》有所"作"的原因。《春秋》，又名《春秋经》，是我国现存第一部编年体史书。记写了鲁国 242 年的历史，包括政治、军事、经济、天文、地理、灾异等史料，有一定的文化价值。它经孔子修订，采用了"寓褒贬，别善恶"的"春秋笔法"。例如，由于吴楚之君自称王，孔子在《春秋》中就将他们贬之曰"子"，而不是"王"。践土之会，实际上是诸侯召周天子，《春秋》为天子讳，写成"天王狩于河阳"。《史记·孔子世家》认为孔子的"春秋笔法"将使"天下乱臣贼子惧焉"。孔子也认为："后世知丘者以《春秋》，而罪丘者亦以《春秋》。"① 孔子的旨意在于通过具体的历史事实，进行"正名"的说教，以维护"君君、臣臣、父父、子子"的社会秩序。故而修订《春秋》时，十分严谨，"笔则笔，削则削"，以致"子夏之徒不能赞一辞"②。由于孔子提倡《尚书》和《春秋》，并将它们列为教材。促使我国古代教育形成了重视历史教育的传统，这对培养学生爱国主义的感情以及加强中华民族的凝聚力曾起到过重要作用。

序《周易》。自古至今，有不少学者都认为孔子为《周易》撰写了《易传》。例如司马迁在《史记·孔子世家》中记载道："孔子晚而喜《易》，序《彖》、《系》、《象》、《说卦》、《文言》。"此世家正义，更明确地指出："夫子作《十翼》。"近年来，学术界有人提出，《易传》是战国时期的著作。不过，这并不能抹杀孔子对《周易》编撰的重大作用。秦汉以来的书，例如《吕氏春秋》、《淮南子》、《说苑》等，均载有孔子论述易理的话，但都不如《论语》里的记载可信。《论语》是公认研究孔子最为可信的文献，其中涉及《周易》的地方有三处：

　　　子曰："加我数年，五十以学《易》，可以无大过矣。"③

　　　子曰："南人有言曰：'人而无恒，不可以作巫医。'善夫！'不恒其德，或承之羞。'子曰：'不占而已矣。'"④

　　　曾子曰："君子思不出其位。"⑤

---

① 《史记·孔子世家》。
② 《史记·孔子世家》。
③ 《论语·述而》。
④ 《论语·子路》。
⑤ 《论语·宪问》。

这三条中直接涉及《周易》具体内容的是《论语·子路》一则，它记载了孔子赞扬南人论人应有恒的话，为了勉励弟子们做一个有恒心的人，他引用了《周易·恒》封九三的爻辞作为论据。《周易》本是一本占筮的书，春秋战国时期，人们还多用来占筮，例如庄公二十二年陈厉公让周史为其初生的儿子占筮，闵公元年毕万以筮仕于晋国，等等，说明占筮之风很盛。而孔子却告诫弟子"不占而已矣"，指出学习《易》重在把握其精神，可以不用占筮。他本人现身说法，晚年学《易》是为了提高品德修养，做到"无大过"。在他的教诲下，曾子也将《易》的卦位思想用以修身，说出了"君子思不出其位"的体会。孔子这种"不占而已矣"的做法，提示了序《周易》的方向，对于《周易》摆脱占筮的束缚，起到开风气之先的作用。经孔子的倡导，《易经》成为儒家学习的重要经典，为后世提供了独具特色的哲学与科学兼综的精湛教材。

《周易》起源于远古的占筮，是迷信与科学的混合物。其中"占星术"含有人们对星象、天文的观测研究；"占候术"与"占风术"含有气象学的研究；"数卜法"含有数学的研究；占验"风水"含有地质学的研究……《易》中保存了古人对自然观察、解释、探索的思想资料，是我国先周华族传统哲学思想和科学思想的总集。后世的《易》学由于侧重面不同，而形成了不同的派别。就其大端而论，可分为《易》的义理之学，它的传授，建造了中华民族特有的博大宏通、居仁守正、刚健笃实、自强不息的精神风范；又可分为《易》的象数之学，它的传授构建了我国古代天文、数学、生理医学、药学、地学、物理学等学科。深邃而简约的理论体系，其余韵仍然激荡在现代科学的殿堂之中。孔子对于《易经》与占筮分离起过重要作用，着重引导人们去领会书中的义理。《史记·孔子世家》也载有夫子刻苦学《易》，以至于"韦编三绝"。作为一位声誉卓著的大学者、大教育家，如此推崇和钻研《易经》，这一行动本身就很有号召力，并使《周易》由卜筮的范围，进入"天人之际"的学术领域，由此，《周易》一书便成为中国传统文化的基础。

近年来发掘的马王堆汉墓中，有《周易》三部分内容，除经文和系辞外，还有佚书。据专家研究，该佚书"除了很少一部分见于今本的《系辞》以外，其余部分都是不曾流传下来的佚书，内容是孔子和他的学生讨论卦、爻辞含义的记录。估计这部分约有一万一千余字，因帛书残破，现存九千余字"。并指出"佚书是战国晚期的作品"。佚书分五篇，"大部分篇幅是孔子和他的门徒们讨论卦、爻辞含义的问答记录"。其中还有"二三子问曰"① 等字样。考古发掘的《易经》佚文，应当说是孔子传授过《易经》的力证，也是孔子在课程建设上"以述为作"的实证。后世儒家继承了孔子的事业，将《易经》列为教材，推动了我国古代科技教育的发展，有许多读书人由读《易》而致力于科学。宋代名臣范仲淹深通《易经》，为相时，以《易》治国，罢相后，又以《易》治医，救活过许多人。《易经》对中国文化的影响，穿透了历史的屏障，至今仍然在发挥重要作用：大到治国谋略，和谐社会的构建，民族智慧的激发，促进文学艺术、科学技术、管理科学、中国传统医学和军事思想的发展；小到与个人密切相关的心理、养生等，都渗透着《易经》的智慧。

（四）世界最古老、使用时间最长久的系统人文教材

《六经》这套系统教材，就人文学科的体系而言，也是相当全面的。据经典辞书界定："人文学科……广义一般指对社会现象和文化艺术的研究，包括哲学、经济学、政治学、史学、法学、文艺学、伦理学、语言学等。"我国古代的《六经》，应当说几乎涉及人文科学的方方面面，在大约公元前500年的时代，就能创作出具有如此规模和体系的人文科学教材，在世界教育史上实属仅有，为中华民族的一大骄傲！

若与世界教育发展史相比较，则不难看出，**我国的《六经》不愧为世界最古老、使用时间最长久的、系统的人文教材。**

大约在公元前9世纪，古希腊的著名诗人荷马创作了《伊利亚特》和《奥德赛》两部史诗。美国学者奥恩斯坦认为："这两部史诗是早期希腊文学和教育的源泉。"② 是符合历史实际的论断。后来希腊儿童大多以此两部史诗为必读的教科书。《伊利亚特》和《奥德赛》属于人文教材，不过它不是系统的教材，只是诗歌教材，远不如《六经》全面。而且，其使用时间和受教的人数，也大大不如《六经》。

古印度大致在婆罗门时代（约在公元前1200年）创作了系统的宗教教材《吠陀经》。它包括吠陀本集、梵书、森林书、奥义书、天启经、法经、家庭经

---

① 《周易研究论文集》第一辑，第613~628页，北京师范大学出版社，1990年版。
② 《中外教育史大事对照年表》，第5页，吉林出版社，1990年版。

等一批经书，为印度上古文献的总集，具有很高的文化价值。遗憾的是，它主要是宗教经典，而非人文学科的教材，其影响面也远不如《六经》。

就对世界教育影响之大而言，希伯来人在公元前 5 世纪写成的《旧约全书》的首五卷（《创世纪》、《出埃及记》、《利未记》、《民数记》、《申命记》），不仅是当时希伯来儿童的必读教科书，而且流传到世界各地，成为教会学校的教材。美国教育史家 S. E. 佛罗斯特在《西方教育的历史和哲学基础》一书中对希伯来人的这一创造给予了高度的评价，他说："他们（指希伯来人）逐渐形成了一个传统，一本书（圣经）和一个宗教……正是这些东西把世界各地的希伯来人联系在一起，这是历史上的一个奇迹。"公允地说，《六经》在历史上曾创造过决不逊于《旧约全书》的"奇迹"，它使世界各地的炎黄子孙形成了高扬人文精神的传统。现在，"中华文明圈"内各国的腾飞，正引起世人的瞩目，《六经》的人文价值，也日益受到处于精神危机中的西方人士的关注，这是中华民族对人类文明所作的贡献。

第二节　有关课程实施的论述

（一）"兴于诗，立于礼，成于乐"

关于诗教的论述。孔子在《论语·泰伯》篇中指出："兴于诗，立于礼，成于乐。"分别阐述了三门主要课程的地位和作用。在他看来，诗教应当作为教学工作的第一阶段，用朗朗上口的诗篇来激发学生的学习兴趣，对他们进行读书志道的教育。《礼记·学记》记有开学之初的诗教："《宵雅》肄三，官其始也。"就是让学生吟诵《诗经·小雅》中的《鹿鸣》、《四牡》和《皇皇者华》三篇，使他们在入学之初便确立"学而优则仕"的目的。这是孔子"兴于诗"主张的实施。他重视诗教，系统阐述了它的教育作用说："小子何莫学乎诗？诗，可以兴，可以观，可以群，可以怨。迩之事父，远之事君；多识于鸟兽草木之名。"[1]这段论述似可称做孔子诗教的纲目，它首先揭示了学诗具有发展人智力与实践能力的作用。所谓"可以兴，可以观"，指出了读诗能够培养人的联想力并提高人

---

[1]　《论语·阳货》。

的观察力，促进人形象思维的发展。孔子提示诗教还可以提高人"治事"的能力，他所说的诗"可以群，可以怨"的话，就属于这一内容。"群"，是教人善于合群，即善待他人。孔子注重"群育"，认为人不能离群索居。如何善于群处，妥当地待人接物，是做人不可忽视的教养，孔子主张"君子和而不同"，"周而不比"。诗在古代社交场合具有"唱和"功用，唱者自出其声，但又须与人和合。朱熹认为这种学诗的训练，无疑是在教人"和而不流"①。这是对孔子"可以群"的正确注解。至于"可以怨"，历来都认为是指学诗能教人掌握艺术的讽谏、规劝手法。孔子教人行"仁"，而"唯仁者，能好人，能恶人"②，有明确的是非观念，对于不合于仁德的言行，应当以与人为善的态度加以讽谏、规劝。诗自古就有讽谏的作用，故古代统治者常借采集民间诗歌来了解民情、民心。诗歌是一种艺术形式，特别是经孔子编选后的《诗经》，在讽谏上比较委婉，体现了孔子"劳而不怨"③的道德原则，所以，他要学生掌握这种表达不同见解的特殊方法。

"兴"、"观"、"群"、"怨"，侧重于阐述诗教对出仕能力培养的作用。"迩之事父，远之事君。多识于鸟兽草木之名。"侧重提示学诗对传授知识的作用。所谓"事父"与"事君"，形象地表达了儒家政治人伦教育的内容。孔子曾果决地指出："诗三百，一言以蔽之，曰：'思无邪'。"④即君子学诗可以中正而无邪念，做到竭忠尽孝，其中也应包括对爱情的专一。这当然有一些符合那一时代所需要的说教，为今人所不取。但是，"多识鸟兽草木之名"的论断，却是孔子光辉的思想，开创了我国古代名物常识之教。

孔子继承发展了"以诗育德"的思想。据《尚书·舜典》记载，上古已有"诗言志"的观点。孔子进一步全面提示了诗教对人"知、情、意、行"的作用和影响：他所说读诗能使人"思无邪"，揭示了诗教对"认知"的影响；他所说"温柔敦厚，诗教也"⑤，揭示了诗教对于"情"与"意"的影响；他提出诗以

---

① 朱熹：《四书集注·论语·阳货》。
② 《论语·里仁》。
③ 《论语·里仁》。
④ 《论语·为政》。
⑤ 《礼记·经解》。

"达政"① 的观点，揭示了诗教对"行"的影响。孔子的以诗育德的思想和实践经验，为汉儒所继承，他们又系统指出："诗者志之所之也，在心为志，发言为诗，情动于中而形于言。"② 在以孔子为代表的儒家教育影响下，诗教成为我国古代读书人的必修课。

除此之外，孔子指出读诗有助于学习"雅言"，即当时规范化的文学语言，掌握它才能应酬交往，进行"专对"。他曾说过："言以足志，文以足言。不言谁知其志。言之无文，行而不远。"③ 而学诗能够"言志"，帮助人正确地表达思想，提高文化素养，说话著文有文采，取得较高的社会效应。今天，人们仍用诗教来提高语言表达能力，证明孔子的诗教论述有不少内容具有普遍意义。

关于礼教的论述。"立于礼"，是孔子对于礼教作用的论述，他指出一个人只有接受礼的教育，才可能在社会上安身立命，因为"礼"规定了人的行为规范，所谓："非礼勿视，非礼勿听，非礼勿言，非礼勿动。"要求人的"视"、"听"、"言"、"动"都必须符合礼，集中概括了礼教的基本内涵，它是关于行为规范的教育。具体而论，礼还具有密切人伦关系、改善人的社会关系和调整人的政治关系等多方面的作用。《论语》一书对此有所反映，例如："生，事之以礼；死，葬之以礼，祭之以礼。"④ 这是说明礼对密切人伦关系的作用。"恭而无礼则劳，慎而无礼则葸，勇而无礼则乱，直而无礼则绞。……"⑤ 这是说明礼对改善人的社会关系的作用，其中包括人的政治关系的调整。孔子还探讨了礼的本质，即"礼之本"的问题。这可以从他对于许多"行礼"而实际"无礼"现象的批判中找到答案。他曾经指斥说："人而不仁，如礼何？"⑥ 又说："礼云！礼云！玉帛云乎哉！"⑦ 特别反感的是统治者"居上不宽，为礼不敬，临丧不哀"的表现，认为如此"行礼"是他所无法忍受的，以至说："吾何以观之哉！"⑧ 表明孔子认为礼应以"仁"为本，只有这样礼教才不会流于形式，礼的教育也才能发

---

① 《论语·子路》。
② 《毛诗·大序》。
③ 《左传·襄公二十五年》。
④ 《论语·为政》。
⑤ 《论语·泰伯》。
⑥ 《论语·八佾》。
⑦ 《论语·阳货》。
⑧ 《论语·八佾》。

挥协调人与人之间关系的重大作用。在他的悉心教诲之下，孔门弟子对于"礼"的根本应用都有深刻理解，如《论语·学而》篇记载了孔子弟子有子关于礼的论述，他说："礼之用，和为贵，先王之道，斯为美，小大由之；有所不行，知和而和，不以礼节之，亦不可行也。"此话代表了孔门弟子接受孔子礼教后的深刻体会。它指出，礼的作用在于使社会和谐有序，而这种精神不是某个人所为，它是历史相沿的精神，乃是"先王之道"。先王，在古代不仅是指君主，它还是历史的别称，"先王之道"则代表历史的精神，用今天的话说即为"传统文化"之谓。此处还表明，礼这种传统文化不是一般的"传统文化"，它是优秀的"传统文化"，故曰"斯为美"，因为礼维护了社会的和谐。为了深入说明礼代表一种精神文明，有子又进一步解释道："有所不行，知和而和，不以礼节之，亦不可行也。"反对形式主义地去学礼和行礼。自孔子提倡，礼的教育在我国古代开始了道德伦理化的改造，成为重要的教育内容。

关于乐教的论述。孔子所处时代的乐教，是艺术教育的总称。诗皆能歌，舞蹈、表演艺术等都要配以乐，故往往统称作乐。孔子十分重视以乐来陶冶人的情操，他自己就有很高的音乐造诣，并经常用音乐来感化学生。陈蔡被围时，孔子引导弟子"弦歌不辍"，以坚定救世传道的信念和意志。老师行之在前，学生效法在后，子游为武城宰时，曾以乐化民而使武城大治，就是孔子乐教成功的体现。孔子其所以重视乐教，是由于他认为乐教可以使人进入真、善、美合一的精神境界。真、善、美的统一，是他对于乐教的评价标准。《论语·述而》记载："子在齐，闻韶，三月不知肉味。曰：'不图为乐之至于斯也。'"孔子曾经陶醉于韶乐。这是因为："韶，'尽美矣，又尽善矣'。"[1] 所谓韶之"美"，是指其艺术高超而言；至于韶之"善"，则是指这音乐歌颂了舜礼让天下的美德，即谓道德之善。"武乐"据说也是很美的，但是，不曾使孔子陶醉，究其原因则是"武，'尽美矣，未尽善也'"[2]。对于不符合孔子道德标准的音乐，他也严肃地向学生指出其危害，例如当时流行的"郑声"，他告诫弟子："郑声淫，佞人殆。"[3] 意思是说，如果让这种音乐泛滥，就会直接危及统治，决不能轻视。总之，在他

---

[1] 《论语·八佾》。

[2] 《论语·八佾》。

[3] 《论语·卫灵公》。

看来，实施高尚的乐教是实现王道政治的重要方面，有助于使人进入尽善尽美的精神境界。所以孔子认为乐教是成就一个人完美的人格，它在教育上的地位和作用可以用一句话来概括，就是"成于乐"。以乐教作为教育完成阶段的内容，表现了孔子对于培养人高尚的精神境界和情操的极端重视。

综上所述，"兴于诗，立于礼，成于乐"的论述，既包括孔子实施的主要课程的目标，也反映了他施教的大致情况。它高度概括了这三门课程不同的地位作用。"兴"、"立"、"成"分别指出学校教育和社会教化都应从诗教入手，又应以礼教来"立人"，而以乐教来"成人"。其着眼点均在成就人的道德，体现了孔子课程论的基本特点是"以学育德"，即教书必须育人。后世《礼记·经解》篇关于五经课程的论述正是继承了孔子的思想，它阐述道，到一个国家，只要从人们的行为表现，就可知道这个国家的文教情况。所谓"其为人也，温柔敦厚，诗教也"；"恭俭庄静，礼教也"；"广博易良，乐教也"。着重揭示课程的育人价值，是孔子课程思想的长处，而忽视其传授知识和发展智力的任务，则是它的短处。不过，孔子在距今 2500 年前就提出了有关课程实施目标的思想，这在教育史上是具有开创意义的重大贡献。

（二）试析孔子与科技教育

如何评价孔子及以其为代表的儒家对我国科技发展所起的作用，这是一个有争议的问题。我们认为孔子重人事，他不排斥人对自然的改造活动，也不反对自然科学教育，而且还曾起过积极的推动作用。为了实现"仁政"的理想，孔子重视政治和教育的建设。但他也认识到，世风的好转与教育的发展和经济的发展分不开，所谓"衣食足则知荣辱"[1]，故而提出了"先富后教"[2] 的观点。从"仁民爱物"的立场出发，孔子主张利民、惠民，轻徭薄赋，发展生产。孔子一贯关心农业生产，主张"使民以时"[3]，并建议采用适宜农业生产的"夏历"。他还关心工业生产，说"来百工则财用足"。孔子有一句名言："工欲善其事，必先利其器。"[4] 指出了改进生产工具的重要性。正是从发展生产、改进工具的需

----

① 《管子·牧民》。

② 《论语·子路》。

③ 《论语·学而》。

④ 《论语·卫灵公》。

要出发，孔子认识到自然科学技术的重要。儒家经典《周易》，将人改造自然的科技活动统称之为"开物成务"①，并视为圣人所作，足见以孔子为代表的儒家对科学技术的重视。

孔子是怎样进行科技教育的呢？

传授科技史料。孔子编订的教材，源于史官所藏的各种文献纪录，其中保存了大量古代的科技史料。例如《春秋》关于天象的记录，是当今世界上绝无仅有的资料，对于发展射电天文学有重大的价值。《诗经》保存了远古时期的地震纪实，是研究地震规律的宝贵资料。孔子说学诗可以"多识鸟兽草木之名"，道出了《诗经》多有古生物分类的知识。《尚书》记载了以闰月定四时成岁的方法等。尤其是《易》，它和我国的传统数学密切相关，其中至少包含奇偶数律、排列组合等八九项数学问题的胚胎。对《易》的研究后来形成了一门"易数学"，其研究成果被应用于天文、历数、音律、丈量、罗盘与占筮等方面。孔子对数学有相当的造诣，青年时期为会计，能计算无误"料量平"。老年时又"喜《易》，序象象说卦文言"，对《易》的研究颇下了一番苦功。孔子的教育内容，对儒家知识结构的形成有重大影响。阮元就此发表过精辟的见解，他说，数为六艺之一，而广其用则天地之纲纪，群伦之统系也……通天地人之道曰儒，孰谓儒者而可以不知数乎？正确地反映了数学在儒家知识中的地位。

传播具有唯物倾向的自然哲学观。孔子重人事，轻神事。他的天人观揭示了人与自然的统一与依存关系，有助于启发人们从自然的统一中去研究有关人的各种问题，奠定了中华民族"天人合一"的自然观。特别是他编定的"六经"，同我国远古的自然哲学观是相通的：其一是夏商相传的五行论，首见于《尚书》；其二是西周新创的阴阳论，首见于《易经》。孔子继承并发扬了远古自然哲学观所包含的辩证法因素，对于培养造就科技人才，提供了重要的哲学、方法论的思想营养。历史证明，儒家经典所包含的自然哲学观，对于我国古代天文学、气象学、农学、兵学、物候学等自然科学体系的建立和发展，曾经起过重大的作用，特别是对我国独具特色的中医，影响更为深远。

开创科技道德教育的优良传统。《易经》提出了"正德、利用、厚生"的命题。所谓"利用、厚生"，是指科技的目的旨在"仁民爱物"。同时，"利用、厚

---

① 《周易·系辞上》。

生"还要受"正德"的统帅，突出强调了科技道德的重要。在这一思想的影响下，我国古代形成了重视科技道德的优良传统，我国传统科技的发展始终遵循"利用、厚生"的原则，服务造福于社会和人生。在我国历史上，几乎从未出现过为科学而科学的科学家。

对科技教育的消极影响。虽然孔子对科技教育的发展有过积极的推动作用，但是也有严重的局限。孔子重人伦轻功利，重"道"轻"器"的思想就影响了科学技术的发展，降低了科技教育的地位。《易经》云："行而上者谓之道，行而下者谓之器。"科学技术是为"器"，要受"道"的制约，虽然有其合理性，但是对"器"的轻视，大大降低了科学技术的社会地位。孔子曾主张"君子不器"，"君子学以致其道"。在儒家门下，形成了"德成于上，艺成于下"的传统观念，在历史上造成了不良的影响。

孔子私学的课程内容，集远古文化之大成，并进行了精心的研发，从而培养造就了大批人才。先秦之时，私学林立，学派互绌，但是，学习文化知识，却多要借用儒家经典。事实本身证明，孔子所坚持的课程思想是先进的，所拟定的课程内容在当时也是领先的，不同于囿于一孔之见的经验传授。但是，孔子的教学内容也有明显的局限。他曾说过"军旅之事，未之学也"的话，对于宋代之后的重文轻武风气的形成，有过不好的影响，不利于军事知识技术的传授。孔子的弟子樊迟提出过"请学稼"、"请学为圃"的要求，不仅遭到拒绝，孔子对此还发表过一番鄙视农稼的议论，说明生产劳动知识与技能的传授，在孔门是毫无地位的。这在学校从社会生产中分离出来的初期，虽不算落后思想，但反映了历史的局限性。

课程建设被国外学者称为教育的"心脏工程"，孔子"以述为作"，以故求新的编撰教材和设置课程的思想，在今天课程改革的进程中仍然具有借鉴意义。它有效地减轻了改革带来的动荡，社会认可程度高，教师多有一定的积淀，推行起来阻力小，动力大，这不能不说孔子以"因革相成"的原则修订教材，是明智之举。

第三节 人文教材的"经典性"，是孔子 改革教育一大成功经验

孔子在"删诗书、定礼乐、修春秋、序易传"的过程中，是"有述有作"或"以述为作"，创造了编定教材的宝贵经验：第一，注重"少而精"。《诗》、《书》皆为精粹之作，《春秋》的修定，同样注重提炼求精，适合教学之用。第二，以教学目的为指归。孔子编选教材有明确的目的，皆在以培养"修己安人"的君子作为删、定、修、序的标准，将政治道德需要放在主导地位，顺应了时代发展的需要，同时兼顾文化知识的传授。这一做法，可以作为后世各代编选教材的通则，孔子倡导在先，旗帜极为鲜明，体现了严肃的目的性。第三，边编边教，相得益彰。司马迁说孔子编选《诗经》时，"皆弦歌之，以求合韶武雅颂之音"。这说明他非常注意检验教材的实际效果。正定《礼经》，更有一边搜集寻访，一边指导学生演礼并一边讲授的实例。据《荀子·宥坐》记载，孔子曾经到鲁恒公庙观礼，见到一个"宥坐"之器，这个器具空时倾斜，酒注入适中时居正不倚，注得稍满又会倾覆，这种祭器是先祖告诫子孙后代言行应中正适度，切忌骄傲自满用的。孔子实地观览这一礼器后，当即让学生演习，并恳切教诲他们说："吁！恶有满而不覆者哉！"生动地教育和启发了学生。子路即向夫子请教克服自满的原则，孔子又告诉他："聪明圣智，守之以愚；功被天下，守之以让；勇力抚世，守之以怯；富有四海，守之以谦……"这种边编边教的做法，有助于提高教材的质量，是为可取。第四，全套教材系统性强。《六经》这六部教材，后因《乐经》失传而存《五经》。这套教材并非彼此孤立，而是有内在联系，相辅相成，形成一定的系统。如孔子教育学生，从读《诗》开始，以激发学生的情感，确立大志；再学《礼》，以规范学生的言行；继而学《乐》，以陶冶学生的情操，养成良好的品性；还要学《书》，以增加学生的历史知识，培养从政的能力。正如孔子本人所言，使用这套教材，可使学生"兴于诗，立于礼，成于乐"，得到较为全面的发展，易于成为"修己安人"的君子，达到教学的目的。

由于孔子博学多识，又加以精心编纂，故经他编定的"六经"，集我国远古文化的精粹，包括了深刻的伦理学知识，广博的历史知识，典雅的文学艺术知

识，以及丰富的科技知识。使我国在春秋时期就有了一套高水平的教材，使学校教育内容极其广泛。孔子在我国文化教育发展史上，完成了继往开来的伟大历史使命，他制定的教学内容，有利于促进学生德、智、体、美诸方面的和谐发展。孔子在讲授经典时，十分注意"通经致用"，能针对时弊阐发经义。《论语》、《左传》等文献都记有孔子讲礼、说仁、阐述"春秋笔法"的许多话，表明孔子十分注意"以述为作"。教学本身负有传递和发展人类文化成果的任务，孔子私学的教学内容，完全符合这一基本要求。孔子编订的教材，都具有经典性，这是他成功改革教育的重要经验。

但是，传统的权威、圣人似乎已经被湮没在信息的汪洋大海之中，在这样的时代里，传统意义上的经典还有没有价值？在这样一个瞬息万变的时代里，我们总结孔子编订经典教材的经验，还有没有借鉴意义？

（一）人文教材的"经典性"提升了中华民族的人文素养
——孔子发明了"人文"一词，张扬了"人文精神"

有的学者认为：

> 孔子式的人文主义者认为人是历史的、文化意义上的人。换言之，人是生活在历史传统与文化之中的。从这种意义上说，伦理乃文化，伦理乃历史的积淀，舍去历史与文化，我们不仅无法理解社会伦理，也从根本上无法理解人。故历史与文化才为社会伦理道德提供了本体论的基础。[1]

诚哉斯言！

孔子以古代文献为教材，其主旨并非只为传授知识，更重要的是为了提供德性的熏陶，张扬人文精神。孔子编订的教材之中，具有宗教印记的就是《易》，但是，恰恰是孔子使之人文化了，他在《周易·象传》中，创造了"人文"一词。这见于《贲卦象传》，其曰："［刚柔交错］，天文也；文明以止，人文也。观乎天文，以察时变；观乎人文，以化成天下。""人文"一词，孔子原是与"天文"一词对举为文的。"天文"指的是自然界的运行法则，"人文"则是指人

---

① 胡希伟：《新的道德建构：从孔子学说看人文性伦理》，载《探索与争鸣》，2006 年第 2 期。

类社会的运行法则。具体地说，"人文"的主要内涵是指采用礼乐教化天下，并由此建立起来一个人伦有序的理想文明社会。孔子不仅发明了"人文"一词，他还借助古代经典，向人们传递了"人文精神"这一重要概念。"人文精神"可以追溯至中国文化的源头，至少可以推溯到殷末周初。中国典籍中，很早就有"人"是天地所生万物中最灵、最贵者的思想。如《尚书·泰誓》中说："惟天地，万物之母；惟人，万物之灵。"孔子正是汲取历史典籍的思想营养，用以培育人们的人文情怀。"这也就是说，在中国传统文化的人文精神中，包含着一种上薄拜神教，下防拜物教的现代理性精神。"①

孔子编订教材体现的人文精神，在全世界留存的最古老的书籍中是罕见的。例如，他所删订的《书》，即后世名为的《尚书》，保存的是公元前 9 世纪以前的文献档案，大部分是古代帝王向臣下或民众所发表的训令和向军队宣布的誓师辞，以及大臣们向君王所提的建议或规劝。它涉及的时代，上起唐、虞，下迄春秋前期，为时至少约 1300 年（公元前 2000 年左右至公元前 7 世纪）。相传早于《尚书·盘庚篇》1000 余年的《死人书》是古埃及流传下来的书籍，但是，它只是极为零散的宗教咒语，价值远远不能与《尚书·盘庚篇》相比。至于古巴比伦的《汉谟拉比法典》、古代以色列人的《圣经》、古希腊人的荷马史诗等等，都有宗教色彩，而不像《尚书》是一部历史档案汇编。至于其他五本教材，也都是历史典籍，体现了孔子重视历史传统的思想，这正是孔子教育及其教材人文性的重要特征。孔子之所以如此编订教材，是因为他深知，任何人文精神和伦理道德是不可能离开以往历史上既有理念的。他采用历史经典编订教材，用时人的理解方式加以阐述，实现了历史性与时代性的统一、继承性与前瞻性的统一。

历史经典蕴含着永不消退的人文魅力。孔子将历史经典编订为教材，对塑造中华民族深厚的人文情结，发挥了无可替代的作用。也许有人会问：今天，世界开始迈向信息时代，新知识层出不穷，孔子的经验还有现实意义吗？经典，是经过时空隧道筛选过的精华，从人文教育的角度而论，阅读历史经典，提供了我们与耸立在历史高峰上大师们对话的机会。孔子在研读历史经典时，他与尧舜周公这些逝去的先哲们，在心灵上产生过强烈的共鸣，受到了深刻的人文启迪，以至时时梦见周公。正是由于孔子自身曾经获得过历史经典的富厚恩泽，他才决心以

---

① 楼宇烈：《论中国传统文化的人文精神》，载《光明日报》，2001 年 10 月 12 日。

整理修订历史经典为使命，完成了浩繁的系统的人文教材的建设。有的学者认为，《史记》之所以伟大，是因为其中有司马迁的心肠与肺腑，在阅读时，我们的心境也就可以与其心境相通，从而更深入地了解我们自身。就像苏轼在读《庄子》时喟然叹息："吾昔有见于中，口未能言。今见《庄子》，得吾心矣！"这就是经典的魅力，也是它们价值之所在。前有古人，后有来者，我们对自身的认识与了解，或者我们性情的涵咏与升华，都无法脱离传统与先人。在人类思维的螺旋式上升发展中，经典已经不仅为敬仰者而存在，他们甚至在文明发展的任何时期都发挥着引领的作用。孔子编撰经典性的系统人文教材，具有普遍意义。

（二）人文教材的"经典性"促进了中华民族文化的认同感

有的学者认为中国两千多年留下的最大遗产就是中国人崇尚国家统一、民族团结、社会安定的大一统精神，它是中华民族文化的内核和灵魂，这是很有见地的。孔子生活在诸侯林立的春秋时期，国别文化和地域文化纷呈，连文字都不统一。私学兴起，办学者"各以所长授门徒"，更稀释了文化的认同感。在这种缺乏认同意识的情况下，产生的是不安与躁动，难以保持社会的稳定和百姓的安全。孔子一生追求的理想便是国家的统一，百姓能够安居乐业。作为一介布衣，如何才能获得"话语权"，令人信服他的教育主张？借助经典，为圣贤立言，这是他采取的成功策略。孔子是一位博学君子，对上古以降的典籍研究有加，借鉴历史的智慧，使孔子有效地首创"大一统"思想，为中华民族的发展做出了不可磨灭的贡献。

孔子借助历史经典向人们传达了"大一统"的原始意义。"溥天之下，莫非王土；率土之滨，莫非王臣。"这首诗表述了统一于君王的思想，被孔子编入中国的第一部诗歌总集《诗经》。孔子删定的《书》，即后世所称的《尚书》，保留了许多中国上古时期，大约公元前9世纪以前的文献档案，是真实、质朴、严肃的记录，没有神话的成分，在全世界著名的古老文献中，占有重要的地位。《尚书》中的《尧典》和《禹贡》等篇，有关于唐、虞、夏禹时期的文献，都体现了大一统的政治观念。战国时期的诸子百家，大多都引用过这些历史资料，共同的历史记忆，有效地构建起共同祖先的民族意识。孔子同时代和稍后时代的学者，大都也倡导"一统"思想，如孟子在回答一位诸侯"天下恶乎定"的提问时，很干脆地回答"定于一"。另一位儒家代表人物荀子也提出过"四海之内若一家"、"一天下，财万物，长养人民，兼利天下，通达之属，莫不从服"的观点。至汉武帝独尊儒术之后，孔子首创的"大一统"思想便越来越渗入到中华民族的文化血脉中，成为中国国民性中难以割舍的重要组成部分。如后世编撰的《史记》，称北方的匈奴人"其先祖夏后氏之苗裔也"，鲜卑族则是"黄帝子昌意少子，受封北土，国有大鲜卑山，因以为号"。更重要的是，这些说法也得到了其他民族的认同，如五代时期的匈奴首领赫连勃勃（381—425 年）宣称"朕大禹之后，世居幽、朔……今将应运而兴，复大禹之业"，他因此把自己建立的国家命名为"夏"。① 这足以表明，中国各民族之间相互拥有共同先祖的观念。

孔子以历史经典为教材，不仅倡导了政治统一的国家观念，还着力宣扬了文化上的认同感。他在《春秋》中称"夷狄入中国，则中国之，中国入夷狄，则夷狄之"，这清楚地表明中华文明并无种族壁垒，非华夏族人只要接受中华文明，就完全能成为其中的一部分。孔子还进而主张"远人不服，则修文德以来之，既来之，则安之"②，这表明孔子期盼华夏文明的自然扩展，这是他倡导的"有教无类"思想在教材中的体现，促进了各民族的大融合。

随着儒家经典教材的长期使用，中华民族形成了独特的民族意识，正如美国汉学家列文森所言："中国人古来并不重视异民族的肤色容貌，而只重视它的政教礼乐。"亦如金耀基先生所言："中国是一个国家，但它不同于近代的民族国家（na-tion-state），它是一个以文化而非种族为华夷区别的独立发展的政治文化体，或者称之为'文明体国家'（civilization-al-state），它有一独特的文明秩序。"③ 孔子首创的文化认同的民族观，对于抵制民族分裂主义的影响，具有十分重要的现实意义，它有助于构建天下太平的和谐社会！

（三）"经典性"人文教材具有再生力

历史经典的人文魅力，具有永恒的价值。历史的经典是文明进化中的阶梯，人类向未来巅峰攀登时，都无法抛弃历史遗留的阶梯。在此用得着我国哲学史界的一句常话："超越黑格尔，可能会产生新哲学；掠过黑格尔，只能出现坏哲

---

① 计秋枫：《"大一统"：概念，范围及其历史影响》，载《光明日报》，2008 年 4 月 27 日。
② 《论语·季氏》。
③ 计秋枫：《"大一统"：概念，范围及其历史影响》，载《光明日报》，2008 年 4月 27 日。

学！"孔子没有掠过历史经典，而是在继承中超越。历史经典曾经给予他思想道德上神圣的信仰和理性的熏陶：尧时的音乐，曾令他陶醉，鼓舞他永不忘怀用典雅的音乐陶冶人们的情操，即使在绝粮断炊的困境中，他也能用经典的音乐使弟子们产生更多的定力和勇气，舜的经历使他提出了孝道智慧的理念，周公则激活了孔子的人伦理想，使他创发了新型的礼乐之教……孔子自身的教育经历，业已显示历史经典的再生能力。孔子曾经诚恳告诫人们"告诸往可以知来者"，深刻理解过去的历史，才能知晓未来的发展。更为重要的是孔子创立的儒家学派，具有开放的心态，注意吸纳不同学派的思想精华，注意与时俱进。既能"我注六经"，也能"六经注我"。孔子之后，产生了所谓汉代孔子——董仲舒，宋代孔子——朱熹……此外还产生过众多的学术流派，充分显示了儒学经典的再生能力。这对其实现现代转化，无疑提供了有利的条件。

历史经典不仅是文化教育发展的"源头"，它还是一汪"活水"，赋予创新高起点，它还是我们文化教育生长的根基。质朴的农人都知道，根深才能叶茂，难道知书达理的人们反而认为经典是"累赘"吗？教育改革只能是摧枯拉朽的"范式革命"吗？

现在，经典已由原有的历史、文学、艺术、哲学等形式转化为文化思维的一部分，成为一种惯性而顽固地网罩着整个人类思想发展空间。钱穆先生曾说，中国的诗词文章，本身就具有音乐性，你如吟咏一首诗词，也就像唱一首歌、弹一支曲或欣赏一场演出一般，自有起伏的旋律与不尽的妙趣在其中。他说我们国人"一闻关关之雎鸠，便可心领而神会"。可见我国文化的经典，的确已经融入中华民族文化思维之中，是我们审美精神与人生情趣的一个来源，启迪我们向人类社会奉献了无数的"中国制造"。

今日的学术和教育创新，不应过分急功近利，希冀急速撤除历史的束缚，创造出一套新的价值体系与思维标准。在反动势力重压下的革命年代，人们采取"利刃断铁"的办法批判历史经典的错误，是可以理解的，这种近乎极端的举措，曾经帮助人们卸下"因袭的重担"，打开了通往新世界的闸门。但是，当我们有机会从容应对新世纪的挑战，建构新型文化教育体制时，我们就没有理由抛开厚重的经典，或者消解人们对经典文化的认同感，那无疑是在拆除我们攀登高峰的阶梯，它将应了马克思批判过的一句话："一切固定的东西都烟消云散了，一切神圣的东西都被亵渎了。"经典文化给予世界的，其实不仅是固有的知识体系，更重要的是它能促进新型认知能力的生成。如果没有了经典构筑的思维基点，我们还有延续征程的可能吗？现代的浮躁情绪、急功心理、道义远离……这些情形，已经不是"文化尴尬"这样的浅层次描述字眼能够说尽的了。

近年来，在文化界引起过一场有趣的争论，资深的老作家批评个别的年轻作家"没有昨天"。受到批评者反唇相讥曰："你们还没有明天呢!"言外之意，明天是属于他们的，他们可以不知过去，也可以拥有未来。其实，真正具有创新意义的未来，永远是"昨天"合理性的延续发展，绝不是从天而降的。认为没有"昨天"的人，固然可以在生理上走向"明天"，但是，他们创造不了明天的辉煌，倒有可能被辉煌的明天边缘化。尊重经典，尊重神圣，就是尊重昨天的经验教训，使我们有可能在继往中开来，在开来中继往。使我们的教育创新起点更高一点，内容更精一点，速度更快一点!

第八章　成功改革教育的保障机制（下）

——创立为师之道

孔子本人是我国历史上教师的典范，素有"万世师表"的美誉。剔除历代统治者出于政治需要外加于孔子之身的内容，作为一位教师，他仍然无愧于"万世师表"的称号，并且生动地显示了教师在教育过程中不可忽视的重要作用。本章系统阐述了孔子创立的"为师之道"，及其培育起来的中华民族极其宝贵的"师魂"和"师品"。本书在重新解读孔子倡导的"教学相长"原则的基础上，提出了师生共同发展的思想，并专门探索了教师创新活动的特点，及其所遵循的成功的教学原则，希冀对当前教育改革急需"教育家办教育"提供历史的借鉴。

第一节　善歌者，使人继其声；
善教者，使人继其志

《礼记·学记》认为：评价一位歌手是否优秀，就看他能否引动众人齐声应和，传唱不已；评价一位教师是否优秀，则看他能否使学生们继承他的信仰和志向，绵延不绝。孔子创办私学，有着很强的使命感，志在为实现其社会理想服务。他改革教育的成功，也反映在他的弟子，以至儒家后学大力弘扬他的社会理想上。孔子成功的教育实践再一次证明：卓越起源于信仰，这就是孔子的"师道精神"。

（一）高擎教育信仰的火炬——培育师道精神

孔子的教育信仰是什么呢？他认为，只有培养了大批推行"德治"、"仁政"

的仁人志士，才有可能改变礼崩乐坏的局面，由小康而至于大同。这也就提升了受教育者自身的生命价值，他曾为学生现身说法道："吾十有五而志于学，三十而立，四十而不惑，五十而知天命，六十而耳顺，七十而从心所欲不逾矩。"①他曾恳切地指出教育就是要使人知道何以为人的道理，并以此为依据去做人，做个合乎理想的人。不知人所以为人的道理，是人最大的不幸。孔子正是基于这一认识，提出了教育乃是乐生的事业的论断。他说："学而时习之，不亦说乎？"以学习了道义为人生一大乐事，又以教授了人生的哲理为最大的快乐。

孔子在长期的教育实践中，还认识到教育具有改变人的性格气质的巨大作用。子路是孔门弟子中桀骜不驯的一个，孔子十分注意通过教育转变他的气质和性格，帮助他脱离心浮气躁，趋向深刻沉稳。于是，经常向他阐述认真学习的意义。一次，孔子对子路说，你听说过"六言六蔽"的论述吗？子路恭敬地起立回答道："没有听过。"孔子让他坐下，十分耐心地告诉他："仁"、"知"、"信"、"直"、"勇"和"刚"是六大美德，如果不深入地进行学习，只是意会的话，往往付诸实行时，不仅不会发挥美德的作用，甚至还会生出一些意想不到的事端来。子路当然不解，孔子就为他一一道来：例如，好"仁"，如果不好学，就会因为认识迷惘，而成为一个愚蠢的人。好"知"，如果不好学，面对社会上的各种说法会不知所宗。好"信"，如果不好学，往往容易上当受骗，受到伤害。好"直"，如果不好学，就会由于认识浅薄，变成一个不通情理的人。好"勇"，如果不好学，就会因为糊涂，而成为一个狂妄莽撞的人。这就是《论语·阳货》中所记载的"六言六蔽"说。子路在孔子的教诲下，终于成为一位出色的邑宰。学生的成长，大大鼓舞了孔子，使他全身心地投入到教育学生的实践中，矢志不渝。

《礼记·学记》云："善歌者，使人继其声；善教者，使人继其志。"孔子正是一位"善教者"，他的志向为孔门弟子所继承，薪火相传千年不息。孔子的教育实践向世人昭示：一个真正的教师必定是传递崇高信仰火炬的人，就像人们讴歌的丹柯，将自己的心脏当火把，高高擎起，照亮黑暗中的大地，引导人们前行！

---

① 《论语·为政》。

（二）铸就"师魂"——"弦歌不辍"的教育境界

孔子周游列国 14 年，从未放弃教育弟子的职责，形成了中国古人"读万卷书，行万里路"的理念，开创了注重游学的传统，也体现了孔子对教育事业高度的使命感。据史书记载，孔子带领弟子们周游列国，一次在去宋国的途中，被匡人简子派兵围困（"子畏于匡"）。子路按捺不住对匡人无礼行为的愤怒，举起戟就要与简子和匡人格斗。孔子立刻制止了他，并说：周文王死了之后，一切文化遗产不都在我这里吗？天若要消灭这种文化，那我也不会掌握这些文化了；天若是不要消灭这一文化，那匡人将把我怎么样呢？（"文王既没，文不在兹乎？天之将丧斯文也，后死者不得与于斯文也；天之未丧斯文也，匡人其如予何?"①）在为难关头，孔子披露了自己的心声，他深深懂得所从事的事业肩负着文化传承的重大使命，他正是怀抱这样崇高的使命而奋斗不息，并坚信他的信仰定能冲破重重阻拦，终获成功。他又劝勉子路不要鲁莽行事，任何时候都不要忘记自己的社会责任："哪里有修养仁义道德的人而不原谅世俗之人的不良行为的呢？不研究《诗》、《书》，不学习礼乐，这是我的过错。若把宣传先王美德、爱好古代礼法作为一种罪责，那就不是我的罪过了，这大概是命吧！子路，你唱歌，我应和你。"子路立刻听从老师的教诲，弹琴唱歌，孔子与之应和，共修礼乐之教。唱完几首歌曲之后，匡人卸去衣甲自行解围②。孔子以学习仁义、礼乐、《诗》、《书》为己任，即使身处逆境也毫不松懈。他处变不惊，坚守自己布道育人的高度责任心，感动了子路等弟子，使他们与老师在围困中继续学习。

孔门弟子被围困在陈国和蔡国之间，断粮七天，这是他们遭受到的最为严重的考验。弟子们都十分疲惫，情绪低落，有的还生病不起，可是孔子依旧诵诗、弹琴、唱歌不止。子路很不理解，于是进见孔子，问道："老师，你在这样的时候还唱歌，符合礼吗？"孔子继续弹唱，直到曲终才对子路说："君子爱好音乐是为了不放纵、不骄傲，小人爱好音乐是为了消除畏惧。"子路听了也学习老师不畏困难的乐观精神，操起兵器舞将起来，三曲终了，才退出去。事后，子路动情地对孔子说："我们跟随老师遭受这样的大难，将终生都不会忘记的。"孔

---

① 《论语·子罕》。
② 《孔子家语·困誓》参见《说苑·杂言》。

子回答道："在陈国和蔡国之间遭受此难，是我的幸运啊！你们跟随着我，也是幸运啊！我听说，君王不经受危难就不能成就王业，怀有雄心壮志的正直的壮烈之士不遭受危难，他们崇高的德行，也很难得到彰显。怎知（你们）发奋励志不正是于此开始呢！"①在陈蔡绝粮时，孔门学生无一离去，并"弦歌不辍"，坚持学仁守义。孔子在困境中能够"弦歌不辍"，不仅需要信念和意志，更需要有一个不为外力所动的和乐的心态，不然是唱不出歌来，也诵不成诗的。孔子的信仰与生命同在，他的信仰，不仅是理性的，更是感情的升华，使他能用艺术陶冶学生的情操，传递坚定的信仰。

围困结束后，孔门师徒一行又上了路。从此留下了"弦歌不辍"的典故。孔子临危不惧、矢志不渝教授学生的精神，展现了他高尚的师德风范。在周游列国的途中，孔子经过仪地时，当地官员人等要求进见孔子，聆听完孔子的教诲之后，仪地的封人对弟子们说，"夫子"是上天赐予人间的"木铎"，是唤醒民众的导师②。仪地在河南兰考县东 11 公里处，后人专门在此处立亭纪念，名为"请见亭"③。在当时，孔子的教育精神已经被称颂为"木铎"；在后世，孔子坚定的人生信仰与教育信仰，则被称为中华民族伟大的"师魂"，它支撑中华文明经久不衰，千百年来始终耸立在世界文明之巅。

（三）"师魂"，在抗战烽火中重现

在两千余年后，中华民族遭受空前劫难，日寇发动了惨绝人寰的侵华战争。人们怀着"千秋耻，终当雪；中兴业，需人杰"的情怀，坚信"教育为立国之本"，不畏艰险，众多优秀教师在烽火连天中继续悉心教诲学生。

周游列国布道传教与三千五百里路云和月——中国独有的教育长征

1937 年，日本发动卢沟桥事变，北平、天津告急。中国最著名的三所大学——北京大学、清华大学、南开大学在战火中惨遭摧残。为保存文化力量，三校合迁湖南，组成"国立长沙临时大学"。当年 11 月 1 日，迁至长沙的临时大学开始上课，不到两个月，南京沦陷，武汉震动，长沙眼看也保不住，临时大学

---

① 《孔子家语·困誓》。参见《说苑·杂言》。
② 《论语·八佾》。
③ 姚淦铭：《孔子的智慧生活》，第 68 页，上海辞书出版社，2007 年版。

只得决定再南迁至昆明，成立西南联合大学。三校师生共分三路行进，其中一路将步行到昆明。正是这支名为"湘黔滇旅行团"的队伍，历经"三千五百里路云和月"，创造了中国独有的教育长征的奇迹。

用我们的脚板，去抚摸祖先经历的沧桑。"风萧萧兮湘水寒，路茫茫兮黔岭长"。"旅行团"由 267 名家庭贫困的男学生和 11 位中青年教师组成，配有 4 名军事教官及队医等。留美归国的"新月派"大诗人闻一多，时年 40 岁，身体羸弱，却毅然参加步行团。他在队伍中总是最特别的一员，不穿军装，身着布衣长衫，在风中飘动着不驱逐倭寇决不剃去的长髯。当学生问他为何要和他们一起吃苦徒步跋涉时，闻一多笑笑说："……今天，我要用我的脚板，去抚摸祖先经历的沧桑。国难当头，我们这些掉书袋的人，应该重新认识中国了！"

他们并不以赶路为全部目的，学校要求学生到达昆明后，每人写出千字以上的调查报告。西南地区的满目疮痍，一路凄凉的贫困生活，给步行团师生留下了深刻的印象。同学们有的沿途考察风俗民情，收集民歌；有的向老乡讲说日寇暴行，介绍抗战形势。后来，中文系学生根据路上的所见所闻，写成了《西南采风录》，师生们沿途收集了 200 多首民歌、民谣。钱能钦同学还在商务印书馆正式出版了《西南三千五百里》一书，记载了这一伟大壮举。

教师们更是率先垂范：学美术出身的闻一多先生沿途作了 50 多幅写生画；生物系的李继侗、吴征镒先生，带领学生采集了许多三校从未收藏过的动植物标本。经过矿区的时候，曾昭抡和理工学院的同学指导当地矿工冶炼；地质学家袁复礼则几乎一路都在不停地敲石头，向学生讲述地质地貌。真是行万里路，读万卷书！犹如孔子带领弟子周游列国时，从未丢弃教诲的责任。

步行团跨越了湘、黔、滇三省，翻过雪峰山、武陵山、苗岭、乌蒙山等崇山峻岭，夜宿晓行，耗时两个月零八天，终于到达目的地。全程 1663 公里，号称"文军长征"。

"木铎"与"未来社会的精神领袖"。2500 年前，仪地的封人称"夫子"是上天赐予人间的、引领社会精神发展的"木铎"；2500 年后玉屏县县太爷称"文军长征"中的学生是"未来社会的精神领袖"。据《西南联大启示录》的总编导张曼菱记载，当年，步行团的师生们走到贵州的一个偏僻的小县城——玉屏时，看到一张县长的布告，上面称这些大学生是"未来社会的精神领袖"，要求民众于此国难关头，予以爱护。好一个"未来社会的精神领袖"！它质朴地道出了一个基层官员对教育作用的深刻理解，表达了对莘莘学子的殷切期望，对国家民族未来的自觉责任。一个穷乡僻壤的"七品芝麻官"能有如此的见识，是中华民族文脉相沿不断的明证，它正是支撑我们民族心灵的伟大力量。西南联大不负众望，就在这200多名穿着草鞋长征的中国学子当中，涌现出了后来著名的量子化学专家唐敖庆和航天工业的巨匠屠守锷等。县太爷的布告和西南联大的长征，启示后人：教风、学风和民风，对民族的自立、自强和发展，具有不可估量的作用！

安南之夜的弦歌不辍。在2500年前，孔子陈蔡绝粮，他仍然弦歌不辍，坚持教诲学生，展示了教师崇高的教育精神，开启了中国教育事业的光辉传统。西南联大的长征，光大了这一传统。4月11日，旅行团从贵州永宁（今贵州关岭县）出发，直到天黑，才到达安南县。由于安南县是个小县城，无法解决200多师生的食宿。这一夜，闻一多先生同大家一样，饥寒疲劳，在此难熬的长夜里，有的老师干脆不睡觉，忍着饥寒，去检查他们指导的学生，了解他们学习的进展情况，直到第二天，才由曾昭抡老师拿来几块当地的米花糖充饥。"文军长征"中的教师们，几乎都体现了"弦歌不辍"的教育精神，他们被人们赞誉为集体的现代孔夫子！

（四）既仁且智的"师品"

孔子一生坎坷，以布衣终其生。但是，溘然长辞后，弟子还不愿离他而去，竟自愿守墓，"首富"子贡守墓竟达六年之久，孔子对学生的感召力可谓大矣！究其原因，全在于孔子自身的人格力量，他在道德修养和学识渊博两方面都堪为导师，因而备受学生尊崇。我们从孔门弟子的评论，可知其一斑。据《孟子·公孙丑》记载："昔者子贡问于孔子曰：'夫子圣矣乎？'孔子曰：'圣则吾不能，我学不厌而教不倦也。'子贡曰：'学不厌，智也；教不倦，仁也。仁且智，夫子既圣矣！'"子贡将孔子诲人不倦的精神称做"仁"，不为过誉。孔子在等级差别森严的古代社会，提出了"有教无类"的主张，对身边的学生能够做到一视同仁。最受他赏识的学生颜回，是孔子门下极为贫寒的一位，其贫寒的程度为一般人所不堪忍受，而孔子却称他"贤"，还说他"三月不违仁"，既贤且仁。这一评价是极其难得的，孔子将它赐予贫穷的颜回，充分显示了一视同仁的教育精神。

孔子还以"无隐"、"不倦"、"善诱"的态度从教，忠于职守，热爱学生。他自己说："爱之能勿劳乎？忠焉能勿诲乎？"[1] 表明他是以诚挚的爱心，尽心尽力地教诲学生。孔子经常将学生称做弟子，视同家人。以弟子称学生是否始于孔子，无所考证。但是，孔子却是视学生为弟子至亲的大师，对学生一辈子负责。孔门有一位学生曾经对此进行过考察，此事记于《论语·季氏》：

> 陈亢问于伯鱼[2]曰："子亦有异闻乎？"对曰："未也。尝独立，鲤趋而过庭。"曰："学《诗》乎？"对曰："未也。""不学《诗》，无以言。"鲤退而学《诗》。他日，又独立。鲤趋而过庭。曰："学礼乎？"对曰："未也。""不学礼，无以立。"鲤退而学礼。闻斯二者。陈亢退而喜曰："闻一得三，闻《诗》，闻礼，又闻君子之远其子也。"

这位称做陈亢的学生从孔子的儿子孔鲤处得知了学习《诗》和礼的重要意义，而且还明白了像孔子这样的正人君子，对自己的独生子也是不偏私的。匡亚明在《孔子评传》一书中对此发表了十分中肯的评价：

> 孔子本来是主张父子之间的关系是"亲亲"，理应和其他人之间的关系有差别，但在师生关系上，他却没有这样做，他把学生和儿子同样看待，这表现了他对学生们的亲近和爱护。[3]

孔子自己也说过，他对学生做到了无私、无隐。他说："二三子以我为隐乎？吾无隐乎尔。吾无行而不与二三子者，是丘也。[4]"所谓"无隐"，就是说，他待学生从无虚情假意，三四十年来一直是真诚的，古人说："敬人者，人恒敬之；爱人者，人恒爱之。"孔子以其对学生的真挚的爱，沟通了他与弟子之间情感的渠道，使他的教育为学生所信服。

子贡还以"智"评价孔夫子，就教育活动而论，孔子的智慧主要表现为高超的教学艺术。这一点，高足颜回似乎体会颇深，他说跟随孔子学习，往往有如下的感觉："仰之弥高，钻之弥坚。瞻之在前，忽焉在后。夫子循循然善诱人，

[1]　《论语·宪问》。
[2]　孔子的儿子。
[3]　匡亚明：《孔子评传》，第305页，齐鲁书社，1985年版。
[4]　《论语·述而》。

博我以文，约我以礼，欲罢不能。既竭吾才，如有所立卓尔。虽欲从之，末由也已。"① 这是从学生的感受反映了孔子的博学多识，富有教学艺术，在学生心目中产生了强大的吸引力，连颜回这样的好学生，都有"欲罢不能"的感叹。子贡认为"仁且智"就可以称之为"圣"，这恐怕是孔子被尊为"圣人"的肇端吧！我国古代将一位布衣教师称为圣人，反映了尊重教师的良好社会风气，是值得珍视的民风。

第二节　情义交融的和谐师生关系
——重申"爱的教育"

爱因斯坦曾说："热爱是最好的导师，它永远超过责任心。"作为一名科学家，他从发明创造普遍性的角度，揭示了"热爱"这种内在心理机制的巨大作用，指出它远远超过外在责任心的动力。瑞士教育家裴斯泰洛齐，则专门就教育而言道："教育的一切出发点是爱。"将"爱"作为教育的出点，这意味着，没有"爱"的教育，是教育的异化！将"爱"作为评价师生关系的重要依据，这几乎是亘古以来深得教育成功秘诀之士的共识。遗憾的是，在"左"的路线的影响下，我国曾经将具有"母爱"的教师，作为批判的对象，开展了全国性批判"母爱"的"教育改革"运动，大大扭曲了教育的本质，阻碍了教育的发展。为扫清这一"余毒"，特以孔子教育改革的成功经验为据，重申"爱的教育"！

（一）"爱"能洞见学生的潜质，成为开发潜能的高师

孔子热爱学生，与学生"心心相印"。每个学生的命运，他都挂念于心，使他谈起学生的禀赋，竟然如数家珍。例如他说：德行优长的有颜渊、闵子骞、冉伯牛、仲弓，言语优长的有宰我、子贡，政事优长的有冉有、季路，文学优长的有子游、子夏②。又说：高柴性格愚直，曾参性格鲁钝，子张性格偏僻，子路性格刚猛（"柴也愚，参也鲁，师也辟，由也喭。"③）……正是孔子对学生深沉的

---

① 《论语·子罕》。
② 《论语·先进》。
③ 《论语·先进》。

"爱"，使他在学生尚未成为"显人才"之时，就能发现他们的潜质，经过他的悉心培育，这些学生后来均能发挥他们的潜能而有所作为。"爱"激发了孔子的教育智慧，提高了他的教育艺术，成功地实施了启发诱导和因材施教。

"爱"也使孔子的教育改变了许多学生不良的习性，子路就是这样的一位典型。子路，姓仲，名由，比孔子小9岁。他生性鄙俗，呈勇好斗，据说是鲁国卞地的"野人"。他曾经戴着公鸡的羽毛，配着公猪的牙齿，招摇过市，来挑衅孔子。但是，孔子觉得他刚强直率，可以造就。初次见面时，孔子从子路的爱好兴趣入手问他喜欢什么，子路说他喜欢长剑。孔子指出，就他的能力，如果能够加强学习，一定能够成为出众的人才。子路不信，就以南山的竹子为例说，这些竹子用不着矫正就是直的，砍下来做成箭杆，就能射穿犀牛皮，由此看来，有什么必要学习呢？孔子就他的话题开导子路，指出："做好箭栝后需要装上羽毛，箭头装好后还应当经过磨砺，这样射出的箭，才能射得准确而深透，不是吗？"孔子深入浅出地阐述了学习的作用，使子路心服口服，向孔子拜了两次，说："我一定接受您的教导。"《孔子家语·子路初见》生动地记载了这段对话：

> 见孔子，子曰："汝何好乐？"对："好长剑。"孔子曰："吾非此之问也，徒谓以子之所能，而加之以学问，岂可及乎。"子路曰："学岂益哉也？"……子路曰："南山有竹，不柔自直，斩而用之，达于犀革。以此言之，何学之有？"孔子曰："栝而羽之，镞而砺之，其入之不亦深乎。"子路再拜曰："敬而受教。"①

经过孔子循循善诱的调教，子路果然成为治国的杰出人才，孔子曾经路过子路治理的蒲地，进入境内观看，竟然三次赞扬子路从政有方。下文就是有关的记载：

> 子路治蒲三年，孔子过之，入其境曰："善哉由也，恭敬以信矣。"入其邑曰："善哉由也，忠信而宽矣。"至廷曰："善哉由也，明察以断矣。"子贡执辔而问曰："夫子未见由之政，而三称其善，其善可得闻乎？"孔子曰："吾见其政矣。入其境，田畴尽易，草莱甚辟，沟洫深治，此其恭敬以信，故其民尽力也；入其邑，墙屋完固，树木甚茂，此

---

① 《孔子家语·子路初见》。

其忠信以宽，故其民不偷也；至其庭，庭甚清闲，诸下用命，此其言明察以断，故其政不扰也。以此观之，虽三称其善，庸尽其美乎！"①

翻译成白话文就是：

子路治理蒲地三年。孔子经过蒲地，进入蒲地境内，说："子路真不错啊！谦恭尊敬而且讲信用。"进入到城里，说："子路真不错啊！明白守信而且宽宏大度。"进入到厅堂里，说："子路真不错啊！明白地考察（政事）而且能作决断。"子贡拉着马缰绳问道："您没有看见子路处理政事却三次表扬他不错，他的优点您可以说给我听听吗？"孔子说："我看见他治理政事了。我进入蒲地边境，看到田地被整治过，杂草都清除得很干净，田间的水沟水道挖得很深，这是因为他谦恭尊敬而且讲信用，所以老百姓全力以赴；我进入到城里，看到墙壁房屋很坚固，树木长得很茂盛，这是因为他忠诚守信而且宽宏大量，所以老百姓不会苟且行事；我到了厅堂里，厅堂中清静闲适，所有在下面的人都听从他的命令，这是因为他明白考察一切事务而且能作决断，所以政事不被干扰。这样看来，我虽然三次表扬他很不错，难道就能穷尽他的优点吗？"②

孔子原先就曾将子路列入政事优长一类之中，他到蒲地一看，果不出所料。这番对子路的表扬，既是赞扬子路，也是孔子为自己教育的成效感到自豪、欣慰。

以培养大量"潜人才"为主要任务的基础教育，面对大批懵懵懂懂的学生，他们的命运几乎就掌握在老师的手中。诚如陶行知所言："在教师手里操着幼年人的命运，便操着民族和人类的命运。"我国基础教育的改革，多么需要具有孔子这样"良知"与"慧眼"的大批教师，使我国的基础教育建成为开发潜能的基地，使每一个学生都得到满意的发展！

（二）"爱"使师生相互悦纳，生死相依

孔子视学生如亲子，学生视孔子为父亲（"回也视予犹父也"③）孔子每每论及他钟爱的学生，就会情不自禁地流露出无限赏识的感情，学生对老师也是钦

---

① 《孔子家语·辩政》。
② 王德明主编《孔子家语译注》，第169~170页，广西师范大学出版社，1998年版。
③ 《论语·先进》。

佩有加。在陈蔡绝粮时，孔子与颜回一时走散了，当颜回回到孔子身边时，孔子说："我以为你死去了呢！"颜回回答道："先生尚在，颜回哪敢轻易去死呀！"（"子在，回何敢死？"①）钱穆先生解释这句话的意思说，"孔子尚在，明道传道之责任大，不敢轻死，一也。弟子事师如事父，父母在，子不敢轻死，二也。颜子……明知孔子之不轻死，故己亦不敢轻身赴斗，三也。曾子曰：'任重而道远，死而后已。'重其任，故亦重其死。"② 孔子和弟子们做到了生死相依，道义相求。

当孔子的弟子伯牛得了传染性的恶疾时，孔子前去看望，拉着伯牛的手久久哀叹不已，令人看到了一幕白发人送黑发人的永诀之痛！（"伯牛有疾，子问之，自牖执其手，曰：'亡之，命矣夫！斯人也而有斯疾也！斯人也而有斯疾也！'③"）当颜回死时，这位主张"哀而不伤"的智者，竟然向上天痛呼："天丧予！天丧予！"，哭得哀伤过度，连跟随的人都劝说"先生过哀了！"孔子答道："我不为哭颜渊而过哀，还为谁过哀呀！"（从者曰："子恸矣。"曰："有恸乎？非夫人之为恸而谁为！"④）真挚的情感令人动容！正是情真意切的"爱"，使孔子无私、无隐，毫不倦息地教诲学生，并终其一生。以弘扬中华文明著称的高震东校长精辟地指出：**"爱自己的孩子是人，爱别人的孩子是神。"**孔子对学生的爱，超越了血缘关系的本能，他像众多热爱学生的老师一样，是一位平凡而伟大的"神人"！

孔子在率领弟子周游列国的途中，曾经患重病。子路急忙为老师操办后事，他为了表达对孔子的崇敬之情，竟然让孔门弟子扮成孔子的家臣，打算采用以君臣之礼大葬孔子。不料孔子病情好转之后，对此十分生气，批评子路是"行诈"，因为他并没当家臣。孔子就此披露心声说："我宁可死在你们学生手里，也不愿死在家臣们的手里。"这就是《论语·子罕》篇所记："子疾病，子路使门人为臣。病闲，曰：'久矣哉！由之行诈也，无臣 而为有臣。吾谁欺？欺天乎？且予与其死于臣之手也，无宁死于二三子之手乎？且予纵不得大葬，予死于

---

① 《论语·先进》。
② 钱穆：《论语新解》，第295页，三联书店，2007年版。
③ 《论语·雍也》。
④ 《论语·先进》。

道路乎？'"① 从中，我们不仅进一步了解到孔子尊礼的真诚，更体察到他愿与弟子们生死与共的情怀。

（三）和谐的师生关系，其乐融融

孔子生前已有弟子视其为"至圣"，但他对学生始终保持着平易近人的作风，开创了我国民主而平等的师生关系的传统。在《论语》中有许多孔子与弟子坐而论道的记载，他们在一起探讨有关人生的哲理，谈各自的理想志趣。学生可以直接向他提出批评意见，如他的学生子路就曾向孔子提过三次十分尖锐的意见，一次是反对夫子到公山弗扰那里去出仕，虽然孔子解释说："如有用我者，吾其为东周乎！"② 但是仍然接受了子路的意见，没有到公山弗扰处做事。第二次是孔子在卫国接受了卫国君夫人南子的召见，子路对此十分不满，以致孔子不得不发誓说："予所否者，天厌之！天厌之！"③ 看来子路对夫子的意见不小，此事又与男女关系有碍，涉及夫子的名声。但是孔子并不因为子路对他的不理解而嫉恨子路，甚至并无愠色。还有一次是晋国的范氏家臣佛肸请夫子出仕，孔子有去的意思，子路又提出了批评，说老师讲过不到坏人当政的地方去做事，现在又怎么想到正在叛乱的佛肸处做事呢？孔子虽有解释，最终还是接受了子路的意见。如此尊重学生的意见，对于学生的批评，表现了这样的涵养，实在难能可贵，其中无一丝自大自尊的"圣人"气息，对于我们今天培育尊师爱生的学风不无裨益。

孔子与学生的关系十分融洽，而且情趣有致。有一次孔子到武城去游玩，听到弦歌之声。孔子微微一笑说："割鸡焉用牛刀？"似乎讽刺治理武城的子游采用礼乐之教是小题大做。子游立即对答道："往日我曾听先生说过，君子学道，便懂得爱人。小人学道，便会听从使命。"意思是您老先生，今天怎么笑话我呢？孔子马上对从游的人解释说："诸位！他说得很对呀！我前面所说是对他开玩笑的。"（子之武城，闻弦歌之声。夫子莞尔而笑，曰："割鸡焉用牛刀？"子游对曰："昔者偃也闻诸夫子曰：'君子学道则爱人，小人学道则易使也。'"子曰：

---

① 《论语·子罕》。
② 《论语·阳货》。
③ 《论语·雍也》。

"二三子！偃之言是也。前言戏之耳。"①）孔子与学生和乐相处的情景跃然纸上。孔子完全不是一个道貌岸然的道学先生，真是"即凡而圣"啊！

一天，闵子骞侍奉在孔子一侧，訚訚然如一派中正气象。子路一行则如一派刚强之气。冉有、子贡，侃侃如一派和乐之气。孔子十分欢乐。（闵子侍侧，訚訚如也；子路，行行如也；冉有、子贡，侃侃如也。子乐。②）《论语》一书为我们留下了孔门师生相聚时，其乐融融的景象。

孔子对学生的热爱，因其真挚无瑕，不仅不曾耗尽他自身的热情，相反，倒使他潜藏的人性得以放射出更为璀璨的光芒！所有热爱学生的老师，不都是这样的吗？

（四）教学相长——"子愈教人子愈博"

师生民主，反映在教学上常常被赋予"教学相长"的称誉。孔门之中不乏这方面的生动表现。仅从《论语》的记载，即可看到子夏、子贡、林放等人与夫子探讨做人、学《诗》、学礼的情景，他们都因为能够独立思考发表了对于夫子颇有启发的见解，而受到孔子的赞赏。有一次子夏向孔子请教《诗》，他问"巧笑倩兮，美目盼兮，素以为绚兮"是什么意思。这句诗，翻译成白话，是说"有酒窝的脸笑得美呀，黑白分明的眼流转得媚呀，洁白的底子上画着花卉呀。"孔子告诉他："先有白色的底子，然后画花。"（子曰："绘事后素。"）子夏就此谈出了自己学习的感受，说："那么，是不是礼乐的产生在（仁义）以后呢？"（曰："礼后乎？"）孔子十分喜悦地赞许说："卜商呀，你真是能启发我的人。现在可以同你讨论《诗》了。"（子曰："起予者商也！始可与言诗已矣。"）③ 相反，颜回对于孔子所教授的内容表现了"无所不悦"，倒反而引起孔子的担心。对于与他年龄相差不多的弟子是这样，对于年龄比他小几十岁的学生也是这样，都可以和他相互切磋道德学问。正因为孔子实行了真正的"教学相长"，所以他在施教过程中能够做到"子愈教人子愈博"，教和学相得益彰。这些经验，如果从理论上分析，可以发现，孔子在师生关系上注重"两个积极性"的最佳结合，

---

① 《论语·阳货》。
② 《论语·先进》。
③ 《论语·八佾》。译文参见杨伯峻：《论语译注》，第25页，中华书局，1984年版。

即教师积极性和学生积极性的相互促进，理想的目标则是二者的相济相成，这才是"教学相长"的本质特征。恰恰在这一点上，孔子的教学堪为后世师表。

（五）学无常师——三人行必有我师焉

孔子是我国历史上学无常师的开创者，这是他对于师生关系的又一重大的发展。就教师而言，他认为可以实行"学无常师"，还主张"三人行必有我师"①，善于学习的人应当择善而从。后来"师"被泛化了，"前车之覆，后事之师"，这种思想的提倡，有利于形成兼采众长的学风。至于学生，他认为"后生可畏"，主张"当仁不让于师"②，与亚里士多德"我爱吾师，我更爱真理"的思想如出一辙。孔子在哲学上提倡"和而不同"，承认事物之间存在着差别，他不主张消灭差别，只是提倡相济相成的和谐发展。这正是他在师生关系上，鼓励学生独立思考，不要求学生与教师"齐同"，期望并预见学生最终一定会超过教师，这就是后世荀子"青出于蓝而胜于蓝"思想的萌芽。不失为一种发展变化的师生观，是孔子教育思想上辩证因素的鲜明体现。

第三节　学而不厌，诲人不倦
——好学乐教的教师修养

孔子出于改变自身命运的期望和受到当时社会急剧变革的启示，使他认识到知识的重要，从15岁开始就立志向学，从此与学习结下了不解之缘。他清醒地知道，自己的天分并不很高，既不是"生而知之者"③，也不是"不知而作之者"④，其所以被人称许"大哉孔子！博学而无所成名"⑤，全赖他"好古，敏以求之者也"⑥ 和"多闻择其善者而从之，多见而识之"⑦。他曾形容自己好学的急

---

① 《论语·述而》。
② 《论语·卫灵公》。
③ 《论语·述而》。
④ 《论语·述而》。
⑤ 《论语·子罕》。
⑥ 《论语·述而》。
⑦ 《论语·述而》。

切心情，说："学如不及，犹恐失之。"① 他自己也承认一般的人都没有他那样好学，所谓"十室之邑，必有忠信如丘者焉，不如丘之好学也"②。孔子曾经总结学习是怎样一步又一步地改变了他的命运，说学习不仅使他从"而立"到"不惑"到"知天命"到"耳顺"，以至于达到"从心所欲，不踰矩"的自由境界，而且给他的人生增加了无穷的欢乐。学习使他"不亦说乎"，学习使他"发愤忘食，乐以忘忧，不知老之将至"③。作为一名教师，更为重要的是，学习使他获得了教诲学生的动力。当他听人称赞他"圣与仁"时，曾十分谦虚地说："则吾岂敢？"但是，却承认自己只不过是毫不厌烦地学习，从不厌倦地进行教诲（"抑为之不厌，诲人不倦"）罢了，学生公西华听后说：这正是我们弟子没有学好之处呢（"正唯弟子不能学也"④）。不仅公西华认为自己没有做到这等地步，子贡也有这种想法，促使孔子不无自豪地说："默而识之，学而不厌，诲人不倦，何有于我哉？"⑤ 意思是说，做到默记闻见到的知识，对学习从不厌烦，对教诲他人从不倦怠，这对我绝不是什么难办的事情。

此后"学而不厌，诲人不倦"便成为教师修养的著名格言，影响至为深远。"学而不厌，诲人不倦"流传至后世，成为教师重要的修养准则。人民教育家陶行知先生常用它来自励励人。他认为教育活动的本质特征就是师生间"相互感化"的活动，其中"好学"也是互相感化的。所谓"好学是传染的，一人好学，可以染起许多人好学"。由于教师在教育中居于指导地位，因此，"好学的教师最为重要，想有好学的学生，须有好学的先生"。他还强调说："唯有学而不厌的先生才能教出学而不厌的学生"，是为至理。足见好学应当是教师的基本品质。

格外引起我们关注的是，陶行知在孔夫子的格言上，加了一对关联词"只有"和"才能"，认为"学而不厌"与"诲人不倦"具有因果关系，这是他的独创。那么，为什么只有"学而不厌"，才能"诲人不倦"呢？陶行知总结教师的教学实践发现，有的教师教了几年书就厌倦了，原因固然很多，其中一个重要的原因是这位老师不好学，不求进取，教学没有新意，变成了枯燥的重复劳动，当

---

① 《论语·泰伯》。
② 《论语·公冶长》。
③ 《论语·述而》。
④ 《论语·述而》。
⑤ 《论语·述而》。

然就会越教越厌倦。相反，如果当老师的人能够锐意求进，必然"越教越要教，越学越快乐"。他恳切地告诫教师们："我们做教师的人，必须天天学习，天天进行再教育，才能有教学之乐而无教学之苦。"① 这就是说，好学的老师必定乐教。乐教，即不以教为苦，才能无怨无悔不知疲倦地教诲学生。

如果仅指出教师"学而不厌"对学生的榜样作用，那只阐述了"学而不厌"的外在价值；而指出好学才能乐教，则突出了"学而不厌"对教师自我发展的内在作用。陶行知正是强调了"学而不厌"对教师发展的内在价值，指出："只有'学而不厌'，才能'诲人不倦'。"这一"新解"，具有很强的前瞻性，值得我们认真体味。

改革开放以来，我国教师管理思想与实践，似经历了三个发展阶段：第一个阶段是"管理教师"，注重的是"制度＋控制"，对我国学校管理建章立制，起了促进作用；第二个阶段是"培训教师"，学校通过组织教师参加培训、开展科研等方式来提高教师的素质，使教师的价值得到增值；第三个阶段，教师队伍的管理开始以"学习型组织"的建设为目标，"学习＋激励"作为重要内容被纳入学校管理。孔子的论述恰恰体现了教师队伍管理第三阶段的要求，即通过学习促进教师的自我发展，提高教师队伍的整体素养，使教师成为教育工作的主体，从而充分发挥其主观能动性，使教师能够一边教一边学，体味到教育创造的无穷乐趣。

进入21世纪，学习化社会迎面而来。发达国家充分认识到，学习能力开始成为各行各业的核心竞争力，这是面对每天都有6000～8000篇科学论文发表的"知识爆炸"所采取的对策，这些国家的企业纷纷建立了知识与信息管理的总裁，负责管理群体的学习。为适应世界发展的趋势，我国政府决定在全面建设小康社会的同时，努力营造学习化的社会环境。基础教育的改革不断深化，从内容到体制，都将进行革新。这就要求学校教育密切联系现代社会及科技发展的实际，要逐步改变学生的学习方式、教师的教学行为。教育改革的新形势，使众多学校几乎都站在同一起跑线上，能否再造学校的辉煌，在很大程度上，要看学校领导能否抓住教育改革的契机，努力将教师队伍尽快地创建成一个有效的"学习

---

① 陶行知：《小学教师与民主运动》，《陶行知文集》（修订本），第972页，江苏教育出版社，1997年版。

型组织"，培养大批"学而不厌"的教师，使他们通过学习适应教育革新的需要，并不断提高创新意识，达到"诲人不倦"的人生境界，以满足全社会对高质量教育的迫切需要。

相信孔子倡导的"学而不厌，诲人不倦"的师道精神，将会在现代社会"学习型组织"建设中，获得新的生命！

第四节　正确把握教师创新的特点
——"温故而知新"

（一）"温故而知新，可以为师矣"解
——孔子强调教师应"开新"

孔子曾经明确提出："温故而知新，可以为师矣。"① 将"温故而知新"视为能否当一个合格老师的必备条件。顾树森先生认为："'温'，是'温习'，有整理而寻出头绪的意思。'故'，谓旧时所学得的学问，'新'谓现时所学得的知识。既能温习旧时的学问，又能吸取新的知识，才可以为人师。"② 这一解释强调的是，教师应当具有学习能力，既会学习已故的知识，又会吸纳新近的知识。钱穆先生则进一步指出，《论语》这一段话讲的是"新故合一，教学合一，温故必求知新，能学然后能教。若仅务于记诵稗贩，不能开新，即不足以任教，意蕴深长"③。"知新"在他看来就是"开新"，用今天最时髦的话说，就是"创新"。他对教师的"开新"又有两种解释：其一，教师学习已故的知识，能够悟出新意来；其二，老师在原有知识的启发下，生成新的知识。这二者，都表明教师的学习和施教都应当具有创新性，他认为以孔子为代表的儒家，一贯反对甚至抨击只有"记问之学"的所谓老师。所以，钱穆先生认为"知新"就是"开新"。诚如钱穆先生所言，传承孔子之教的思孟学派，在《礼记·学记》中明确指出："记问之学，不足以为人师。"

---

① 《论语·为政》。
② 顾树森：《中国古代教育家语录类编》（上册），第41页，上海教育出版社，1983年版。
③ 钱穆：《论语新解》，第37页，三联书店，2007年版。

教师创新的特点及其内容。教师是社会的一员，教师的创新当然可以突破教育范围，进行各种有益的创新活动。但是，从教师自身的独特社会角色而言，他们的创新必须与教育活动相结合，这是其基本特点。这种类型的创新，大致有哪些主要内容呢？

概括而言，有两大方面：其一是在学习，即掌握知识方面具有创新性；其二是在教育学生方面的创新。教师的学习性创新，这是当前教师专业化发展必须研究的问题，也是学校建成学习型组织面临的挑战。笔者不揣浅陋，结合孔子的成功实践，略加论述。

（二）教师的学习性创新

从孔子身上，我们可以总结出教师的学习性创新至少有如下四个方面：

善于选择学习内容——把握时代的"核心知识"。什么是值得学习的，这是学习者必须首先解决的问题。学习者在任何时候都需要进行选择，不同的选择水平，体现不同的学习能力，其中包括创新能力。在知识爆炸的今天，能否发现"核心知识"，选择"核心知识"作为学习的主要内容，更是极富挑战意义的创新活动。就孔子而言，他所处的时代，与我们今天的时代具有相似之处，即社会同处于急剧变革之中。变革的时代，人们往往一味求新，因而遗忘了经典，无视经典的启迪意义和再生功能。这就不可避免地会坠入浅薄，甚至误入歧途。一言以蔽之，孔子处在一个"没有经典的时代"，丧失了对经典敬仰之心的时代。孔子的胆识就表现在，他不盲目求新，能够深刻认识经典的价值，并以经典为学习的主要内容，可谓独具慧眼！后起的墨家、法家等主要学术流派的大师，几乎都曾就教于儒家门下，正是因为孔子学习整理总结的经典，是后起者进一步发展、绕不过去的内容。

善于选择学习对象——在知识"制高点"引领下学习。向谁学习？创新者的学习，都是因为他们能够站到"巨人的肩膀上"。不同的时代有不同的"巨人"，他们占领着知识的"制高点"。"巨人"在哪里？这对学习者的智慧又是一个不小的挑战。孔子曾经向鲁国大夫南宫敬叔说，"我听说老子博古通今，通晓礼乐的起源，明白道德的归属"，决心拜老子为师。经过各方的资助，孔子终于到达周天子所在地，得以聆听老子的教诲，观看考察了"明堂"，瞻仰了尧舜的遗容，见到了桀纣的恶相，了解了人们对善、恶的不同评议，获悉了前人留下的关于国家兴衰的箴言。

《孔子家语·观周》详细记载了孔子在周天子宗庙殿堂之中学习的情况，据说那里有一座铜铸的人像，嘴巴被封住三层，在铜像的背面刻着一段警示的铭文。孔子读完这段铭文，告诫弟子们牢记这一箴言，务必谨言慎行。诚如《诗》上所言："战战兢兢，如临深渊，如履薄冰。"立身行事都应该像这样才是，孔子就此提出了君子待人接物应当奉行温、良、恭、俭、让的原则。

在"观周"的过程中，孔子认真地向老子学习周礼，向苌弘学习音乐，在祭祀先祖的地方，他考察了明堂的法则和宗庙朝廷的法度。周公殚精竭虑辅佐成王的图像，给孔子留下了深刻的印象，各种文物礼器，使他了解到周朝兴盛的原因，而且懂得借鉴历史经验对社会发展的现实意义（"往古者所以知今"）。孔子"观周"，大大开阔了眼界，充实了学问，提高了德行修养，回到鲁国之后，更加受到人们的敬重，四面八方前来学习的学生，大致有三千来人。（"自周反鲁，道弥尊矣。远方弟子之进，盖三千焉。"[1]）这足以说明，孔子是多么善于选择学习的对象，捷足先登当时学术的"制高点"，充分体现了他在学习方面与众不同的智慧和创造力。

《知识经济》一书告诉人们，在知识经济时代，知识的结构发生了深刻的变化，大致可以分为四类：知事之知，知因之知，知人之知和知窍之知。其中"知人之知"就是指"什么人掌握了这类知识"，想拥有这类知识，必须知道从何处获得这类新知。总之，现时代的知识和学习能力是融合在一起的，故而联合国教科文组织将"学会学习"，列为"四大支柱"之一，因为它是创新的起点，对于教师和学生来说则是一种不可或缺的创新能力。

具有创新者的学习态度——"敏以求之"。孔子曾经对子贡说："敏而好学，不耻下问，是以谓之文也。"[2] 此处，在"好学"之前加上了一个"敏"字。钱穆先生解释说："敏，疾速义。"[3] 孔子在答复弟子子张问"仁"时，孔子也将"敏"列入"行仁"的五项德目之中。鉴于《论语·阳货》"孔子曰：'能行五者于天下，为仁矣。'请问之。曰：'恭、宽、信、敏、惠。恭则不侮，宽则得

---

① 《孔子家语·观周》。

② 《论语·公冶长》。

③ 钱穆：《论语新解》，第123页，三联书店，2007年版。

众，信则人任焉，敏则有功，惠则足以使人'①，钱穆先生仍将"敏"解释为"疾速义"，并指出有的学者还认为"敏，审也，审当于事则有成功"②。孔子在"好学"前加上"敏求"，表明他认为"好学"只是对学习的情感态度，而敏于学，不仅反映了积极的学习态度，而且具有对学习敏感的判断力，即所谓"敏，审也"。正确的判断选择是学习能力的重要表现，敏感性的正确判断，就不仅仅是一般的能力，而具有创造性了，它是创新不可缺少的内容。孔子自己正是由于具有这种品格，得以成为中国古代文化的集大成者。他曾说："我非生而知之者，好古，敏以求之者也。"③ 此处的"敏"不仅包含勤勉，而且反映了孔子对传统经典价值的敏感性，这是他能够超越同时代教育者的关键之处，也是他能够在集成中创新的重要原因。

善于应用知识——赋予知识再生力。孔子办学注重知识的实际运用，他曾说："诵诗三百，授之以政，不达；使于四方，不能专对；虽多，亦奚以为？"④ 古代流传下来的"诗三百"，已经是故人所作，顶多作为写诗的借鉴，然而孔子却教弟子们用来施政和从事外交活动。文学作品的"诗三百"，在孔子门下，竟然变成了实用性的知识，大大提高了他们通达时政的能力。孔子自己就是一位善于运用知识的典范，引领孔门弟子将前人传下来的知识，与所处的时代相结合，使古籍上的"死知识"，变成了现实有用的"活知识"，赋予了知识再生的能力。例如，孔子引用《书》曰："孝乎惟孝、友于兄弟，施于有政。"他赋予"孝"和"友"这两个传统的伦理概念以崭新的从政治国的意义⑤，为后世"移孝作忠"的政治伦理化奠定了基础。借古喻今，是孔门赋予知识再生力常用的一种方法。例如，孔子带领弟子居住在卫国时，正值卫国的出公取代其父蒯聩为国君，弟子冉有不知道孔子会不会赞助卫出公，头脑十分灵活的子贡就前往试探孔子。他问夫子："伯夷、叔齐何人也？"孔子说："古之贤人也。"这是古代孤竹国发生的事情，孤竹君遗命，让叔齐继位，叔齐尊长，决心让兄长伯夷为君，就出逃了。伯夷认为应当遵从父亲的遗命，不愿继位，也出逃了。结果两人都没有当成

① 《论语·阳货》。
② 钱穆：《论语新解》，第448页，三联书店，2007年版。
③ 《论语·述而》。
④ 《论语·子路》。
⑤ 《论语·为政》。

国君。子贡就问孔子，他们私下会有怨恨吗？孔子说："求仁而得仁，又何怨。"子贡由此断定孔子绝不会帮助取代父亲的卫出公，他回转身告诉冉有："夫子不为也。"[1] 说明孔子平时授徒，就经常引经据典，借以剖析时政，所以子贡也娴熟地采用这种借古喻今的方法。

（三）过人的洞见，使"死知识"获得新生命

令人感佩的是，孔子运用知识的深邃眼力，能见人之所未见，这是他能赋予"死知识"新活力的根本原因。例如，孔子一贯认为人是具有不同个性的，即使是"仁人"也具有不同的个性。因此他大胆地提出了殷有"三仁"的评论："微子去之，箕子为之奴，比干谏而死。孔子曰：'殷有三仁焉。'"[2] 其一是微子，他是殷纣王的同母兄，见纣王昏乱残暴，便设法远离而去；其二是箕子，他是纣王的叔父，纣王无道，他进谏不听，只得披发佯狂，降为奴隶；其三是比干，他也是纣王的叔父，竭力进谏，被纣王剖心而死。这三个人同处乱世，采取了三种不同的处世态度：比干有极强的责任心，竭忠尽智，结果"无求生以害仁，有杀身以成仁"[3]。比干虽然失败了，但是，在孔子看来，比干做到了义尽仁至，当为仁人。箕子劝谏无效，洁身自好，后来脱身出逃，因与其人格志趣无伤，亦可称做仁人。至于微子，仍然留在殷商之地，忍受屈辱，近于奴隶，等到武王得天下后，被封宋国，由于他并未失去自己的信仰，孔子仍许之为仁人。这三个人具有不同的处世态度，不同的命运，而孔子竟然都称他们为仁人，这种惊世骇俗之论，其创新力度是很巨大的，对人的启发也必然很大。这三个人称得上是典型环境中的典型人物：商周之际的乱世，是为典型环境；三种处世态度在历史上颇有代表性，是为典型人物。历史上人们称比干型的仁人为"任"，即以仁为己任，奋斗终生；称箕子型的仁人为"清"，即清高自持；称微子型的仁人为"和"，即"和而不同"、"周而不比"。"任"、"清"、"和"，囊括了为人处世不失完整人格的三种态度，对后世有深刻的影响。屈原忠奋积极，沉江而死，与比干同道；陶渊明高吟"归去来兮"，洁身而去，情同箕子；杜甫则酷似微子，流离奔

---

① 《论语·述而》。
② 《论语·微子》。
③ 《论语·卫灵公》。

波，给个小官也做，忧国忧民。这三位诗人，在我国古代文化史上，都享有盛誉，受人敬仰，他们都践行了孔子的教诲。就此不难发现，以仁为标志的人格教育，高度重视人的品德修养，而不以成败论人，更不以相同的处世方式要求人。孔子称许的微子，无功德可言，他还称许过的西周泰伯，也只有让天下给季历一举，此外并无其他建树，但孔子仍称其为"至德"。所以，人们认为孔子教人是以立德为上，立功次之，立言为下，极端重视人的人格修养。从教育的角度论，孔子论人的标准，体现了对人个性差异的尊重，这是十分可贵的。他将一千多年前的知识，作为论证性格各异仁人的论据，在教育上开启了尊重个性差异的先河，使得故旧知识获得了新的生命。

知识爆炸时代，亟须激活"知识的再生力"。 在知识爆炸的时代，怎样才能坚守基础教育的基础性，使之能够支撑日益庞大的现代知识的大厦？原有的经典知识，在今天应当如何处置？我们发现用昨天的知识教今天的学生，让他们去为明天服务，已经是很困难的事情了。但是，昨天的知识难道能够弃置不用吗？难道让学生攀登巅峰时，我们需要拆掉他们驻足的梯子吗？孔子面临的也是一个急剧变革的时代，尽管变革的速度远不如当今社会，但是，如何使传统经典适应变化和发展，在这一点上，与我们遇到的难题是相同的。孔子使故旧知识获得再生力的经验，值得我们借鉴。

西方国家面临知识爆炸的挑战比我们早，他们进行应对的探索也比我们丰富。但是，令人惊异的是，他们的对策之一，就是赋予传统的经典知识"再生力"，让经典知识承载前沿知识，让经典知识的学习承担起解决现时代紧迫任务的使命。20 世纪 80 年代，西方国家，曾经进行过这方面卓有成效的探索，英国1986 年创立的"科学—技术—社会（STS）"课程，为我们提供了颇有启示意义的借鉴。这门课程的教学目标是前沿的，它要求使学生了解科学、技术和社会的相互作用；培养了解社会、致力于社会改造的科学家和技术人才；培养了解科学技术及其后果并能参加涉及科学技术决策的公民；给决策者提供新的科学技术信息和科学的分析等。这一课程目标也是对经典知识教学的要求。能够做到吗？——关于"热力学第二定律是什么"的课程内容，生动地回答了这个尖锐的问题。

该课程要求"热力学第二定律"的讲授包括如下内容：

1. 自然界的一切都趋于耗散（如湿衣服会晾干）。

2. 耗散可以是有害的（如燃料燃烧造成污染）。

3. 耗散也可以是有用的（如空气净化）。

4. 能量具有耗散的趋势（如热茶会冷却）。

5. 为什么燃料如此有用？（它在未被利用时，能量被束缚成聚集的形式）。

6. 能源问题（化石燃料储存有限）。

7. 可替代能源（如太阳能、水能、风能、潮汐能、波能、生物量能）。

8. 植物具有独具的特点（经过光合作用将太阳能聚集成糖、淀粉的纤维）①。

18 世纪，卡诺等科学家发现了热力学四大定律，如果没有这四大定律的知识，很多工程技术和发明就不会诞生。故而，科学史界公认热力学四大定律是人类最伟大的十个科学发现之一，热力学第二定律诚然是经典物理学的重要内容，它原指"力学能可全部转换成热能，但是热能却不能以有限次的实验操作全部转换成'功'（热机不可得）"。但是，这个经典知识在 STS 课程中，却与现代前沿科学发生了密切联系。理论上，它从新型耗散结构理论的视角揭示其内涵；实践上，它在 20 世纪 80 年代，就为可替代能源的研究提供了重要思路。经典知识拥有的"再生性"，为应对知识爆炸，提供了进行知识"浓缩"可行的路径。孔子编撰的"六经"，因为是经典，其中包含着普遍性的规律，在历史上就有各种注疏，并衍生出"十三经"，业已体现了经典知识的"再生性"。促使经典知识具有"再生性"的动力源泉，来自于教师们的创造。是教师们在学习经典过程中进行的创造，这种创造是"以述为作"，恰恰为孔子所首创。在今天可以成为应对知识爆炸的重要教学对策，从知识的组合上切实减轻师生的负担。

第五节　创立教学原则
——启发教师在施教中创新

孔子教育造诣高超，在实践中创造了启发诱导原则、学思并重原则和因材施教等原则，启发教师在施教活动中创新。这些原则不仅具有指导意义，而且展现了教师在施教活动中进行创新的主要方面。

---

① 详见张卓玉等：《现代教育思想》，第 47 页，北京师范大学出版社，1998 年版。

（一）启发诱导原则

与注入式教学相对立的启发式教学，是中外教育史公认的重要教学原则。这一原则的首创，过去外国教育史历来认为是古希腊的思想家、教育家苏格拉底（约公元前469—公元前399年）最先倡导，并被称之为"产婆术"。岂不知，中国伟大的教育家、政治家、思想家孔子早于苏氏就创立了启发诱导教学，"启发"这一概念的形成也在孔子。他早于苏氏80多年降世，谢世后约10年苏氏才降世。孔子提倡启发式教学至少要比苏氏早半个世纪。更重要的是，孔子的这一原则所体现的教学思想之深刻、教学艺术之高超、形式之多样，均在中外教育史上或有首创之功，或属罕见。苏氏认为真理存在于每个人的心灵中，哲学家和教师的任务就是帮助人们认识这种真理。为此，他在教学时，常用设问方式提出问题，让学生运用已有的知识加以回答。如回答错了，他便用暗示性的补充提问来引导，最后使学生得出苏氏认为正确的答案。此教学方法与孔子的启发诱导相同之处是要求教师引导学生主动地学习，而不能对学生硬灌代庖。这有助于启发学生积极思考，寻求正确答案，有其重要意义，应予充分肯定。但也不难看到，它与孔子启发诱导原则的区别："产婆术"是以教师施教为中心，始于教师设问，终于教师的结论。有人将其概括为"问答式教学法"，可谓一语中的，提示了苏氏"产婆术"的特征。孔子的启发诱导原则，则是以学生的学习为出发点和归宿，与之俨然有别。

孔子的启发式教学原则，是他长期教学实践活动深刻的理论总结，他实际上提示了教与学的对立统一问题，符合教学规律，有其特殊的贡献。现举其要者如下：

把握学生的学习机制，提高学习能力。孔子的这一思想集中体现于这段名言中："不愤不启，不悱不发。举一隅不以三隅反，则不复也。"[1] 按宋代教育家朱熹的解释："愤者，心求通而未得之意；悱者，口欲言而未能之貌；启，谓开其意；发，谓达其辞。"[2] 孔子在此先讲启发的着眼点：要求学生形成"愤"、"悱"的心理状态；再直接言及启发的目的，培养学生运用知识的能力和思维的能力，

---

[1] 《论语·述而》。
[2] 朱熹：《四书集注·论语·述而》。

并以此检验启发是否得当。这是孔子对自己创立的举世闻名的启发式教学的高度概括。"启发"一词便源于此。它体现了孔子启发式教学以学生为主体的思想。为了更好地把握学生的学习机制，孔子又进而从师生两方面提出要求。他说："知之者不如好之者，好之者不如乐之者。"① 这是提示了三种不同层次的求学心理状态及其对学习的不同影响，旨在要求学生形成"好学"、"乐学"的最佳心理机制。他还进一步指出："言未及之而言，谓之躁（急于说）；言及之而不言，谓之隐（不说）；未见颜色而言，谓之瞽（瞎说）。"② 这是孔子告诫教师要善于把握学生的学习机制，做到适时进行启发诱导。这同样也体现了孔子启发式教学以学生为主体的思想。

启发思考，发展思维能力。孔子启发式教学的中心是什么呢？他的着眼点不局限于知识传授本身，而在于发展学生的思维。这就是朱熹注释所告诉我们的，启发的出发点是学生正在积极进行思维。所谓"愤者，心求通而未能之意"，这显然表明学生正处在积极思考的状态中。值得注意的是"悱"，他说是学生"口欲言而未能之貌"，有人以为这是学生表达能力不高的表现。其实不然，语言学的研究告诉我们，语言是思维的物质外壳，学生想说而说不出或说不清楚的状况，往往反映他们思维尚不清晰，因此，帮助学生表达清楚，主要也是调理他们的思维。孔子在启发诱导原则中还提出了评价的标准，他认为学生能否"举一隅"而以"三隅反"是判定教师启发效果的主要标准。对此，有人不甚理解，认为"举一隅，不以三隅反，则不复也"，是表明孔子施教不如墨子，他是"扣则鸣，不扣则不鸣"，而墨子却是"不扣亦鸣"，具有"强说人"的积极施教精神。其实，此处孔子所说的"则不复也"，是指教师进行启发诱导，必须具有"不拘一途"、"善博喻"的教学艺术。如果用一种方法进行启发，学生尚不能举一反三，教师就应该换另一种办法施教。从思维科学的角度分析，"举一反三"本身就是一种思维形式，而孔子正是以学生能否"举一反三"作为评价教师是否"善喻"的重要依据，换句话说，他正是以学生接受思维训练的状况作为评价启发诱导标准的。总之，孔子这一原则重在启发思考，开发智能。

相互启发，教学相长。这是孔子启发式教学原则的又一显著特点，有一定的

---

① 《论语·雍也》。
② 《论语·季氏》。

民主性，体现了师生平等的精神。孔子一贯主张"和而不同"，处事待人都不强求一律，提倡不尽相同的事物和谐发展。在教学上他也是这样，处处表现着对学生的尊重与鼓励。《论语·公冶长》记载了一段孔门师徒坐而论道的内容，子路所谈的理想与颜回所谈的理想不尽相同，和夫子的理想更是有很大距离，孔子对此并不强求统一，完全允许学生通过分析、比较，自己加以去取。他在启发诱导过程中实行的正是"和而不同"的原则。后世《学记》作者主张"导而弗牵"，认为只有这样启发学生，才能做到师生之间的"和"，发扬了孔子"和而不同"的思想。荀子在《劝学篇》中提出的"青出于蓝而胜于蓝"的光辉思想，正是孔子"和而不同"观的必然结果。孔子认为启发式教学成功的关键在于师生积极性的最佳结合，是这一原则的精髓所在。他的得意门生颜渊有段体会性的赞语，其中"夫子循循然善诱人"提示了孔子这位教师的积极性，既包括他的诲人不倦精神、高尚道德、高深学术造诣，又包括其教学艺术发挥得卓有成效。至于"欲罢不能"、"既竭吾才"、"欲从之"，则道出了颜渊这位学生的积极性，既有其求知进德的迫切要求，又有发奋勤勉的求学精神，充分体现了孔子的启发诱导，是师生相互启发、教学相长，而不是老师单独的教学行为。

（二）学思并重原则

孔子主张学与思并重，即学习和传授知识应当与发展智力并重。表达这一原则最著名的教育格言是："学而不思则罔，思而不学则殆。"[①] 他指出："博学而笃志，切问而近思，仁在其中矣。"[②] 这是把学与思恰当地结合，看做是求仁的重要方法。

学为基础。 论及学与思的关系，孔子认为学是思的基础，并现身说法："吾尝终日不食，终夜不寝，以思，无益，不如学也。"[③] 又说："不学而好思，虽知不广矣。"[④] 足见孔子认为学是求知、求能的起点，如果思不以学为根据，则只能陷入冥思空想；如果所学知识不够扎实、广博，还会限制智能的发展。孔子所说的学，不仅指书本知识，还包括"多见"、"多闻"的感性认识与经验，这就

---

① 《论语·为政》。
② 《论语·子张》。
③ 《论语·卫灵公》。
④ 《韩诗外传》卷六。

使他与主张"闻见之知非真知"的后儒俨然有别。

思有助于学。孔子还认为学离不开思，思有助于学。他告诫弟子说："学而不思则罔"。"弗思何以得？"在教学活动中，孔子很注意培养学生勤于思考的习惯，提倡"君子有九思"，君子应多思、勤于思考等等。同时还注意发展学生的思维能力，使他们善于思考。鉴于以往的教育史对于我国古代教育是否注重发展学生智力多有误解，有人甚至以为思维训练只是近年来才提出的研究课题，因此，本书对此将多作一点论述。

启发思维的种类。思维科学的研究认为，人的思维活动大致有三种形式：形象思维、逻辑思维和灵感思维（或顿悟思维）。细致寻绎不难发现，孔子对此三种思维的训练都有一定的论述。为了提高学生闻见本领，他要求学生在感知活动过程中，做到"视思明"、"听思聪"，这种思维训练就属于形象思维训练，他帮助学生学会透过现象看本质，进行联想、想象等等。这种思维能力不仅有助于进行艺术的创造，而且还有助于科学的创造。我国古代科学发展就很注重运用形象思维，例如中医学以"望闻问切"作为断症的方法，就是利用形象进行思维。逻辑思维一般来说又有两种形式：一种属于形式逻辑思维，一种属于辩证逻辑思维。孔子注意培养学生推理和归纳的能力，使学生能够"闻一知二"、"闻一知十"、"举一反三"、"能近取譬"、"告诸往而知来者"，做到善于演绎和推理。他还教育学生在博学的基础上，坚持"一以贯之"，通过归纳，使散乱的知识具有一定的体系。"一以贯之"，有助于提高学生理论思维的能力，它与博学相结合，又可促进学生掌握知识做到"由博反约"。孔子十分重视培养学生辩证思维的能力，"扣其两端"是他对这种思维方法的形象概括。这种方法要求人们在对立统一中去把握事物。孔子在这方面不愧为循循善诱的大师，他常为学生示范，引导他们学会运用"扣其两端"之法。如告诫学生"人无远虑，必有近忧"①，这是抓住了"远"、"近"两端；"温故而知新"②，这是抓住了"新"、"旧"两端；"知之为知之，不知为不知，是知也"③，这是抓住了"知"与"不知"两端；等等。孔子"扣其两端"的思维方法，在弟子身上曾经大放异彩，曾子就讲过

---

① 《论语·卫灵公》。
② 《论语·为政》。
③ 《论语·为政》。

一段极富辩证思维特色的话："以能问于不能，以多问于寡，有若无，实若虚……"①其中涉及能与不能、多与寡、有与无、实与虚等两端的同一性问题，这是"扣两端"思维方法的实际应用。至于灵感思维，这是一个复杂而新兴的研究课题，过去很少有人论及此事。近年来有人提出《论语·里仁》中可以发现孔子进行顿悟思维训练的蛛丝马迹，所谓："子曰：'参乎！吾道一以贯之。'曾子曰：'唯'子出，门人问曰：'何谓也？'曾子曰：'夫子之道，忠恕而已矣！'"夫子所说"一以贯之"究竟是什么，几乎成为千古之谜，在历史上长期众说纷纭，莫衷一是。南怀瑾先生在《论语别裁》一书中指出，孔子此处传授"一以贯之"的方法类似禅宗"拈花微笑"的方法。所谓"拈花微笑"，是禅宗启发顿悟思维的一则典型案例，这种传道的原则是"教外别传，不立文字"，即不通过我们习惯的语言文字来传道，诚如《红楼梦》中所说是"心有灵犀一点通"。在孔子多年的教诲之下，曾参对孔学已经登堂入室，故孔子稍加点拨，他便能悟道，可谓与夫子已是"心有灵犀一点通"。从《论语》的记载可知，孔子是一位善于提高学生"悟性"的教育大师。他的做法符合爆发灵感思维的一条规律："长期积累，偶然得之。"用西方国家教育家的话说，灵感只恩赐给有准备的头脑。孔子正是在曾参长期进德修业的基础之上，适时地采用了恰当的方法激发了他的灵感。这则实例揭示出，孔子启发学生思维，极端重视学生的自求自得。孔门后世大师孟子，正是继承了孔子这一思想，为了激发学生的"良知"、"良能"，他甚至于实施过"不屑之教"。在某种意义上说，孔孟的上述教法，含有顿悟思维训练的因素。

"**识**"与"**疑**"。孔子启发学生的思维不仅限于以上三种思维形式，他还注意培养学生的记忆能力，提出了"识"的概念，主张"默而识之"，"多学而识之"。在他的教诲下，弟子子夏也曾谈到克服遗忘、增强记忆的问题，他说："日知其所亡，月无忘其所能，可谓好学也已矣。"② 孔子为了鼓励学生积极思考，他提出了学须有"疑"的观点，这便是著名的"疑思问"。"疑"一般来说可分两个层次：一个是不明白之"疑"，发现不明白之处就有学明白的可能，在教学上最为难办的事是学生连自己何处不明白都不知道，那就没有明白的可能

---

① 《论语·泰伯》。
② 《论语·子张》。

了。"疑"的第二个层次是怀疑，正确的怀疑，往往是创造的先导。但是，这并不是绝对的，"怀疑一切"具有极大的破坏性，是将人引向谬误的开始，教育者对此不可不警觉。孔子恰恰注意到在鼓励学生有疑的同时，还告诫他们，应当掌握正确生疑与思维的原则，那就是著名的"四毋"："毋意、毋必、毋固、毋我。"① 教育弟子切不可主观臆断、一意孤行、思想僵化、唯我独是。孔子在两千余年前能提出如此深刻的、指导正确思维的原则，实在难能可贵，即使用现代的教育观点加以分析，仍然称得上是至理名言，有助于我们思考问题科学化。总之，孔子学思并重的原则在中外教育史上都称得起是颇有见地的思想，对于我们探讨传授知识与发展智能的关系，不无裨益。

尤应提出的是，孔子并不一味地鼓励学生"思"，他很重视以什么来指导"思"。孔子反对患得患失的顾虑重重，在他看来这不是正确的"思"。孔子对季文子的"三思"就曾提出过批评。这表明，在指导思维训练上，孔子已经注意到一个人智力的发展不能脱离他的思想修养，思想修养会影响思维的正确性。

（三）因材施教原则

"各因其材"与"各尽其才"。孔子本人并未直接阐述因材施教这个原则，而是儒家后学，特别是"宋代孔子"朱熹总结孔子施教的实践概括出来的。孔子的确是一位因材施教的高手，经他调教的弟子均能各得其所，有所成就。因材施教原则，已经是大家熟知的教育原则，但是，对其理解与实践却有很大的不同。一种因材施教，是从规定的教学目标出发的，老师根据学生的不同情况采取不同的方式方法实施教育，以求顺利地完成教学任务。有的教育家曾经形象地比喻这种"因材施教"的效果，是让学生在桌子底下踢毽子，桌子有多高，毽子就只能踢多高。当然，能够根据学生的实际情况，采用不同的教学方法完成教学任务，比"硬灌代庖"要好得多。严格意义的因材施教，应当是从学生实际出发的"适性发展"，即实现个性发展。由于每个学生的个性不同，发展的趋向也应不同，最终的结果是不相同的。孔子的因材施教，就包括这两方面的内容，可以简述为"各因其材"与"各尽其才"。他既注意学生的心理差异，注意"防偏救蔽"，更注意发扬学生之所长，使他们各尽其才。

---

① 《论语·子罕》。

孔子实施因材施教积累了丰富的经验，就其大端而言，至少可以分列如下几点：

教人必先知人。孔子历来重视"知人"，不论是从政治国，还是教书育人，他都认为必须从"知人"着手。孔子善于知人，他既知人之长，又知人之短；既知人长中之短，又知人短中之长，并以此为依据来教人。子路初入孔门时，是一个桀骜不驯的人，孔子却能看见他短中之长是忠勇力行，故而说有朝一日"乘桴浮于海"① 时，追随他的必定是子路。与此同时，孔子还能发现了子路长中之短是有勇少谋。所以经常提醒他不可做"暴虎冯河"的蠢事。《列子·仲尼篇》对此有极其生动的记载：

> 子夏问孔曰："颜回之为人奚若？"子曰："回之仁贤于丘也。"曰："子贡之为人奚若？"子曰："赐之辩贤于丘也。"曰："子路之为人奚若？"子曰："由之勇贤于丘也。"曰："子张之为人奚若？"子曰："师之庄贤于丘也。"子夏避席而问曰："然则四子者何为事夫子？"曰："居！吾语汝：夫回能仁而不能反，赐能辩而不能讷，由能勇而不能怯，师能庄而不能同。兼四子之有以易吾，吾弗许也。此其所以事吾而不贰也。"

孔子既指出颜回守仁的美德，又指出他不善于通权达变的缺点；既指出子贡能言善辩的长处，又指出他说话不够谨慎的缺点；既指出子路勇敢的优点，又指出他不善于自保的缺点；既指出子张庄重自持的优点，又指出他不善于与人相处的缺点。孔子此番评论，充分表现出他是一位深知学生的导师，这是他能够出色实施因材施教的重要原因。他还指出过不能有针对性地施教的错误，告诫人们只有知人才能有效地教人。

"因材"必"因人"、"因机"而宜。所谓"因材"，就是从学生实际出发。学生的实际既有其人的实际，又有他们所处时间、地点、年龄特征的实际，而且，主要是指在这些条件之下，学生的身心状况，我们不妨将其称为"机"，即心理机制。也就是说，因材施教既要"因人"又要"因机"。孔子根据学生的个

---

① 《论语·公冶长》。

性差异施教，提出："中人以上，可以语上也；中人以下，不可以语上也。"① 根据学生的特长和发展趋向，他提出分科施教，他所说的分科不同于后世的分科，但又是这种教学制度的肇端。他的这一构想还落实到具体的人身上，这便是《论语·先进》篇的记载，例如孔子认为德行优长的学生是颜渊、闵子骞、冉伯牛、仲弓。言语优长的学生是宰我、子贡，政事优长的学生是冉有、季路，文学优长的学生是子游、子夏。他让这些学生各自充分发展其优长之处，这样孔门才有以仁德著称的颜回，以孝行闻名的闵子骞，有游说诸侯并与之分庭抗礼的子贡，有治理蒲地有方的季路，有统师三军的冉有，有著书立说为王者师的子夏……

孔子见"机"施教，最典型的表现就是"当其愤悱而启发"的思想与实践，他强调施教必须善于抓住学生积极求学的心理机制。一个人的心理机制是一个动态的发展过程，因材施教必须"因时"而宜，此处所说的"时"，包括一个人的年龄。孔子在两千余年前就揭示了一个人在不同年龄阶段的不同心理特点，他说："少之时，血气未定，戒之在色；及其壮也，血气方刚，戒之在斗；及其老也，血气既衰，戒之在得。"② 这是根据人的不同年龄而施以各不相同的劝教。他还注意视资质而施教，对学生的相同发问作不同的回答，这就是著名的"问同答异"的教学方法。例如子路与冉有都"问行"，孔子因他们性格不同，回答则有激进与劝退的区别；樊迟与颜渊都"问仁"，孔子又因他们修养水平不等，回答则有程度深浅的差异。还有"问孝"等等，孔子都曾运用这种方法进行教学。"问同答异"的教学方法很值得我们借鉴，它与今天专注于使学生掌握"标准答案"的做法大相径庭。

"因材"必须开发潜质。因材施教，不仅应当关注学生显现的资质，即人才学所称的"显人才"，还应当关注学生的潜质，即人才学所称的"潜人才"。孔子实施因材施教，着重"开发"学生自身的潜能，这是十分可贵之处。他善于发现学生的优点，注意激发学生向上的主动性，促进他们潜质的发展。前文引用了《列子·仲尼》篇孔子论学生的讲话，充分反映出孔子十分珍视学生的优点，注意鼓励他们自强、自学、自善。因此，他的因材施教，就不仅是教师一方的工作，它还包括在老师激励下学生自己的努力。《论语》中有不少孔子赞扬学生的

---

① 《论语·雍也》。
② 《论语·季氏》。

话，如他曾称赞闵子骞："孝哉闵子骞！人不间于其父母昆弟之言。"① 后来，这位学生果然成为天下之大孝子。《论语·先进》篇记载孔子曾称赞曾点淡泊名利的心怀，将其视为自己的同道，说："吾与点也。"可以想见，这对曾点是何等有力的激励。至于颜渊、子贡、子路、子张、子夏等高足，所受夫子的鼓励更为不少。在鼓励学生方面，孔子尤为关注那些家境不幸、自卑感强的学生。据《孔子家语·弟子解》说，仲弓（即冉雍）"生于不肖之父"，《史记·仲尼弟子传》也说"仲弓父贱人"，看来冉雍的"出身"不怎么好。孔子对这样的学生倍加关怀，发现他有临治天下的本领，就公然说："雍也可使南面"，即冉雍具有帝王之才，可治理天下。孔子在当时等级观念极其深重的时代，竟然称道一个出身卑微的学生可以"作之君"，这是很了不起的，充分表现出他的教育思想富有质朴的民主精神。因材施教如果没有这种对待学生一视同仁的思想，是不可能真正实施的，也不可能取得成效。在孔子的激励之下，学生奋发努力，大盗之子、出狱的犯人之属，都成长为社会的有用人才。

"因材" 与 **"长善救失"**。孔子的因材施教原则不仅做到了"各因其材"，而且做到了"各尽其材"，诚如颜渊曾经感叹的"既竭吾才"。就是说孔子的因材施教，不以从学生出发、完成自己预定的教学任务为满足，他注意使学生的潜在的优势得到充分的发展，最终形成他们的专长，甚至形成他们的职业，至此，因材施教方告一段落。孔门弟子之中，文臣武将全备，教师学者济济，生动地表明孔子因材施教的成功。

儒家的思孟学派，继承并发展了孔子因材施教的原则，进一步从人的个性差异出发，揭示了因材施教的理论基础。《礼记·学记》直接明言，这种差别是心理差异，提出了"长善救失"这一重要的教育教学原则。《礼记·学记》曰："学者有四失，教者必知之。人之学也，或失则多，或失则寡，或失则易，或失则止。此四者，心之莫同也。知其心，然后能救其失也，教也者，长（zhǎng）善而救其失者也。"意思是说，学习的人容易犯四种过失，从教的老师一定要知道。人们在学习的时候心态是不同的：有的人有贪多而不求甚解的毛病；有的人则有容易满足，因而浅薄；有的人把学习看得太容易了，由于轻忽而学不好；有的人则画地自限，浅尝辄止，不求进步。造成这四种失误的原因，在于他们的心

---

① 《论语·先进》。

理不相同。当老师的必须了解他们的心理差异，才能挽救不同学生的不同缺失。教育的任务，就是要通过发扬他们的优点来挽救他们的过失。《学记》继承了孔子关于人的个性的辩证观，并明确指出"心之莫同"是造成学生差异的主要原因，这就使我国古代的因材施教原则建立在个性心理学基础之上了。《学记》持有与孔子相同的见解，告诫教育者，在分析学生的缺点时应当看到一个人的长处和短处常常是交织在一起的，教师应注意发现学生"短中之长"，善于调动学生的积极因素。明清时期的教育家、思想家王夫之，对《学记》这一思想有深刻的理解，他说："多、寡、易、止虽各有失，而多者便于博，寡者易以专，易者勇于行，止者安其序，亦各有善焉。救其失，则善长矣。"① 意思是说贪多的人，容易学得广博；知识掌握得少的人，容易形成专长；把学习看得容易的人，往往能够勇于进取；浅尝辄止的人，倒能够循序渐进。这一论述，充分展现了《学记》辩证思想的光辉。近年来，开发学生不同潜能的思想，开始受到现代教育家们的关注，值得我们自豪的是，在两千多年前，孔子就已付诸实践，经由儒家后学的发展，还明确提出了长善救失原则，言简意赅，阐发了开发学生潜能的重要思想。

---

① 转引自高时良：《学记评注》，第80页，人民教育出版社，1982年版。

第九章　创造成功改革教育的时空条件

教育改革周期长，既不应轻易言败，也不可急于求成。孔子成功改革教育，与他十分注意师道传承直接有关。孔子培养的弟子，遍布当时的各诸侯国，弟子们结合各地的不同情况，灵活运用老师的教诲，丰富发展了孔子的教育思想和实践。孔子在晚年，又培养了一大批年轻的继承人。孔门后学继续推行他的未竟事业，以至在焚书坑儒的境遇中，都能不绝如缕，火尽薪传。孔子的教育改革，经历了应有的时空检验，最终社会选择了他。孔子的实践告诫人们，教育改革最忌讳的是急功近利，因为它将影响几代人的命运，只有以宁静致远的心态，俯下身来，面对中国复杂的国情，扎实实验，善于兼采众长，才有成功的希望。

第一节　孔门后学教育思想的演变与发展
——孔子教育思想的兼容性与活力

成功改革教育，必然要经历一个发展演变过程，不可能一蹴而就。孔子教育改革的成功，得益于孔门后学的继承与发展。孔门后学的教育思想与孔子的教育思想有着相互印证、补充的作用，是儒家教育思想不可分割的部分。辑佚和阐述孔门后学的教育思想，既能够深入理解孔子的教育思想，还有助于我们把握孔子之后儒家教育思想发展和演变的趋向。孔子之后，儒家分化为八派，这种分化演变，不是孔子教育改革的失败，却证明任何教育改革，都不可能是整齐划一的，它必然要因时因地因人而异，成功的教育改革，诚如孔子所经历的，都是原则性与宽容性的统一。大方向一致，包容差异，这样才能适应社会的复杂性，保证教育改革不致因其僵化而告失败。这种开放性的特点，使孔子的教育改革具有经久不衰的活力。

　　曾子和子夏是孔门后学的杰出代表，对孔子教育思想能够演变为孟、荀的教育思想，起着举足轻重的作用，现分别阐述如下。

（一）子夏教育思想的大致趋向

　　子夏，姓卜，名商，字子夏，卫国人。他比孔子小 44 岁，孔子去世时，他正年富力强，移居魏国。讲学授徒，创立学派，对孔子教育思想的传播起了重要的作用。《史记·仲尼弟子列传》索引记载，河西存有子夏讲学的"石室学堂"，民间还造有纪念他的"卜商神祠"，足见其教育声誉之高。他是孔子正传弟子，《论语》中有他不少的言论，是我们了解其教育思想的重要依据。

　　"仕而优则学，学而优则仕"，这一著名教育格言就是子夏说的，表明他接受并赞同孔子"举贤才"的政治主张，认为一个人接受教育的水准，应当成为取士的重要依据。而表述得如此明确简捷，对亲亲故旧无所眷顾，与孔子不尽相同，体现了子夏对世卿世禄制决然否定的态度。在这方面，可能为孔门弟子之先，故《论语·颜渊》记载，当樊迟对孔子"举直错诸枉"，即推举贤人可以使坏人改邪归正的思想不够理解时，是子夏代夫子解释的，他说："舜有天下，选于众，举皋陶，不仁者远矣。汤有天下，选于众，举伊尹，不仁者远矣。"[1] 为孔子"举贤才"的思想提供了历史依据。子夏还说过"百工居肆以成其事，君子学以致其道"[2] 的话，提出了学以致道的主张。他还将君子受教育和工人做工相比附，表达了注重学习道艺和应世本领的教育观，这与孔子所谓"君子不器"[3] 的思想也有所不同。孔子主张培养博学通儒，反对只学成一器之道。《论语·雍也》记载，孔子曾告诫子夏说："女为君子儒，无为小人儒！"透露了夫子对子夏似有不满。孔子素以对功利的态度来区别君子和小人，即所谓"君子喻于义，小人喻于利"。由此看来，孔子可能发现子夏在培养目标上有追求功利的倾向。如果结合"子夏为莒父宰，问政"的情况分析，更能确信这一判断。因为当时孔子着重提醒子夏："无欲速，无见小利。欲速，则不达；见小利，则大

---

　　① 《论语·颜渊》。
　　② 《论语·子张》。
　　③ 《论语·为政》。

事不成。"① 无疑是说子夏有急功近利、追求速效的思想。若是这样，正披露了子夏其所以能培养造就法家先驱人物的重要原因。

对于教育内容，子夏发表过许多见解。孔子提倡学仁行仁，教人做"仁人"。子夏对此有所发挥，认为"博学而笃志，切问而近思，仁在其中矣。"② 意思是说，只要广泛地学习，坚守自己的志向，恳切地向人求教，多考虑当前的问题，仁德也就在其中了。引导人们通过日常的实践活动来求仁育德。基于这种认识，他对"学"与"好学"作了相应的解释，他说："贤贤易色；事父母，能竭其力；事君，能致其身；与朋友交，言而有信。虽曰未学，吾必谓之学矣。"③ 突出强调"学"的中心乃是人伦道德实践。他还说："日知其所亡，月无忘其所能，可谓好学也已矣。"④ 其好学的标准乃是学习者个人的努力与实践。落实到具体的教育内容上，子夏不弃小道，指出："虽小道，必有可观者焉；致远恐泥，是以君子不为也。"⑤ 意思是说，就是小技艺，一定有可取的地方；只是怕它妨碍远大事业，君子才不从事它的。言外之意，诸如民生日用的技艺，也不是不可学的，这与孔子斥樊迟学为圃的思路有明显的不同，倒与后世注重兵、农、耕、战的法家教育思想有某些相通之处。对于道德教育，子夏也重视发挥其社会功用，将待人接物、文明习惯的训练诸如洒扫应对进退之节，列为教养的内容，并因此遭到孔子门人子游的非难，认为他是重末抑本。子夏驳斥道："君子之道，孰先传焉？孰后传焉？譬诸草木，区以别矣。君子之道，焉可诬也？有始有卒者，其唯圣人乎！"⑥ 孔子实施的礼教，既有向内的礼义之教，又有向外的礼仪之教。从子游的指责来看，子夏对门人的礼教着重于向外的功夫。他在教育上表露的不同趋向，与其培养目标的确立有直接的关系。

孔子主张培养士君子，子夏继承了孔子的教义，同样以培养君子为目标。不过，他所说的君子有着不同的气象。这可从他的言论得到证明："子夏曰：'君子有三变：望之俨然，即之也温，听其言也厉。'""子夏曰：'君子信而后劳其

---

① 《论语·子路》。
② 《论语·子张》。
③ 《论语·学而》。
④ 《论语·子张》。
⑤ 《论语·子张》。
⑥ 《论语·子张》。

民；未信，则以为厉已也。信而后谏；未信，则以为谤已也。'"① 他认为君子应有不同的侧面，所谓"君子有三变"：远远望去，庄严可畏；与他接近，温和可亲；听他的话，严厉不苟。这种对君子品格的表述，一方面契符孔子关于君子"威而不猛"的说法，另一方面又透露出后世法家关于君主应以"法"、"术"、"势"治世的"消息"。他所谓"信而后劳其民"的主张，秉承了孔子"取信于民"的思想，又开启了法家"信赏必罚"的思想。总之，子夏意欲培养的君子，是孔子培养目标思想的继承和发展。只是未能进一步弘扬君子仁德的修养，淡化了"温、良、恭、俭、让"的形象。荀子曾形容过子夏氏之儒，说他们是"正其衣冠，齐其颜色，嗛然而终日不言"②，似乎威严有余而仁慈不足，注重外表的礼节形式。在孟子的眼里，子夏氏之儒具有勇武的精神，俨然像一批斗士③。《墨子·耕柱》还记载了子夏门徒反对"君子无斗"的言论："子夏之徒问于子墨子曰：'君子有斗乎?'子墨子曰：'君子无斗'。子夏之徒曰：'狗狶犹有斗，恶有士无斗矣?'"子夏氏如此重视君子的勇德修养，不难理解像吴起这样的勇猛之士，何以出自他的门下。当然，孔子也提倡勇德，将智、仁、勇并提。但是，孔子言勇，主要指捍卫道义的品质，所谓"知耻近乎勇"④，与子夏氏以斗为勇有所不同。

子夏在孔门，以文学见长，是儒家的传经者，他对孔子的六艺之教，发表过许多见解，为人们所熟知的有子夏与孔子论诗礼之教：

> 子夏问曰："'巧笑倩兮，美目盼兮，素以为绚兮'何谓也?"子曰："绘事后素。"曰："礼后乎?"子曰："起予者商也! 始可与言《诗》已矣。"⑤

孔子如此夸赞子夏，是因为他懂得了诗礼之教的真谛——以仁为本的思想，并且表现了善于思考的学风，这是他能成为传经者的重要条件。此外，子夏还有相当的释文、解字的修养。据《吕氏春秋·察传篇》记载："子夏之晋过卫，有

---

① 《论语·子张》。
② 《荀子·非十二子》。
③ 《孟子·公孙丑上》。
④ 《礼记·中庸》。
⑤ 《论语·八佾》。

读史记者曰：'晋师三豕涉河。'子夏曰：'非也，是己亥也。夫己与三相近，亥与豕相似。'至于晋而问之，则曰：'晋师己亥涉河也。'"

可见子夏精通传经的校勘之学。从《史记·乐论》关于子夏的记载，还可以知道他善于借礼、乐来论政，是对孔子礼、乐之教的继承和发展。

子夏在施教原则上秉承孔子尊重客观和注意发挥个人能动性的思想。《论语·颜渊》记载司马牛为没有骨肉兄弟而哀叹，子夏劝慰他说："商闻之矣：死生有命，富贵在天。君子敬而无失，与人恭而有礼。四海之内，皆兄弟也。"这里所说"死生有命，富贵在天"的话，是子夏听来的，也许正是孔子的教诲。以往多有人将其斥为"宿命论"，未免失之偏颇。就上下文的背景来看，这是子夏告诫司马牛不要抱怨自己命不好，没有兄弟。引用此话，在于说明怨天尤人是徒劳而无益的。并进一步指出有教养的君子应该通过自己的进德施礼去赢得人们的情谊，对他们来说，将有可能做到"四海之内皆兄弟"。子夏对司马牛的规劝，恰恰是否定无所作为的宿命论，鼓励人们去创造天伦和乐的美好未来，表现了他对提高自身修养水平、发挥人格力量的高度自信。这是对孔子"为仁由己"思想的继承，又与荀子的"制天命而用之"的观点一脉相通。

如果说孔子的思想有"内圣"与"外王"的特点，其教育也有"内省"和"外行"两个方面的话，那么，子夏的思想则侧重发展了他的"外行"实践之教，表现了更为鲜明的注重功利和礼法规范的特点，为以儒启法创造了条件。

（二）曾子教育思想的大致趋向

《史记·仲尼弟子列传》记载："曾参，南武城人，字子舆。少孔子四十六岁。"对于他传圣人之教的事迹，司马迁则概括为："孔子以为能通孝道，故授之业。作《孝经》，死于鲁。"《史记正义》转引《韩诗外传》赞颂曾子以"乐道养亲"为喜，以"不见吾亲"为悲，俨然为天下的大孝，是《孝经》的当然作者。这种评议大致是汉代"以孝治天下"政策在学术上的折光反映。宋儒为证明儒家的道统源于孔、曾、思、孟，竟断言《大学》为曾子所作。史学家则有曾子及其门人编撰《论语》的说法，就《汉书·艺文志》记载，儒家有《曾子》十八篇，流传至今的《大戴礼记》中尚存十篇。曾子的传世之作，并无确论，但是历史上公认他是传述孔子学说的重要人物，当代学者还提出了"可以把曾子看做由孔子到孟子的中间环节"① 的论断，揭示了儒家学说在其早期阶段的发展脉络。作为孔门高足的曾参，曾经发表过有关教育的各种主张，现就《论语》所载，简单总结他的教育思想。

孔子的教育思想以"仁"为核心，曾子正是在此根本点上继承了师教，他郑重指出，读书人必须"仁以为己任"，要有远大的理想和抱负，要有历史使命感。这种"士不可不弘毅"的教诲，对于我国历史上的知识分子有着重大影响。不少士人可以做到"身无分文心忧天下"，又能"舍生取义"、"杀身成仁"，并留下了"仁人志士"的庄严称谓。曾子为使仁政推行于天下，注意培养王佐之才。他对学生说："可以托六尺之孤，可以寄百里之命，临大节而不可夺也——君子人与？君子人也。"② 意思是说"可以把幼小的孤儿和国家的命运都交付给他，面临安危存亡的紧要关头，都不动摇屈服——这种人，是君子人吗？是君子人哩。"③ 这是曾子的教育理想，他要培养的士君子正是这种能托孤、能交付国命、临危不惧的大丈夫。曾子的培养目标直接体现了孔子智、仁、勇兼求的完美人格的思想。他还要求弟子从政以后，竭力推行德治仁政。《论语·子张》记载其学生阳肤被任为"法官"之后，向曾子求教治道，曾子对他说："上失其道，民散久矣。如得其情，则哀矜而勿喜！"这里把民心的离散与触犯刑律的原因归结于统治者的失道，体现了孔子以德治国的民本精神。曾子告诫学生，一旦审察出罪犯的真情，切不要自鸣得意，而应予以同情和关怀。这同样体现了孔子"不教而杀，为之虐"的关心民瘼的思想，也是对"苛政猛于虎"暴政的揭露。这种反对严刑暴政的主张，启迪了后来孟子的仁政学说。

曾子深通孔子的"仁学"，当其他弟子对孔子"一贯之道"不得要领时，他却能明确地回答说："夫子之道，忠恕而已矣。"④ 所谓忠恕，就是孔子所说的"己欲立而立人，己欲达而达人"，"己所不欲，勿施于人"。他曾标明，此为"行仁之方"。曾子用"忠恕"来概括夫子的一贯之道，完全符合仁学的推己及人之意。他继夫子之教，又行夫子之道，还创立了著名的修养方法："吾日三省

---

① 任继愈主编《中国哲学发展史》（先秦），第 283～284 页，人民出版社，1983 年版。
② 《论语·泰伯》。
③ 杨伯峻：《论语译注》，第 80 页，中华书局，1980 年版。
④ 《论语·里仁》。

吾身——为人谋而不忠乎？与朋友交而不信乎？传不习乎？"① 他将老师的教诲列为每日反复自省的内容，表现了对夫子学说的笃信不疑，此"一日三省"的方法，完全符合孔子"为仁由己"的要求，以自我修养为行仁的主要途径。这种自省精神，又是孔子"君子无终食之间违仁，造次必于是，颠沛必于是"② 思想的具体化，孔子的仁学包括"内省"和"外行"两个方面。曾子虽然侧重于"内省"，但也兼顾"外行"的方面。比如他还提倡"以友辅仁"③，主张以结交益友的方式来培养仁德。并告诫后学，在交友时应抱虚心的态度，要有宽容的胸襟，做到"以能问于不能，以多问于寡；有若无，实若虚，犯而不校——昔者吾友尝从事于斯矣"④。历来的注释家都认为此处的吾友是指颜回，那么，这段话就是曾参向益友学习的心得，是"以友辅仁"的现身说法。

"孝悌也者，其为仁之本欤！"⑤ 这是孔门弟子有若说的话，正确揭示了孔子仁学以孝悌为基础的宗法性。曾参是孔门传孝道的大师，对孝的教育有重大创造。其一，揭示了孝的教育作用："慎终追远，民德归厚矣。"⑥ "慎终"和"追远"是孝的两个方面：前者是孝敬父母，以谨慎的情态料理好父母的后事；后者是孝敬祖先，以追念祖先功德的思想来举行祭祀活动。曾子认为这两项教育活动可以引导老百姓归于忠厚。孔子已经认识到要建立安定有序的社会，必须呼唤人们内心深处的骨肉亲情。曾子对此心领神会，他说他听夫子讲过："人未有自致者也，必也亲丧乎！"⑦ 意思是说，在平常情况下，人们不可能尽情发泄自己的情感，只有在哀悼父母死亡时才有这个条件，极端重视人情在教育中的作用。《礼记·问丧》还专门描绘了人们在"慎终追远"活动中的虔诚悲痛。儒家正是力图借助宣扬孝悌亲情来形成整个社会的共同心理状态，以维护政治上的大一统。而曾子又是最早弘扬孔子孝悌亲情的大师。曾子的发展在于，他提出"不改父之臣与父之政"⑧ 是最大的孝道，这就将孝与忠联系起来了，开启了后代封建

① 《论语·学而》。
② 《论语·里仁》。
③ 《论语·颜渊》。
④ 《论语·泰伯》。
⑤ 《论语·学而》。
⑥ 《论语·学而》。
⑦ 《论语·子张》。
⑧ 《论语·子张》。

社会"移孝作忠"的理论。"忠"本是封建社会最重要的政治原则，儒家赋予"忠"以"孝"的内涵，使统治者与被统治者的严酷关系，蒙上了一层家庭人伦的脉脉温情。曾子对于儒家将政治伦理化的演变，起了重要作用，是"移孝作忠"理论的始作俑者。孔子至曾子，尚处在封建政治伦理化的初创阶段，其孝与忠的教育都包含民本与专制两个方面。他们视君主如民之父母，尚有要求君主施惠于民、反对严刑峻法的一面。同时，也是为统治者设计，用骨肉亲情来掩盖剥削与被剥削的关系，以维护统治秩序。这就不难理解曾子为何主张"君子思不出其位"①，其目的在于培养忠君顺上的臣民。据《论语·泰伯》记载，曾子病了，他把学生召集来说："看看我的脚，看看我的手。"为何病危时要检查脚和手呢？因为孔子说过，"人之发肤，生之父母"，毁伤就是不孝，所以曾子要看自己是否将父母赐予的肢体保护好了。当他知道尚完好无损时，才放心地说自己可以免于祸害刑戮了，并告诉学生爱身以敬孝，应当怀着"战战兢兢如临深渊，如履薄冰"的心情。这种说法则近于迷信了，对于后世将儒学神学化有不可推诿的责任。当然，这只是曾子教育思想的支流，他的言行着重于人生和社会，尤其强调修仁行义、自律内省，是孔子之教向内发展的代表。

（三）孔门弟子教育思想的分化

孔子"有教无类"，人称"夫子之门何其杂也"，反映了孔门弟子成员、志趣、发展的驳杂情况。孔子生前就说过"攻乎异端，斯害也已"②的话，对于弟子们的思想分歧，似有觉察。从《论语》一书的记载，可以知道他的嫡传弟子的分歧与争论。如《论语·子张》说子游曾批评子夏："子夏之门人小子，当洒扫应对进退，则可矣，抑末也。本之则无，如之何？"认为他在教育思想上是弃本从末。子夏则不以为然，并加以申辩。宋代教育家朱熹认为子游"敏于闻道而不滞于形器"，明人焦竑也说子游这一派"舍事而谈理"，而子夏则注重行事，不尚高远难行之理。仍在这一章中，还记载了子夏与子张的争论：

> 子夏之门人问交于子张。子张曰："子夏云何？"
> 对曰："子夏曰：'可者与之，其不可者拒之。'"

———————————

① 《论语·宪问》。
② 《论语·为政》。

子张曰："异乎吾所闻：君子尊贤而容众，嘉善而矜不能。我之大贤与，于人何所不容？我之不贤与，人将拒我，如之何其拒人也？"

在与人交往的道德修养上，子夏奉行的原则是可以交的则和他交往，不可以交的则拒绝和他交往。这与孔子关于君子当善交"益友"的主张是一致的，其表达方式则体现了严于礼法的断然态度。难怪朱熹批评他"子夏之言迫狭"[1]，缺乏仁者的宽容精神。而子张的"尊贤容众思想"，又有"过高之病"[2]，诚如朱熹所评："盖大贤虽无所不容，然大故亦所当绝。不贤固不可拒人，然损友（即孔子所说便辟小人）亦所当远。学者不可不察。"子张之仁，缺乏孔子切于实际的精神。连宽厚著称的曾子也认为子张为人高不可攀，是"堂堂乎张也"，很难携带别人一同进入仁德[3]。孔子对子夏、子张的秉性早有定评，他曾说过："师也过，商也不及。"[4] 这些争论反映了孔门弟子性格上的差异，孔子生前对他们各因其材，善加诱导。就争论的内容看，涉及教育内容的本末，以及道德实践中礼与仁的关系等问题。孔子卒后，这种分歧逐渐明朗和深化，故韩非子说儒家有八派之异。其中，对儒家教育思想发展影响较大的，则是子夏和曾子。《礼记·檀弓》上载有曾子责备子夏的话，言辞十分严厉，他说："吾与女事夫子于洙泗之间，退而老于西河之上。使西河之民疑女于夫子，尔罪一也。"简直是说子夏背叛了夫子，足见分歧之大。事实上，两人对孔子的思想各有继承和发展。子夏发展了孔子的礼乐思想，曾子发展了孔子的仁孝思想。如果说曾子是孔子至孟子的中间环节，那么，子夏就是孔子至荀子的过渡人物。

《礼记·乐记》和《史记·乐书》记载了子夏论乐的内容，他告诫魏文侯说："为人君者，谨其所好恶。"因为礼乐的功用是"所以官序贵贱各得其宜也，此所以示后世有尊卑长幼序也"[5]。《荀子·乐论》也提出君子应有三慎："耳不听淫声，目不视女色，口不出恶言。"他同样指出了礼乐的功用在于使"贵贱有等，长幼有差，贫富轻重"都各有其宜，即"皆有称"[6]。他们都赋予礼乐制度

---

① 朱熹：《四书集注·论语·子张》。
② 朱熹：《四书集注·论语·子张》。
③ 朱熹：《四书集注·论语·子张》。
④ 《论语·先进》。
⑤ 《史记·乐书》。
⑥ 《荀子·礼论》。

以极高的政治地位，子夏说："圣人作为父子君臣以之纪纲，纪纲既正，天下大定。"① 荀子则说："礼者，法之大分，类之纲纪也。"② 这里将礼与法紧密联系在一起，表现了与孔子论礼的明显不同。郭沫若早就发现："子夏氏之儒在儒学中是注重礼制的一派，礼制与法制只是时代演进上的新旧名词而已。"③ 提示了儒家的礼制与法家的法制在理论上是相通的，因为儒家的礼制与法制有着相同的功用：维护封建统治的等级名分制度，"纠正当时贵族之奢僭"④。子夏在发展礼制思想的同时，沟通了礼法，在教育上成为启迪法家教育的渊源，并表现了注重外在习行训练的倾向，以及形同"迫狭"的方法论。法家兴起之后，在战国的政治舞台上大展雄风，使人们对法制思想有许多新的认识。荀子则是将法家的法制融合于儒家的大师，使孔子的礼教更切合封建专制的需要，并培养了法家的集大成者——韩非。从子夏到荀子，儒家的礼制经历了礼——法——法——礼的演变过程，形成了先秦儒家的礼制派。

曾子重仁义孝道之教，但并未弃置孔子的礼教，不过与子夏有不同的趋向。《论语·泰伯》记载，曾子曾向孟敬子讲授君子在待人接物上应注意的三项礼容："动容貌，斯远暴慢矣；正颜色，斯近信矣；出辞气，斯远鄙倍矣。"这三个方面都属于个人思想修养的内容，体现了律己的精神。至于礼仪细节"笾豆之事"，曾子认为自有法官去办，君子不用留心。子夏则不然，他对待人接物的细节并不忽视，常以此教门人。曾子在教育上注重仁义之教，强调内省，提倡孝道，均为孟子所继承。从师承关系上说，可以列出如下系列：曾子——孔伋——（子思）——子上——孟轲，孟子是曾子的三传弟子。从孟子的论述看，他称道孔门弟子为"子"的唯有曾子一人，足见对其敬重。孟子创立仁政学说，其渊源未直接得于孔子，却与曾子说仁道义有关。《孟子》一书还多次推崇曾子的孝行与内省方法，尤为钦佩他的人格精神。《孟子·离娄上》将曾子之孝与曾元之孝作了对比，赞扬曾子孝敬父母，不单是养其口体，而着重顺从父母的意志，可谓"养志也"，符合孔子的孝道，因此说："事亲，若曾子者，可也。"孟子在教育上发扬的正是曾子重"养志"的思想。

---

① 《史记·乐书》。
② 《荀子·劝学》。
③ 郭沫若：《十批判书·前期法家的批判》，人民出版社，1976年版。
④ 钱穆：《先秦诸子系年·通表第二》，商务印书馆，1935年版。

　　孟子曾将子夏之勇德和曾子的勇德加以比较，并表明了他服膺曾子的倾向。此论见于《孟子·公孔丑上》：孟子介绍了与子夏相近的齐人北宫黝，说他培养勇气的法子是，不因为皮肤受刺而告饶，也不因为眼睛受刺就转睛逃避。但在人格上他却不能受辱，既不能受辱于平民，也不能受辱于"万乘之君"，在他看来平民和"万乘之君"的价值是等同的。孟子的结论是："北宫黝似子夏"。他又介绍了其勇似曾子的孟施舍，说此人培养勇德的方法是"守气"，即蔑视艰险，心里无所畏惧。据孟氏自己说，他不怕失败，将失败看得和胜利一样，打仗时从来都是勇气十足的，这并不是由于他有打胜的把握，只是出于无畏。曾子同样注重培养内心的功夫，不过比孟施舍更为深沉，孟子称为"守约"，并引证曾子教弟子养勇为据，说，"昔者弟子谓子襄曰：'子好勇乎？吾尝闻大勇于夫子矣：自反而不缩，虽褐宽博，吾不惴焉；自反而缩，虽千万人，吾往矣。'孟施舍之守气，又不如曾子之守约也。"意思是说大勇来自人"反身自求"的认识，如果内心不符合直道即"不缩"，即使面对平民，难道能无所畏惧吗？如果问心确乎合乎直道，即使有千万人阻挡，也敢勇往直前。可见孟子所说曾子的"守约"之勇，乃是一种内省的战斗意志，也是他主张的"反省自诚"的精神境界。正是在推崇曾子养勇的基础上，孟子以"守气"不如"守约"为依据，提出了要以志统帅气的修养原则，以培养"至大至刚"的浩然正气。

　　孟子在道德修养上赞赏曾子以德抗位的精神，他在《孟子·公孙丑下》中引用曾子之言曰："晋楚之富，不可及也。彼以其富，我以吾仁；彼以其爵，我以吾义，吾何慊乎哉？"曾子以当地富国晋楚为例说：就财富而论，自然达不到他们的水平，但是，我们可以用自身的仁德与其富和爵抗衡。表现了对人格力量的高度自信。孟子由此得出了"天下有达尊三"的结论，即天下有三种受人们尊敬的人：其一为"爵"，即权重位高者；其二为"齿"，即年高者；其三为"德"，即道德高尚者，在朝讲的是爵位，在乡里讲的是年长，如果说要辅世和提高民德，那就必须尊重有道德修养的人。明确指出"德"重于"爵"与"齿"，并告诫统治者，切不可以其爵位高而轻慢年长和有道德的人。并引申道："故将大有为之君，必有所不召之臣；欲有谋焉，则就之。其尊德乐道不如是，不足与有为也。"表现了与曾子一样的以德抗位的精神，维护了人格的尊严。孟子在这一思想的基础上，进一步提出了以圣贤为王者师的教育主张，其出发点是为统治者着想的，但他要求统治者就教于圣贤的思想，又体现了强烈的民本精神，与其"民贵君轻说"同为我国优秀文化传统的精粹，然而它的渊源却在于传承孔子之教的曾子。

孔门弟子的教育思想，展现了儒家教育在其产生之初丰富多彩的风貌，预示了孔子教育思想的演变与发展。同时，也为儒家"显学"地位的确立创造了条件。

第二节　儒家"显学"地位的确立
——孔子成功改革教育的重要标志

以"显学"称儒家，始于韩非。《韩非子·显学》曰："世之显学，儒墨也。"儒家何以成为"显学"的呢？究其原因有三：其一，弟子人数众多；其二，弟子显荣天下的人也众多；其三，教育有方。

（一）弟子满天下，显荣于世

《吕氏春秋·当染篇》说孔墨"徒属弥众，弟子弥丰，充满天下。"该书《遇合篇》又说："孔子周流海内……委质为弟子者三千人。"司马迁称："孔子以《诗》、《书》、《礼》、《乐》教，弟子盖三千焉，身通'六艺'者，七十有二人。"或曰："受业身通者七十有七人。"《史记·儒林列传》进一步介绍了孔门弟子的成就：

> 自孔子卒后，七十子之徒散游诸侯，大者为师傅卿相，小者友教士大夫，或隐而不见。故子路居卫，子张居陈，澹台子羽居楚，子夏居西河，子贡终于齐。如田子方、段干木、吴起、禽滑离之属，皆受业于子夏之伦，为王者师，是时独魏文侯好学。后陵迟以至于始皇，天下并争于战国，儒术既绌焉，然齐鲁之间，学者独不废也。于威、宣之际，孟子、荀卿之列，咸遵夫子之业而润色之，以学显于当世。

《淮南子》、《孔子家语》都有类似记载，《论语》也记有30余人可确认为孔子弟子。这些弟子受孔子之教，传孔子之道，有不少人是私学大师，以办学名闻于世。仅《韩非子·显学》所记，至少有八大家："自孔子之死也，有子张之儒，有子思之儒，有颜氏之儒，有孟氏之儒，有漆雕氏之儒，有仲良氏之儒，有孙氏之儒，有乐正氏之儒。"这些大师各授门徒，其中也有如夫子办学之盛的："孟子、荀卿之列，咸遵夫子之业而润色之，以学显于当世。"澹台灭明，字子羽，在孔门并不很出众，可是当他"南游至江"时，竟然"从弟子三百人"①，其他孔门大师的徒属恐怕过之无不及。

《吕氏春秋·当染》篇说："孔墨之后学，显荣于天下者众矣，不可胜数。"据《论语》记载，孔门弟子为家宰或邑宰的就有"季氏使闵子骞为费宰"，"子游为武城宰"，"子夏为莒父宰"。《礼记·檀弓》也记载："子皋将为成宰。"他们还有不少入相出将，声威显赫。《论语·季氏》说："季氏将伐颛臾，冉有、季路（即子路）见于孔子……今由与求也相夫子……"表明冉有和子路曾经并为季氏相，揭开了封建官僚制度文武分职的序幕。《左传·哀公十一年》还记载了"冉求帅左师……樊迟为右……冉有以武城人三百为己徒卒"，终于击败了齐师，"开前所未有家臣将军之局"②。此外，宰予仕齐曾任临淄大夫。孔门弟子中，在政治上最为活跃的当数子贡，《史记·仲尼弟子列传》云："子贡一出，存鲁、乱齐、破吴、强晋而霸越。子贡一使，使势相破，十年之中，五国各有变。"子贡善于言辞，又善理财，曾经"鬻财于曹鲁之间"，成为大富，所到之处"国君无不分庭与之抗礼"，而且"使孔子名布扬于天下"。《论语·子张》对此有所反映，据说有人赞扬子贡"贤于仲尼"时，他曾形象地比喻说，我家的围墙只有肩膀那么高，谁都可以看到我家居室的美好。而我老师家的围墙却有几丈高，一般的人当然不容易发现他的居室比我的更为美好。当有人诋毁孔子时，他更据理予以驳斥，说一般的贤人犹如丘陵，孔子的贤能则如日月，诋毁孔子，于夫子无伤，倒能显示其人不自量。子贡还动情地说："夫子之不可及也，犹天之不可阶而升也。……其生也荣，其死也哀，如之何其可及也？"子贡身为富贾大商，周游于各诸侯国，如此颂扬孔子，对儒家显学地位的确立，不无作用。

此外，受教于孔子后学子思氏的有鲁缪公、晋惠公，受教于子夏有的魏文侯、魏成子，皆为王公大人。至于将相，则有李克（即李悝）、吴起等人，他们学道后，在战国初期的政治舞台上皆大有作为。所以《吕氏春秋·当染篇》说："……王公大人从而显之，有爱子弟者随而学焉，无时乏绝。子贡、子夏、曾子

---

① 《史记·仲尼弟子列传》。
② 童书业：《春秋左传研究》，第94页，上海人民出版社，1983年版。

学于孔子，田子方学于子贡，段干木学于子夏，吴起学于曾子。"文中论及的师生关系未必准确，但是，所勾画的孔学显荣不绝的状况，倒是大致可信的。

（二）行孔子之道，传孔子之教

孔子后学中，"子路居卫，子张居陈，澹台子羽居楚，子夏居西河，子贡终于齐"。均以各自的政绩和言行传播孔子的思想，使世人服膺钦佩。首先应提到的是"子夏氏之儒"，他们在魏国开创的事业，揭开了战国称雄争霸的序幕。据《史记·仲尼弟子列传》记载，子夏尝为莒父宰，为政期间急于改变"政久废弛"的状况，采取过"改弦更张"的政策。晚年定居西河，专门教授，创立了富于改革精神的"西河学派"。魏文侯便是子夏的学生，在其执政的50年内，起用了一批勇于改革的有为之士，形成了一个强有力的政治集团，其中的重要人物多为"西河学派"的成员。魏文侯的弟弟魏成子，曾师事子夏，他将子夏的学生吴起、李悝等人介绍给魏文侯。郭沫若也明文指出"李悝、吴起、商鞅都出自儒家子夏，是所谓"子夏氏之儒"[①]。这些人发展了孔子的思想，在魏国兴起了改革运动。他们从孔子的"庶"、"富"、"教"、"足食、足兵"说，衍变出"尽地力之教"与"富国强兵"的耕战政策；从孔子的"民无信不立"，提出了"信赏必罚"的政治主张；从孔子的"教民以时"，倡导了"重农政策"……开创了一代新风。《史记·平准书》对魏文侯重用"西河学派"实施的改革，有过中肯的评价：

> 魏用李克，尽地力，为强君。自是之后，天下争于战国，贵诈力而贱仁义，先富有而后推让。故庶人之富者或累巨万，而贫者或不厌糟糠；有国强者或并群小以臣诸侯，而弱国或绝祀而灭世。

魏文侯的改革，是战国时期社会改革的先声；西河地区则成为推行改革的政治家、战略家、思想家的策源地；"子夏氏之儒"就是培养这类人才的大师。

其他孔门后学，虽然不能像子夏这样以王者师的身份干政，培养如此多的，叱咤风云的人才，但是，他们大多能为一方政，立一朝功德。如子游曾经担任武城（今山东费城）宰，官虽不大，却能认真推行礼乐之制。宋代教育家朱熹对

---

① 郭沫若：《十批判书·前期法家的批判》，人民出版社，1976 年版。

子游的言行十分赞赏，认为他是治小邑习大道，使孔子所传的道义，得以彰明。宓子贱和巫子旗同为孔子门生，先后任单父宰。宓子贱贯彻了孔子"举贤才"的主张，其施政做到了"赏有能，招贤才，退不肖"[①]。他为人贤德，所以，汉代在单父东门立子贱碑以示纪念。以信实著称的巫子旗治单父时，与子贱有不同的风貌。他披星戴月，事必躬亲，结果单父也大治。这是实践了孔子"讷于言而敏于行"的教诲，尽忠职守。

古人云："道，非权不立，非势不行。"弟子显荣于世的，多能以其权势和政绩显示孔子教育的成绩，得以有效推行孔子的教义。还有一些孔门弟子，得孔子之传，却未能显达于世，他们也能以自身清廉高尚的德行，彪彰孔子教育之善。颜回、闵损、原宪等人，都是孔门的"清士"。颜回列德行之首，孔子称他为乐学善问的典型，能"闻一知十"。盛赞他"贤哉回也"[②]。颜回虽然英灵早逝，但却为儒家树立了安贫乐道的风范，后世的教师，常以"孔颜乐处，所乐何事"设问，引导学生树立道德信念，培养崇高的精神境界。

孔子一生好古敏求，总结前人的文化典籍，编成六经，供弟子诵习。孔门弟子珍视孔子之学，设教授徒，使六经流传天下后世，在当时，凡是要学习以往的文化学术，都需就教于儒家大师，这是儒家成为先秦显学的又一重要原因。现将孔门后学传经的情况简述如下：

人称子夏为"传经之儒"，因为他对孔子之学的传承建有殊功。《史记·仲尼弟子列传》索隐按："子夏文学著于四科，序《诗》，传《易》。又孔子以《春秋》属商（即子夏）。又传《礼》，著在《礼志》……"子夏在孔门属文学科，善著文，由他传经，有一定的道理。据《公羊传疏序》说，子夏曾将《春秋》传给公羊高，后来演变为《公羊春秋》。《穀梁传疏》又说穀梁俶受经于子夏门人。后演变为《穀梁春秋》，至于《春秋左传》也与子夏之儒有传授关系[③]。从《礼记·乐记》和《史记·乐书》中可以找到子夏论乐的材料，似乎他对乐也有所传授。对《诗》的传承，洪迈的《容斋随笔》认为有两说法：其一为"子夏授高行子，四传而至小毛公"；其二为"子夏传曾申，五传至大毛公"。此外，

---

① 《韩诗外传》卷八。
② 《论语·雍也》。
③ 孔祥骅：《子夏与＜春秋＞的传授》，载《华东师范大学学报》（社科版），1987年第3期。

他还认为子夏"于《易》则有《传》","于《礼》则有《仪礼·丧服》一篇"。东汉郑玄还认为子夏和仲弓撰定了《论语》。以上诸说尚待进一步考证,但多少披露了子夏氏之儒对六经的传授作出过特殊贡献,故徐昉曰:"《诗》、《书》、《礼》、《乐》定自孔子;发明章句,始于子夏。"①

除子夏氏之儒外,孔门其他后学也多有传六经的。例如《孔子家语·弟子解》说漆雕开"习《尚书》",《圣贤群辅录》又说他"传礼为道,为恭俭庄敬之儒"。《汉书·艺文志》记有"《漆雕子》十二篇",证明漆氏有传孔子之学的著作传世。此外,《圣贤群辅录》不仅指出子夏氏之儒传经之事,而且指出仲良氏之儒曾传乐;子游长于礼,有传授《礼记》的大同与小康之说;宰予有传《五帝德》、《帝系姓》之说;曾子学派还有著《孝经》发展孔子孝道教育之说。《诗》、《书》、《礼》、《乐》、《易》、《春秋》集我国古代文化之大成,孔子和他的门人对此进行了整理、传授,为我国文化教育的发展作出了不可磨灭的贡献,也使儒家私学成为春秋战国时期重要学派的"文化温床":如墨子曾"学儒者之业,受孔子之术";早期法家与子夏氏之儒有师承关系,后期法家李斯与韩非均为荀子的门徒,也见诸史籍记载;至于杂家,也多承儒学之宗,这些都表明儒家教育成就之大,影响之广,是为"显学",这是孔子教育改革成功的重要标志之一。

第三节 孔子之教传承有方

(一)孔子晚年着力培养的年轻弟子录

孟子称孔子为"圣之时者",高度赞扬其适时而动的智慧。孔子深知他所追求的社会理想和培育人才的教育事业,都需要"假以时日"方能有成效,因此,他很注意培养年轻的弟子。由于历史文献的局限,我们一时难以统计孔子所教年轻弟子的实际年龄,但是,从《史记·仲尼弟子列传》以及《孔子家语·七十二弟子解》等文献,可以获悉一批弟子小于孔子的年岁。现将72弟子中少于孔子10岁以上的学生列表如下:

---

① 《后汉书·徐昉传》。

编号	姓名	字	少于孔子的年岁
1	颜回	子渊	少于孔子 30 岁
2	闵损	子骞	少于孔子 15 岁
3	冉雍	仲弓	少于孔子 29 岁
4	曾参	子舆	少于孔子 46 岁
5	澹台灭明	子羽	少于孔子 49 岁或 39 岁
6	宓不齐	子贱	少于孔子 49 岁或 30 岁
7	樊须	子迟	少于孔子 46 岁或 36 岁
8	有若	子有	少于孔子 36 岁或 43 岁
9	公西赤	子华	少于孔子 42 岁
10	商瞿	子木	少于孔子 29 岁
11	颜刻	子骄	少于孔子 50 岁
12	冉儒	子鱼	少于孔子 50 岁
13	颜辛	子柳	少于孔子 46 岁
14	伯虔	子析	少于孔子 50 岁
15	曹恤	子循	少于孔子 50 岁
16	叔仲会	子期	少于孔子 50 岁
17	端木赐	子贡	少于孔子 31 岁
18	卜商	子夏	少于孔子 44 岁
19	公孙龙	子石	少于孔子 53 岁
20	颛孙师	子张	少于孔子 48 岁
21	巫马期（施）	子期（旗）	少于孔子 30 岁
22	陈亢	子亢	少于孔子 40 岁
23	高柴	子羔	少于孔子 40 岁或 30 岁
24	梁鳣	叔鱼	少于孔子 39 岁或 29 岁
25	原宪	子思	少于孔子 36 岁
26	漆雕开	子若	少于孔子 11 岁
27	冉求	子有	少于孔子 29 岁
28	言偃	子游	少于孔子 45 岁

以上表格中的孔门弟子，少于孔子 30 岁以上的约占 38%，这就从时间上保证了孔子教育改革的延续性。著名弟子至少涉及十一二个国家，各国的国情不同，特别是社会发展阶段不尽相同，并且体现不同的地域文化，这对丰富孔子教育改革的内涵极为有利，也赋予它兼容并蓄的特点，具有较强的适应性。作为一个幅员辽阔，并拥有多民族的国家，一个社会发展极不平衡的国家，教育改革欲想成功，必须具有灵活的适应性，这样不仅能够获得付诸实施的条件，而且能够

有效地体现教育公平的原则。不致由于教育改革追求划一的原则，而使教育改革异化为造成社会阶层分化的因素，违背改革的初衷。

（二）孔子之教的传承表

为了较系统地展示孔门"弟子弥丰，充满天下"的盛况，以及儒家后学传承孔子之教的大致情况。现列表如下①

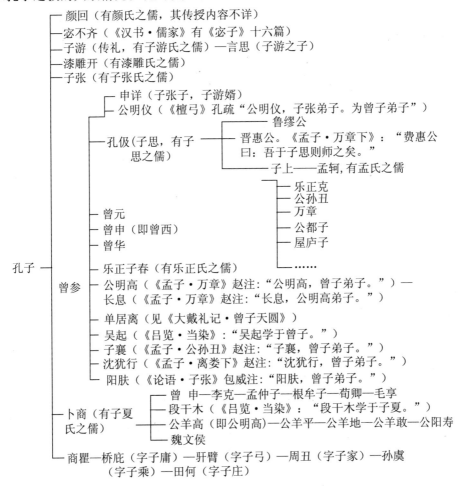

①　钟肇鹏《孔子研究》（增订版），第191页，中国社会科学出版社，1990年版。

以上呈现的是孔子辞世之后，儒家学术分化与传承的主要情况，也是其教育思想传承与变异的情况。这种变异有其必然性，原因在于孔门后学所处的时代变化了，通过变异，增强了孔子教育思想与实践与时俱进的适应性。当然，不能不看到，由于封建制度走向确立，封建专制主义渐次加强，致使孔子教育之中的民本精神被削弱了，先秦儒家与后世儒家有着很大的区别。但是也应看到，孔门后学在传承中注意吸纳其他学派的思想精华，使孔子的思想更为完善和丰富了。孔门后学传承孔子之教的情况，似乎也显示了教育改革推行之中的复杂性，主观的理想设计，往往需要经过客观实践的修正，这种修正既有利，也有弊。它是一个生成性的实践活动，作为教育改革的指导者，极其需要保持清醒的头脑，既要尊重群众的首创精神，又不可"媚俗"、放任。这是千秋伟业，急功近利是最为有害的。

第十章 成功改革教育的方法论

孔子创立的中庸之道是成功改革教育的重要方法论。教育改革从来就是一个复杂的社会巨系统，必须从整体着眼，重视教育的内外结构，善于协调教育各要素之间的关系，才能避免出现"按了葫芦起了瓢"的现象。孔子成功地将中庸之道运用于教育改革之中，统筹和协调了教育内外的各种要素，力求发挥彼此间相济相成的作用，防止相互削弱。孔子驾驭教育改革的思维方法，值得我们借鉴，有助于我们的教育改革走出首尾难顾的窘境。

第一节　成功改革教育的方法论
——中庸之道

（一）中庸之道的发明

"一以贯之"。孔子的教育，看似散乱，却能包罗万象，人生实践的方方面面几乎都囊括其中，这绝非简单堆砌所能办到的。孔子曾经对曾参和子贡两次谈到他的思想中有一个一贯之道，表明他的思想不是散乱无序的。《论语》中有这样两则记载：

子曰："参乎！吾道一以贯之。"曾子曰："唯。"子出。门人问曰：

"何谓也?"曾子曰:"夫子之道,忠恕而已矣。"①

　　子曰"'赐也!女以予为多学而识之者与?'对曰:'然,非与?'曰:'非也,予一以贯之。'"②

孔子在这两处论及的"一以贯之",涉及不同的具体内容,孔子对曾参说的是关于"道"的"一以贯之",对子贡则论的是关于"学"的"一以贯之"。孔子论道,都是谈的"人道"即做人之道,曾参认为老师"一以贯之"的是忠恕之道,这的确是具有普遍意义的"人道"。孔子论学,不以记忆为重,而讲求思想方法,故而提醒子贡,他"多学",是靠"一以贯之"的方法获得的,而不单是靠记忆。那么,统领孔子的"人道"和为学之道的方法究竟是什么呢?我国哲学史界近年来比较统一的观点认为,孔子的一贯之道就是作为方法论的"中庸"或"中行"。

"中庸"释义。 "中庸"是孔子的发明,但也是他继承创新的成果,而非空穴来风。在《尚书·盘庚中》就有"中"字:"各设中于乃心。"此处的"中",有中正的意思。至周公,他进一步提出了"中德"的概念。以上都是将"中"视为一种美德。《尚书·立政》等文中,开始提出使用刑罚时要力求做到公正,例如有"中罚"这样的字眼,此处的"中"开始含有方法论的因素。孔子一方面继承了作为道德含义的"中",也继承了作为方法论含义的"中",他的发明在于将"中"与"庸"联用,提出了"中庸之道"。

孔子将中庸之道用于构建他的教育体系时,包括哪些含义呢?

对孔子中庸之道的"中"字,历代学者都有过很多解释。例如程颐认为:"不偏之谓中","中者,天下之正道。"朱熹具体阐述道:"中者,无过不及之名。"陆九洲从修养上解释说:"中之为德,言其无适而不宜。"王守仁则上升到本体论的高度说:"'中'只是天理。"段玉裁在《说文解字》中,对"中"的词义做出了解释,指出:"中者,别于偏之辞也,亦合宜之辞也。"可见"中"的涵义,是与偏颇和极端相对而言的。从方法论上说,"中"是指适度、适中、正确,无过无不及而恰到好处的意思;从待人处世的行为上说,是指合宜、合理,无所偏倚而恰如其分;从道德上说,则是指中正、公正而合乎天地自然人情

―――――――――――

① 《论语·里仁》。
② 《论语·卫灵公》。

的正道。所以，"中"称得上是一种基本方法或基本原则。而作为哲学范畴，主要是指人的主观认识和行为与事物的客观实际正相符合，从而能够达到一定的预期目标，因此，这个"中"含有合乎客观规律的"真理"的意思。

"庸"，概括而言，包含三种含义：其一， "庸"当"用"讲。郑玄在《礼记·中庸》说："名曰中庸者，以其记中和之为用也。庸，用也。"中庸，就是以中为用，遵循中庸之道处理教育的各种关系，使之达到"中和"的状态。其二，"庸"当"常"讲，指常理或定理。例如何晏《论语集解》说："庸，常也。"程颐也持相同的见解，认为"不易之谓庸"，"庸者，天下之定理"。此处的"常"是相对于变化而言的，是指不变的规律、定理。这就意味着，孔子构建他的教育思想与实践，力求符合规律，用他的话说，即合于"道"的要求。其三，"庸"当"平常"、"平易"讲。例如朱熹云："庸，平常也。"孔子曾说："中庸之为德，其至矣乎？民鲜久矣！"① 他十分感叹，是因为他认为中庸之德，并非高不可攀，可是民众却很少有人具有这种品德了！表明中庸之道原本是极其普遍、平易的，它无处不在，无时不有。从哲学意义上讲，含有"普遍适用"的意思。是人人不可缺少，人人必须遵守，人人可以做到，适用于一切事物的普遍真理。《礼记·中庸》云："道也者，不可须臾离也；可离，非道也。""道不远人；人之为道而远人，不可以为道。"正说明"中庸"乃是普遍适用的真理。孔子将中庸之道用于教育，使他的教育贴近人生实践，融于民生日用之间，具有普适性和世俗性，与人生同在，从而享有长远的影响力。

孔子的中庸之道，是建立在对事物整体把握基础之上的，没有整体，就没有所谓的"中道"。孔子研究教育活动，眼光开阔，从不拘于一点，而是能通观其整体与系统，将教育活动放在整个"天人关系"和社会关系中去考察，从而创立了在天人和合视野下的教育价值论与目的论，同时也开展了在"人际和合"目标下的立学设教实践。中庸之道的整体观，致使他实施的教育改革，不致出现"按了葫芦起了瓢"的现象。

（二）在"天人和合"视野下的教育观

天道与人道合一的教育观。孔子超越了殷周以来的神权政治框架，初步完成

---

① 《论语·雍也》。

了由天命神学向"人学"(现实人生、人道)的价值转换。虽然孔子对自然现象(天道)并没有做过深入的探究,但是,却产生了德配天道的德治论,构建了以道德伦理为中心的教育体系。更为重要的是,他把全部理论热情转向了社会人生(人道),由此创建了教人做人的人生实践之学,并使儒家最终没有走上宗教之途,赋予了教育全新的价值与目的,他也因此成为中国古代教育的奠基人。孔子着力于人生实践研究的全新的思想路径,成为中国政治思想文化教育发展演进中的一大里程碑。以至于两千多年后的今天,人们还认为,要解决当今人类所存在的社会现实问题,还必须回到孔子时代,从孔子思想中汲取思想智慧,光大孔子的教育思想。

古代学者多认为《易经》的十翼就是孔子研究《易经》的心得报告,著名现代儒学大师马一浮先生也持这一观点。近年来,著名台湾学者南怀瑾先生明确指出:"《系辞》上下传,是孔子研究《易经》的心得报告。"并认为《易经》的《系辞》是中国文化的根本,因此,"通了《系辞》之后,对中国文化的根本,才真正有个认识……孔子的哲学思想,以及他一切理论及学说的来源,也都搞得清楚了"①。这大大拓宽了我们研究孔子教育思想的视野,并发现孔子创立了"天道"与"人道"统一的人性论,并以此为依据论证了教育的目的作用。

《易经·系辞上》有一段名言:"一阴一阳之谓道,继之者善也,成之者性也。"明确告诉人们,"天道"和"人道"都是由阴阳组合而成的,阴阳和合滋生万物,阴阳的相互运动,构成了世界的运动变化。道家关注"阴",阐述了阴柔的价值;法家强调"阳",揭示了阳刚的作用。以孔子为代表的儒家认为,阴和阳是相互依存的,有阴必有阳,有阳必有阴,并强调指出,阴阳的和合与相济相成,才滋生万物。这是孔子发明中庸之道的重要依据,也是他提出"人性论"的出发点。孔子提出"一阴一阳之谓道"之后,紧接着说:"继之者善也,成之者性也。"指出能够遵循阴阳和合原则的"人道",就是"善"。此处的"善"非"善恶"之善,它是正确完美的意思。至于"成之者性也",确认人性是由"天道"而生,"天道"与"人道"均为阴阳和合之道。孔子认为"性相近也,习相远也"②,"性"其所以"相近",就因为它源于相同的"天道"。对孔子的这句

---

① 南怀瑾:《易经系传别讲》,第5页,中国世界语出版社,1994年版。
② 《论语·阳货》。

话，张岱年先生有一段中肯的说明："孔子所谓性，乃与习相对的。孔子不以善恶讲性，只认为人的天性都是相近的，所谓的相异，皆由于习。"① 因此，每个人既有接受教育的可能性，又有接受教育的必要性。教育的任务就在于开发其天性，即潜质，使之养成良善的习性。

孔门后学与及门弟子，继承并弘扬了孔子的性命学说。《礼记·中庸》开宗明义提出："天命之谓性，率性之谓道，修道之谓教。"意思是说，源于天道的禀赋，就是人类拥有的本性，顺应人类本性施为，就是遵循正道，人们遵循这个正道进行的修养，就是教育。教育其所以不可或缺，在于制约人成长的"道"是不可须臾离开的。而这个道，它是渗透在民生日用之中的，并不彰显，民人往往并不知晓，因此，教育负有揭示"道"，使人们至于"道"的作用。换句话说，教育就是遵循"正道"来开发人类本有潜质的事业，正确的教育，必须依道而行。《礼记·中庸》揭示了教育的伟大意义，它是使每个出生的"人"成长为一个真正的"人"（即合乎"天道"与"人道"）的崇高事业。然而这个"正道"又是什么呢？《礼记·中庸》曰："中也者，天下之大本也；和也者，天下之达道也。"中庸之道，就是教育应当遵循的正道。孔子创立的教育目的论，是与其方法论密切结合的。

《礼记·大学》相传是曾子发扬孔子思想所写的教育专著，当然，其具体作者可以继续进行考证，但是，这一传说足以说明这一教育专著与孔子思想的密切关系。该书如同《中庸》一样，也是开宗明义，直言阐述了教育的目的作用："大学之道，在明明德，在亲民，在止于至善。"指出大学的任务在于光大人原有的德性，使之不要被后天不良的习性所遮蔽，进而推己及人，使民众也能改去旧习，日新其德，如果这两点都做到了，就是达成了天道与人道之"善"。《大学》在"继之者善也"的"善"之前，加了一个"至"字，更表明合于"天道"的"人道"就是人生的圆满，也是教育目标的达成。

奠定中国古代人性论的基本框架。《论语·阳货》中记载："子曰：'性相近也，习相远也。'"这是孔子直接阐述人性的一句名言。以往的中国教育史研究，几乎都以此作为孔子阐述教育作用的依据，这诚然是正确的，但是，也未免过于简单。孔子作为"人性"理论的首倡者，他以"天人合一"为依据，奠定了中

---

① 张岱年：《中国哲学大纲》，第 183 页，中国社会科学出版社，1982 年版。

国传统思想中有关人性问题的基本框架。孔子对人自身的潜质十分看重，他已经感受到人有理性，人有思想，人能行动，这是人能够学有所成的重要原因，人人都可能，而且都应当自强不息！

孔子创建的人性论的基本框架似应包括：其一，孔子从"天人合一"的思想出发，建立了人性论。他认为人与万事万物一样，人的先天之性也是由"一阴一阳"的天道和合而成的。大多数人都能和合得恰到好处，那就是"善"。但是孔子从未排除"一阴一阳"和合不当的特例，即"恶"的存在。那么，是否可以理解孔子的思想既是中国古代性善论之源，也是性恶论之根。而他却是持守中道的。其二，孔子一贯认为天道运行有序，意味着人的天性大多也是向"善"的（非指道德之善，而是指合乎中道的意思），具有接受教育而成人的可能性，为教育公平，以及施教必须依道而行，提供了理论依据。暗合着现代教育关于开发人潜能的思想，对树立新型人才观和学生观，都有积极的启发意义。其三，教育既要重视人的先天之性，更要关注人的后天习染，这无疑在强调教育重要性的同时，避免陷入教育万能论的偏颇。这就不难理解，孔子为何既阐述"学而知之"，同时也说可能有"生而知之"者，不过，他不是"生而知之"，与多数人一样，是"学而知之"的。现代科学的发展，不仅揭示了后天环境对人成长的重要作用，同时也揭示了先天遗传的各种特异现象，甚至认可了"白痴学者"的存在。孔子兼顾先天与后天的人性论，兼顾统一性与差异性的思想，是质朴而可贵的。从方法论的角度分析，正体现了中庸之道兼顾差异的特点，又一次显示了孔子刚毅木讷的本性，坚守求真务实的质朴性，使他的教育思想得以接近现代科学的论断。

（三）在"人际和合"目标下的立学设教

教育是培养人的事业，对人的认识，是教育思想的基本出发点。孔子关于"人"的论述，具有鲜明的整体性，他较多的是研究人的群性，这是他与西方古代教育家不同之处。后者较多关注人的个体性，甚至张扬"个人主义"。孔子曾说："鸟兽不可与同群，吾非斯人之徒而谁与？"[1] 明确说，鸟兽是不可以同群的呀！我不和天下人同群，又和谁同群呢？朱熹在《论语集解》对孔子这句话

---

[1] 《论语·微子》。

解释道："吾自当与此天下人同群，安能去人从鸟兽居乎?"这是从物种学的角度阐明了人只能与人合群，并肩负改善人群生活的责任。这是孔子关于人与禽兽区别的论述，开后世儒家"明人禽之别"的先河，致使儒家的教育体系得以建立在人类群性认识的基础之上，具有鲜明的社会性，并以促进人际和合为社会理想和教育承担的使命。

独立人格与群性的和合。孔子还认为，人有思维能力，人拥有理性精神，人能判断是非。更为可贵的是，人有独立的意志。孔子有句至理名言曰："三军可夺帅也，匹夫不可夺志也。"①统帅三军的主帅，权势不为不高，但是，其权位是可以被人剥夺的，而"匹夫"即平民，他们却有不可剥夺的意志，即具有独立的意志，孔子一生志在培养不为富贵权势所动的、不可夺志的仁人。这表明孔子在揭示人的群性和社会性的同时，并未抹煞人的独立人格。相反，他倡导的中庸之道，主张"和而不同"，表明孔子倡导的"中道"是建立在正视人与人之间存在差别基础之上的，无差别，就不需要"中和"，由于人类在群性之中同时具有独立的意志，才能实现"和而不同"，从而创建一个色彩缤纷而和谐的世界。

孔子既然认为人不能离群，因此，人人都处在人际关系之中。他曾指出："方以类聚，物以群分，吉凶生矣。"②"方以类聚，物以群分"，万物皆然，人际关系则是人类所独有。人类如何处置"方以类聚，物以群分"，它决定着人类以及每个人的吉凶祸福。这使孔子深刻地认识到能否构建和谐的人际关系，直接关系人类的生存与发展（"吉凶生矣"）。故而他以"仁"统领全部道德原则，以培养"仁者"视为教育的最高培养目标，又以仁德作为理想社会的构建原则。"仁"的观念在春秋前期即已流行，孔子加以提炼和宣扬，"仁"成为"人我关系"的最佳表述。"我"是指个人，除此之外的人，即"他人"，"人我关系"就是个人与社会关系的简称。什么样的"人我关系"称得上是"仁"呢?体现中庸之道的"和谐"，便是称得上是"仁"的"人我关系"。孔子在《论语·颜渊》中回答樊迟关于"仁"的问话时说，"仁"就是"爱人"，孔子此处所说的"人"是指他人，即众人，"爱人"必然要"泛爱众"，即包括自爱、爱亲，也包

① 《论语·子罕》。
② 《易经·系辞上》。

括爱至亲之外的众人。孔子说："民之于仁也，甚于水火。"[①] 仁是民众所渴望的。孔子认为只有建成了体现仁德精神的大同社会，民众才可能过上各得其所的生活。孔子"贵仁"，也就是"贵人"，表达了对人的重视和关心民瘼的情怀。他的教育思想具有强烈的民本精神，是当时重人轻天思想的升华与发展。

孔子运用中庸之道，将"天道"与"人道"相结合，首创人性论，提出了他的"人学"思想，对教育发展具有不可低估的深远影响。他充分肯定人均有潜质，为教育公平提供了理论依据，并赋予教育开发人潜质的任务，对当下的教育改革具有借鉴意义。孔子充分肯定人具有思维能力、理性精神与个人意志，一方面坚定了人们对教育的信念，并为实施启发诱导原则、学思并重原则及因材施教原则，提供了重要的理论依据和实施的方法论指导。

第二节　兼顾教育要素，促进和谐发展

（一）兼顾教育要素的"中和"

孔子在教学实践中，已经直觉到教学的成功，是多种因素相互作用的结果，他虽然没有"综合效应"的自觉认识，但不论是他的教学实践活动还是教学思想，都注重兼顾各方，要求"执两用中"，反对偏于一端。实际上正是在追求教学活动最佳的"综合效应"。在对待教与学、学与思、学与行等这些重要的关系上，中国与外国的教育史上都不乏偏执一端的现象，而孔子在我国教育发展肇始之初，却创立了教学相长、学思并重、学行相须、知能兼求的思想，"不偏不倚"自成体系，鲜明地体现了"中庸之道"兼容各方的特点。

孔子所主张的"和谐"，则是力求使教学活动的诸因素经常处于"中和"状态。对待教与学，孔子主张教学相长。所谓"相长"，当然不是相消、相损，而是力求教与学的关系和谐发展，互相促进。对待师与生，孔子同样强调"和"。他创立的私学在当时是师生共济、尊师爱生的典范。至于孔子指出学思并重、学行相须、知能兼求等命题，不仅是兼顾各方，同样也是力求使各方相互协调，相互促进，无不具有"和谐"的特点。

---

① 《论语·卫灵公》。

孔子在长期的教学实践中，悉心观察，发现任何一种教育因素的单项突进，都不会取得积极的效果，例如"行"，他提倡力行，但是，"行"受"学"的制约，必须受"学"的指导，否则就会产生各种"蔽"（见"六言六蔽"）。他还认为，只有各种教学因素在发展中都合于一定的"节度"，才能保证教学秩序致于"中和"，也才能取得最佳的教学效果。因此，他要求教学活动尽量把握合理的、最佳的"节度"。用现代科学方法论的观点看，孔子的教学思想包含着"最优化"的因素。他主张相济相成，就是在寻求教学诸因素发展中最佳结合的"度"。至于教学具体方法的运用及教学中对学生的基本要求，孔子也力求适度。

和谐教育是古代希腊教育家创立的概念，主要是指德、智、体诸育的协调，使人得到和谐发展。对人的培养，孔子也有类似古代希腊教育家和谐发展的观点。他传授"六艺"之教，即礼、乐、射、御、书、数。要求以道德教育为统领，以"礼"教为主；"书"和"数"的教育侧重于知识传授和技能培养，属于智育范畴；"射"和"御"属于体育；"乐"教属于美育。足见他的教育内容十分丰富，包含着德、智、体、美诸育，力求使人成为文武兼备、诸方面得到和谐发展的人才。对于人的外在举止行为与内在的情操修养，孔子主张"文质彬彬"，亦即人的表里应和谐一致。总之，"兼求"与"和谐"是孔子教育教学思想的重要特点。

（二）教学模式与原则方法中的"中和"

孔子的教育教学原则及其教学方法，都力求使师生双方达至"中和"状态。他虽鼓励学生勉力求学、行道，但是，他反对主观地施教，以及超越学生接受能力的教育。在中庸思想的指导下，他创立了启发式教学。

启发式教学中体现的"中和"观。师生积极性的最佳结合，是孔子启发式教学的精髓，也是师生关系和谐发展的主要体现。他的这一教育思想不仅对儒家后学产生了深远影响，至今仍然具有很强的现实意义。

继承了孔子思想的思孟学派，在《礼记·学记》中较详尽地阐述了启发式教学的内容，将其与孔子论述"愤"、"悱"的启发相对照，更能深入了解他构建教学模式的方法论，特将《学记》的论述引录如下：

> 君子既知教之所由兴，又知教之所由废，然后可以为人师也。故君

子之教喻也，道（导）而弗牵，强而弗抑，开而弗达。道而弗牵则和，
强而弗抑则易，开而弗达则思，和易以思，可谓善喻矣。

《礼记·学记》首先指出教师自身的修养是实施启发式教学的先决条件。在
道德学问上，教师应当身同君子，并懂得"教之所由兴"及"教之所由废"的
道理，即要求教师具有教育修养，只有这样，他才能为人师，才有条件采用这一
模式施教。其次，它认为启发式教学集中体现为："道而弗牵，强而弗抑，开而
弗达。"生动地告诉教育者，启发诱导有赖于教师的积极指导（"道"、"强"、
"开"都是教师的指导工作）和学生的积极性恰当的结合。教师决不可使引导变
为牵着学生走，不可使督促变为对学生积极性的压抑，不可使开导变为灌输。最
后，《学记》提出了评价启发式教学的标准要看学生是否做到了"和"、"易"及
"思"。所谓"和"是指学生能够在教师的指导下学习，但又不照搬教师的讲授
而有自己独立的见解，这样，学生与教师的关系就可称之为"和"，教与学的关
系也才能称之为"和"，只有"和而不同"，学生才有可能"青出于蓝而胜于
蓝"。明确指出师生关系的和谐共赢，是启发式教学的重要标志之一。"易"是
指学生受教时是主动的，感到轻松愉快，这是学生得以健康发展不可或缺的环境
和氛围。"思"是指学生在接受老师教导的同时，能够进行独立思考，这是学生
能够有所创造的必要条件，学生能否主动地进行思考，这是启发式与灌输式教育
最主要的区别。以上三点，都表现了教师"教导"的积极性，与学生"学习"
的积极性是有效结合的，它是孔子"和而不同"哲学观在教学上的体现。孔子
主张和谐发展，学生与教师的关系应当是"和"而不是"同"，只有这样，才可
能培养出超过老师的学生。启发式与"注入式"教学的根本不同就在于一个是
"和"，一个是"同"。值得我们深长思之。儒家后学特别强调，教学的和谐性，
关键在于教师必须掌握施教的"节度"，什么样的"节度"才是最佳的呢？这就
是"道而弗牵"、"强而弗抑"和"开而弗达"。这正是教师从学生实际出发，所
体现的教学智慧。《学记》阐述的启发式教学体现的方法论，如下图所示：

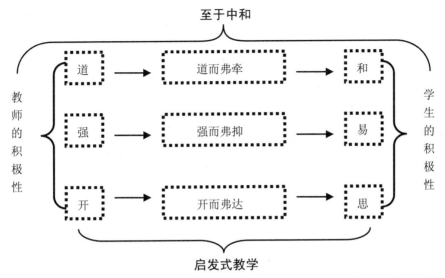

孔子倡导的启发式教学所体现的"中和"思想，概括而言至少有以下特点：其一，以学论教，教学相长。启发式教学的"教"是建立在学生主动学习基础之上的，而学生学习的积极性，又与老师负责任而有成效的诱导分不开。师生的互动，将最终进到教学相长的境界，师生获得共同发展。其二，学思并重，以学为乐。《学记》强调了一个"易"字，表明学生不以学习为负担，在轻松之中透露出学习时的欢快心情。怎样才能使学生不以学为苦呢？一般来说，积极主动思考着的学生，情趣盎然玩索知识的学生，是不会以学为苦的，大多能够尝到学习与探求之乐。因此，启发式教学要求教师格外关注学生是否能主动地学习和思考，务使他们始终处在边学边思的状态中，即处在孔子所说"愤"、"悱"的状态之中，这样学生才能使所学的知识内化，并体味到学习的乐趣，这是启发式教学奏效的又一标志。其三，知行合一，激发创造。孔子论及启发教学，以学生能否举一反三为旨归，《学记》则落实在"和"、"易"、"思"上。二者都注重学生思考能力的提高，知识的内化。孔子所说的"举一隅不以三隅反"，更明确地要求教学应当使学生具有知识迁移的能力，所谓迁移，最根本的是帮助学生能够用所学知识解决实际问题，指导行动，抑或进行创造。体现的是孔子"温故"而"开新"、知行合一的一贯主张。孔子倡导的启发式教学，其特点包括了以学论教、教学相长、学思并重、知行合一等内容，综合体现了孔子教学的基本原则，在方法论上，要求教学的诸因素有"节度"，达到"相长"、"并重"、"合一"

等效果，这都是中庸之道促进事物协调发展的基本概念和方法。生动说明孔子倡导的启发式教学，正是运用中庸之道的产物。

在我国当下，尚未脱出"应试教育"重压的学校教学，仍然实施的是"注入式"，而非启发式。师生负担都很重，乐教乐学者少，独立思考者少，创造者也少。造成这种局面的原因是多方面的。诚如《学记》关于启发式教学所论，实施这一教学模式的前提是教师的素养。但凡教师不具备道德学问均优的条件，加之又不懂教之所由兴、教之所由废的道理，这就丧失了实施启发式教学的先决条件。孔子实施启发式教学是建立在学生学习基础之上的，我们当下的教材驳杂而不精细，没有给学生提供自学的条件，老师又不敢放手让学生自学，只好灌输，学生的学习能力很难在学校的课堂教学中得到提高，活知识用的是死办法来教，活学生被教死了，善于死记硬背的学生多能"成才"，升入优质教育的学校。"一刀切"的评价模式，更是禁锢师生的枷锁。看来，全面推行启发式教学还要经历一个相当长的渐进过程，这是孔子启发式教学思想与成功实践仍然具有现实价值的重要原因。

问答式教学中体现的"中和"观。孔子适应不同学生的质性，创立了"问同答异"的教学方法，成功地实现了因材施教。他的这一思想方法在《礼记·学记》中同样得到继承和发展，该书对问答式教学法有如下精彩的论述：

善学者，师逸而功倍，又从而庸之；不善学者，师勤而功半，又从而怨之。善问者，如攻坚木，先其易者，后其节目，及其久也，相说（悦）以解；不善问者反此。善待问者，如撞钟，扣之以小则小鸣，扣之以大者则大鸣，待其从容，然后尽其声；不善答问者反此。此皆进学之道也。

翻译成现代汉语则是：善于学习的人，老师很安闲，而教育效果反而加倍的好，学生更把功劳归诸老师教导有方；对于不善学的人，老师教得很辛苦，效果却仅得一半，学生反而归罪于老师。善于发问的人，好比砍伐坚硬的木头，先从容易下手的软处开始，慢慢地扩及较硬的节目，时间久了，木头自然分解脱落；不善发问的人，使用的方法刚好相反。善于回答问题的人，犹如撞钟，轻轻敲打则小声（响应），重力敲打，则（大声）响应，一定要打钟的人从容不迫，然后钟声才会余音悠扬传之久远，不善答问的人刚好相反。这都是增进学问的方法。

通观《论语》全书，生动地记载着孔门弟子善于"叩问"的主动性，以及孔子"不扣则不鸣"，"扣之以小则小鸣，扣之以大者则大鸣"的情景。体现了孔子注意学生的心理机制，巧于启发诱导的教育智慧。孔门后学，特别是思孟学派，弘扬了孔子问答式教学的原则，在《学记》中，专门撰写了阐述孔子的问答式，继续倡导"不扣则不鸣"的教学方法。这不是放弃对学生的教育，而是认为教育的成功，必须建立在学生积极主动的基础上，必须符合学生的实际。通过学生主动地叩问，老师才能了解学生疑难之处是什么，不至于主观施教。要教，就应该教学生想知道而又不会的内容。思孟学派倡导的"不扣则不鸣"，"扣之以小则小鸣，扣之以大者则大鸣"，是教师积极性的正确表现，他们关注学生，善于等待学生领悟，从容施教，也是对学生尊重和相信学生潜质的表现。墨家则不然，墨翟对孔子为代表的儒家不扣则不教、不问则不答的做法，很有看法，认为是消极的表现，是对学生不负责任。他提倡的则是所谓"虽不扣必鸣"，由此形成了墨家教育"强说人"的特征。墨家这种积极实施教育的精神是可贵的，但是，没有兼顾学生的学习状态，不设法调动学生学习的积极性，则是主观的、一厢情愿的教育，离中庸之道相距甚远。在今天，我们的教育其所以难以走出灌输式的窠臼，就在于老师多从教学目标、学科特点出发，甚至有的人只从自己的"记问之学"出发，教自认为应该教的和会教的，而不是教学生不会的，结果常常是吃力而不讨好。江苏有所农村中学，校长大胆提出来要求老师"教学生不会的"，学生学之在前，老师根据学生不会的进行讲解，或者由学生相互讨论，直至学生学会了为止，结果，成效十分显著。这似乎就是孔门问答法教学的余韵，体现了教学活动的协调性。

第三节 把握施教节度，促进和谐发展

"中庸"哲学的特点是求"中"，孔子自觉不自觉地把这个"中"看着是事物发展的"节度"。孔子认为如何把握这个节度，将决定立身处世和施教的成败。那么，孔子关注并提出了哪些节度呢？

（一）防止事物向不利方向转化的"度"

倡导忧患意识与教育的预防性原则。孔子刻苦学习《易经》，深知世上没有

永远完满的事情，他正是从事物发展规律的角度，产生了深刻的忧患意识，他担心的是事物会向不利的方向转化。他曾经告诫子夏说："天道成而必变，凡持满而能久者，未尝有也。"天道"成而必变"，这是规律，任何人都不能自满自足，对于学道者来说，更是这样，应当"损其自多"，将过头的东西设法削弱，以谦虚的态度向人求教，这样才能达到渊博的水平。古人曾指出，往往自认为贤能的人，常常听不到他人的好话。孔子赞同这一观点，认为贤能的人更应当恭谦为怀，否则是十分危险的。他还认为防止事物向不利的方向转化是有可能的，关键在于提高个人的修养。他以尧治理天下为成功的实例说："昔尧治天下之位，犹允恭以持之，克让以接下，是以千岁而益盛，迄今而逾彰。"从前尧主持天下事务时，能够公平而恭敬地对待他人，能以谦让的态度接纳下属，因此盛名达千百年之久，至今更为隆盛。《论语·尧曰》有同样的记载："尧曰：'咨！尔舜！天之历数在尔躬。允执其中。四海困穷，天禄永终。'"尧曾对舜说："唉！舜呀！天的历数在你身上了。好好地掌握着那个中道！四海民生困穷，你的这一份天禄，也便永久完结了。"这是尧要求舜"永执其中"，告诫他只有把握好"中道"这个限度，才可能使天下太平。孔子又以夏桀与昆吾为反面教员，指出："夏桀昆吾，自满而极，亢意而不节，斩刈黎民如草芥焉，天下讨之，如诛匹夫，是以千载而恶着，迄今而不灭。"夏桀和昆吾，自满到了极点，随心所欲，毫不节制，斩杀老百姓如同割草一般，因此，天下讨伐他的人也如同诛杀匹夫，他们罪恶昭彰达数千百年，骂名至今也未能消磨掉。从这些事例看来，我们平时就应当节制自己的言行，恭谦待人。例如，在路上行走时，见到老人，就应当让道，切莫抢先；乘车时，遇到车上已有三人，就赶紧下车（当时车子只能容下两人），遇到两人，则应当扶着车轼作"敬礼状"。总之，只有主动调适事物的"盈虚"，不自满自足，才能长治久安。（"观此，如行则让长，不疾先，如在舆遇三人则下之，遇二人则式之，调其盈虚，不令自满，所以能久也。"）子夏恭听之后，表示永志不忘，将终身奉行不悖（"商请志之，而终身奉行焉"[①]）。总之，孔子认为，无论是待人接物，还是治国平天下，都必须把握好"中道"，"中道"是防微杜渐的关键所在。

思孟学派继承并发展了孔子中庸之道防微杜渐的思想，在《礼记·学记》

---

① 《孔子家语·六本》。

中提出了教育的预防性原则："大学之法，禁于未发之谓预。"这是说，大学教人的方法是在一切邪恶的念头未发生之前，就开始施教，告诉学生应当约束和禁止哪些思想行为，这就是预备、防备的意思，也就是防患于未然。《学记》从反面告诫教育者，如果违背这项预防性原则，教育效果将十分糟糕："发！然后禁，则扞〔hàn〕格而不胜。"扞：是"捍"的意思；扞格，指教育者与受教育者相互抵触。如果学生邪恶的念头已经发生，教育者才来禁止，由于错误的观念早已先入为主，学生就容易对禁止的措施产生对立情绪，施教就很难成功。预防性的教育原则，是指教育要掌握好时机这个"度"。这是遵循孔子"预则立，不预则废"的思想行事。

（二）掌握施教的"节度"

学习时间的节度。在施教的时机上，孔子特别注意把握学生求知活动的最佳积极状态。启发诱导原则，明确提出应当在学生处于"愤"、"悱"状态时采用为最佳。这一思想的进一步发展便产生了儒家的"当其可之为时"① 的原则。这是我国古代一项重要的教学原则，它要求施教、求学必须适时。此处所说的"时"，既包括教育对象的心理机制，是较短时间的"时"，做到"发之当其可"。教师有时考虑到学生无所向往，便可"先示之以蹊径"；有时为促使学生积极思考，又"必待其愤悱而后启之"②。此外，"时教"还指学生的年龄阶段，这就是较长时间的"时"。孔子吸取当时医学发展的成果，初步认识到不同年龄阶段的人具有不同的特点，应施以不同的教诲。《学记》发挥孔子的思想，指出"时过然后学，则勤苦而难成"，告诫人们要及时学习，错过特定的年龄阶段，学习起来会"事倍功半"。我国在特殊的时期曾经采取所谓"停课闹革命"这种违背教育规律的举措，耽误了不止一代人的教育，产生了史无前例的"老三届"，他们之中有许多杰出的人才，被贻误了受教育的机会，造成终身的遗憾，即使少数人在超过学龄阶段之后才走近课堂，学起来也十分吃力。这种教训，不能不记取！

孔子创立的儒家，在教学上主张"善待问"，要求老师具有耐心，善于等待学生消化学习的内容，给学生充裕的思考时间，这是非常重要的。孔子适时施教

---

① 《礼记·学记》。
② 《宋元学案》卷五十一，《东莱学案．与朱侍讲》。

的主张，着眼于使学生主动地学习，这是很可取的。

施教内容的节度。在教学分量、深浅程度的掌握上，孔子注意区分学生的学习程度和不同资质，指出："中人以上，可以语上；中人以下，不可以语上。"[①]在教学进度的快慢上，孔子指出"欲速则不达"，反对陵节而施，躐等而学；同时他也反对懈怠，主张"敏以求之"，这是要求快慢适度。《学记》针对当时教育的弊端，列举了种种违背"节度"的现象，指出：

> 今之教者，呻其占毕，多其讯言，及于数进，进而不顾其安，使人不由其诚，教人不尽其材，其施之也悖，其求之也佛。夫然，故隐其学而疾其师，苦其难而不知其益也，虽终其业，其去之必速，教之不刑，其此之由乎！

文中的"呻"指诵读或吟诵，反复地诵读。"占"指窥视。"毕"指书简。"讯"指提问。"及"犹急。"数进"有两种解释：一是指烦琐，一是指速进。"刑"犹成功。这段文字翻译成白话，其大意是说：现在的教师教学，老是照本宣科，令学生呆读死记，上课搞满堂灌，急于赶进度，却不考虑学生学习能否巩固，不调动学生学习的自觉性，也不发挥学生的聪明才智。采取措施既不符合教学原则，提出要求也不从学生实际出发。这样做，只能使学生厌恶学习，埋怨教师，把学习视为畏途，而不知道它的好处在哪里。即使勉强结了业，学的东西也会很快忘掉，教学收不到应有的效果，原因就在于此吧。[②]《学记》指出的教学问题，其实在当前我国课堂教学中仍然存在。特别是有的教师为了腾出时间进行应试准备，经常加快进度，满足了具有应试条件学生的需要，往往使多数学生跟不上老师的教学进度，理解不了所学内容，加重了这些学生的负担，打击了他们的自信心，造成一批学习的失败者。这种状况的出现，应了孔夫子所言："欲速则不达！"

情感价值观的适度。孔子施教十分重视学生情感态度的变化，他强调"适中"，合于一定的"节度"。例如学《诗》，他注意培养学生具有"乐而不淫，哀而不伤"的感情，这是以"中和"为度。有一次，子贡问孔子："闵子哀未尽。"

---

① 《论语·雍也》。
② 高时良：《学记评注》，第62~64页，人民教育出版社，1982年版。

闵子骞还在伤怀，哀痛未尽。夫子曰："君子也。"又告诉孔子："子夏哀已尽。"孔子还说："君子也。"子贡十分不解，就问孔子："两个人的感情不同，您却都称他们为君子。我不明白，斗胆请教您，这是为什么？"孔子曰："闵子哀未忘，能断之以礼；子夏哀已尽，能引之及礼。虽均之君子，不亦可乎。"[①] 闵子骞没有忘记哀伤，却能遵循礼义来节制自己；子夏已经不再哀伤了，却能在欢乐的时候用礼义来约束自己，而不放纵。拿他们的行为与君子比较，称他们为君子难道不可以吗？孔子其所以这样说，是以中庸之道为根据的。闵子骞做到了"哀而不伤"，子夏做到了"乐而不淫"，都符合"中道"，因此都称他们为君子。

又如学《礼》，孔子引导学生掌握"礼之用，和为贵"的原则，这也是以"中和"为度。例如曾子曰："狎甚则相简，庄甚则不亲，是故君子之狎足以交欢，其庄足以成礼。"孔子闻斯言也，曰："二三子志之，孰谓参也不知礼乎！"[②] 这段话是孔子与弟子们研讨关于待人接物的礼数。曾参说："跟别人太亲近，别人就会怠慢你；对别人太严肃，别人就会不亲近你。所以，君子的亲近程度足以愉快地与人交往，他的严肃程度也足以让人保持对他的礼貌。"孔子听后，要求学生们记住曾参这番话，并表扬他说："谁说曾参不懂得礼数呢？"这是说交往与待人，只有在情感上达到可亲可敬的程度，才是恰当的。

孔子教育思想中反对偏颇、力主"中和"的特点，必然涉及如何认识事物发展的"中和"状态的"度"。这个"度"有其具体的、历史的、阶级的内容，在实际生活中，它是随着事物的发展变化而变化的。孔子在阶级关系上，往往要求维持一个不变的度，即所谓"贵贱不愆"的度，这是他形而上学和保守思想的反映，是消极的。但是，在教育上，这种力求适度的思想，却包含着"最优化"的有效教学因素，对于尊重客观规律，建立稳定的教育秩序，适当地、合理地发挥各方面的积极性，以取得最佳的教育效果，是极为有益的。

（三）灵活多样的教育艺术

孔子直觉到事物处在不断的变化发展之中，教育的诸因素也是这样。他认为只有应时屈伸，善于"兼权"，才能防止"执一"，始终保持"中和"的状态。

---

① 《孔子家语·六本》。
② 《孔子家语·好生》。

所谓"权"，就是通权达变的意思。孟子对孔子关于"中"与"权"的思想有深刻的理解，明确指出："执中无权，犹执一也。"① 孔子曾说："可与共学，未可与适道；可与适道，未可与立；可与立，未可与权。"② 他把权看得很高，认为一般人不容易做到。孔子处世讲求权变，故"天下有道则现，天下无道则隐。"③ 在教育上他提倡灵活多变，但他绝不是随心所欲地变，而是根据实际情况应时而变。他所主张的"四绝""毋意，毋必，毋固，毋我"④，就是不凭空猜想，不绝对化，不拘泥固执，不唯我独是，这可以看作是孔子灵活多变教语内容和方法的指导思想。颜渊所说的"瞻之在前，忽焉在后"，是对孔子善于变化的教育艺术的生动写照。

孔子善于"博喻"。他既能列举五十几位历史人物的事迹，向学生晓以安身立命、报国救世之理，又能以自然界的鸟兽草木、山川江海比喻人的高尚德操、优美情怀。他的"少之时，血气未定，戒之在色；及其壮也，血气方刚，戒之在斗；及其老也，血气既衰，戒之在得"⑤，又是因年龄不同，而施以各不相同的劝诫。

孔子善于"能近取譬"。一次他告诉子路应当善于学习，他知道子路是个"粗人"，就以人的器官进行比喻，说："**君子以心导耳目**，立义以为勇；小人以耳目导心，不愁以为勇。"⑥ 孔子对子路说，君子是用心来引导自己的耳朵和眼睛的，用树立"义"指导"勇行"；小人却是用耳朵和眼睛来引导自己的心，把不驯顺视为勇敢。所谓以心导耳目，就是告诫人不要轻信耳闻目睹的现象，要运用思考，认识事物的本质，这样才能成为一个智慧君子，而不是鼠目寸光的小人。深奥的道理，孔子讲述得何等通俗易懂啊！在孔子的教诲下，弟子们也学会用心导耳目了。有一天，清早起床，颜回在一旁听候，听到有人哭，哭声十分悲伤。孔子就问颜回，你从这哭声，知道什么吗？颜回说，我认为这种哭声，不是替死人哭的，一定还有相当于生离死别的伤心事。孔子进一步询问他根据什么知

① 《孟子·尽心上》。
② 《论语·子罕》。
③ 《论语·泰伯》。
④ 《论语·子罕》。
⑤ 《论语·季氏》。
⑥ 《孔子家语·好生》。

道的。颜回说，我听说桓山有一种鸟，生了四只小鸟，小鸟羽毛丰满之后，即将分别飞往四面八方，小鸟母亲凄楚地鸣叫送它们远行，它那凄楚的叫声跟刚才我们听到的哭声相似，都是悲痛亲人将要离去，不再回来。我是根据哭声类似而得知的。孔子派人去问哭的人，他果然说，我父亲死了，家里很穷，只好卖掉小孩来埋葬父亲。现在我正在与我的小孩永别。孔子十分赞赏颜回善于辨识声音。孔子听到一点声音也要询问弟子，在于他有意识地提醒弟子们要善于关心生活，从生活中感受民众的疾苦，培养他们的仁心。从颜回熟知鸟声，说明孔子平时很注意引导学生观察自然现象，他的教育密切贴近生活实际，致使他施教的内容与形式都很丰富多彩，形象生动，具有针对性，易于理解接受。

孔子施教不拘一途，灵活多样，充满教育智慧。拥有教育智慧，方能形成教育艺术，这就要求教师具有深厚的学养，同时能够正确把握学生的实际情况。《学记》根据孔子的教诲指出："记问之学，不足以为人师。"这是说，只靠记住的一点现学现教的知识来应付学生提问，担负不了教师的责任。教师应当对所教内容有自己独到的体会，甚至有创意。与此同时，还要善解人意，注意聆听学生的问题，所谓"必也听语乎，力不能问，然后语〔yù〕之；语〔yù〕之而不知，虽舍之可也①"。"听语"是指老师应当听明白学生的发问，抓得住其疑问的关键所在，要能针对学生提出的问题进行讲解。"听语"不是一件简单的事情，老师需要有耐心，需要有尊重学生的心态，让学生充分发言，直至其"力不能问"，老师再回答，这样，老师的讲解才可能是学生最需要知道的内容。如果老师讲解后，学生还不能理解，那就应当先放在一边，不是不管了，而是应当再设法采用其他方法施教，其意同于孔子"举一隅不以三隅反，则不复也"的主张，不是放弃学生不管，而是要求老师不能拘泥于一种方法施教，老师应当有本领采用各种适合学生理解的不同方式施教，这对教师的教学艺术要求甚高。总之，"听语"、"语之"和"舍之"这三条原则，要求老师教学做到因势利导，真正从学生实际出发。适合学生实际的教育，才是立于"中道"的教育，不是机械的主观的教育，才可能是有效的教育。

---

① 《礼记·学记》。

第四节　教育思想的整体系统观与素朴的辩证法

前文介绍的孔子关于教育作用的论述，其中就有德教与法制的比较，例如"道之以政，齐之以刑，民免而无耻；道之以德，齐之以礼，有耻且格"①。我国教育史学家毛礼锐教授认为："孔子的这一观点强调了在政治、教育、道德这三者整体化的过程中，教育是道德政治化、政治道德化的中介枢纽。这一思想即使在今天看来也是正确的。"② 此外，孔子还提出过"庶一富一教"和"足食"、"足兵"、"民信"的观点，表明他已经将教育与人口增长、物质生产、军事实力、政治状况作统一的考虑，既发现了教育发展需要一定的物质基础，又指出教育是治国安邦不可缺少的条件，初步触及到教育对于社会物质活动的反作用。这种富有辩证色彩的教育观，正是孔子从整体上系统研究教育问题的必然结果。

孔子教育思想的整体观具有一定的系统性，不仅重本末，而且有层次。就教育内部而论，他的研究已经突破了感性的和一般经验的局限，不再是零散的，而能在立论时注重强调教育的本与末、主与次，具有一定的层次与系统的观念。所谓从整体上把握事物的本质，还要求正确认识和正确处理组成整体诸要素的相互联系及其相互制约的关系。孔子正是运用这种素朴的思维方法来研究教育问题，并因之将教育教学的基本范畴初步组成了一定的结构，形成了我国萌芽形态的"教育结构"思想。以上两大方面大致能反映孔子教育思想的系统观。

（一）务本及末的层次观

培养目标的层次性。培养目标是教育思想体系中的重要问题，孔子对此也区分了层次，他以培养"士"、"君子"、"成人"、"仁人"、"圣人"等为目标，这一目标系列是分层次的，具有一个比一个要求高的特点。就"士"而言，孔子也是分层次的，此论见于《论语·子路》篇，文中记载孔子的学生子贡向他请教："何如斯可谓之士矣?"孔子告诉他"行己有耻，使于四方，不辱君命，可

---

① 《论语·为政》。
② 毛礼锐：《从方法论谈孔子教育思想的古为今用问题》，《孔子研究论文集》，第238页，教育科学出版社，1987年版。

谓士矣"。这种"士"既有内在修养，知耻而且自强，当外交官能够维护国家的声誉。思想活跃的子贡不以此回答为满足，又进一步问道："敢问其次。"孔子告诉他像"宗族称孝焉，乡党称悌焉"。即行孝道并友爱乡里的人就可以称做"士"。子贡又进一步提出"敢问其次"。孔子则告诉他能够做到"言必行，行必果"也就算是"士"了。在孔子看来"士"至少可以分以上若干层次。将培养目标划分出层次来的思想是可取的，它可启发我们确立培养目标，注意不要不加区别地"一刀切"，这不利于教育事业的正常发展和对学生的因材施教。

德目的层次性。对于道德教育中的"德目"，孔子也划分了一定的层次，对于仁与礼来说，仁在礼之前；对于利与义来说，则义在利之前……就一个道德范畴来说，其内涵也有不同的层次，最为明显的实例是学生问仁，孔子有不同的回答，从《论语》一书，我们就可以查到孔子对于仁的层次的划分，从总体上说，仁有"体"和"用"的区别。孔门弟子樊迟多次向夫子请教什么是仁，孔子既告诉他仁之"体"为"爱人"①，又告诉他仁之"用"，例如有"居处恭，执事敬，与人忠"②，还有"先难而后获"③，即不要坐享其成，应当具有克服困难的刚毅等行为都是仁德的外用。正因为孔子将仁分为不同的层次，所以，他可以针对不同水平的学生进行不同程度的仁德之教。樊迟在孔门中智力不很高，孔子对他讲仁时比较浅近；子张是孔门传授师教的学生，当他问仁时，孔子就讲得比较系统，说："刚、毅、木、讷，近仁。"④ 这是仁外用于人自身的修养，比对樊迟所言仁的外用要抽象得多，至于孔门高足颜回问仁，孔子既告之以纲，又讲述了它的目。这就是《论语·颜渊》中记载的：

颜渊问仁。子曰："克己复礼为仁，一日克己复礼天下归仁焉，为仁由己，而由人乎哉？"颜渊曰："请问其目？"子曰："非礼勿视，非礼勿听，非礼勿言，非礼勿动。"

这段话对于仁的解释层次就比较高，体用兼备，有纲有目。
教学的层次性。《论语·述而》篇中有一个"知之次"的命题。对于这个

① 《论语·颜渊》。
② 《论语·子路》。
③ 《论语·雍也》。
④ 《论语·子路》。

"知之次"历来有两种意见：一种认为是指求知的次序，一种认为是指次一等的知。不论那一种训义，都表明孔子已经认识到求知活动有一定的顺序性。这与他"下学而上达"的观点是一致的。在课程设置上，孔子提出过"志于道，据于德，依于仁，游于艺"的原则，具有鲜明的层次性。至于具体的课程也是这样的，如他说："兴于诗，立于礼，成于乐。"揭示了这三门课程对于培养仁人的不同作用，而这种作用又是具有层次的，所谓"兴"、"立"、"成"，就是它们所在层次的具体表述。一般人对于"成于乐"多有不解，其实，这正是孔子的高明之处。他认为一个人道德修养的完成，必须看其内心情感的变化，而音乐艺术修养，很能反映人的内在情感状况，所以，他要说"成于乐"。孔子对于人的求学动机也是划分为一定层次的，他说："知之者不如好之者，好之者不如乐之者。"[①] 此处"知之"、"好之"和"乐之"分为三个层次，一个比一个层次高。众所周知，一个人因为对学习的意义有所认识而去从事学习，当然不如对其有所爱好而从事学习的人动力为大；而一个人由于爱好而从事学习，又不如以学习为一种审美享受而去从事学习的人动力大。孔子将"乐之"视为学习动机的最高境界，是很有深意的。"乐"是一种"审美"情感的表象，像我们熟知的"球迷"、"戏迷"，他们对于"球赛""演戏"的追求，就是达到了"审美"的境界，对于他们来说，其中有着无穷的乐趣，甚至可以乐此不疲，以苦为乐，当然，其他层次的学习动机是无法与之相比的。孔子还认识到人的智力是有差别的，他将其分为四个层次："生而知之者，上也；学而知之者，次也；困而学之者，又其次也；困而不学，民斯为下矣。"[②] 这段论述中有着明显的阶级局限，但是他发现了人的智力水平的层次，在教育上仍是有益的贡献。

（二）"教育结构"思想的萌芽

孔子在教育教学实践中，发现并提示了许多教育教学的基本范畴，他运用素朴辩证的方法，将其初步连接为一定的结构，使之不再是零散杂乱的概念。孔子关于教育，特别是道德教育的结构，已经出现了序列与"网络"的雏形。如《论语·为政》篇提出了"温、良、恭、俭、让"的序列；他答复子张问仁时，

---

① 《论语·雍也》。
② 《论语·季氏》。

提出了"恭、宽、信、敏、惠"①的序列；在论教学时，还有"文、行、忠、信"②的序列等等，不一而足。孔子将教育教学的诸多要素合成一定的序列，这绝不是简单的堆砌。深入进行分析，不难发现，这一串串的要素都是依照一定的原则组织起来的。

"**一体两面**"。孔子教育的中心是教人做人，他赋予"仁"享有全德之名的地位。与此同时，他还设置了一个"义"。这个"义"为我国传统德育所独有，他与"仁"称为"一体两面"。杨硕夫先生指出："义是仁的节制，仁是义的根本。"他还引用古人的解释说："义所当为"就是"仁所必为。"③为什么这个无所不包的"仁"还要用"义"来节制呢？因为，"仁"就社会理想而论，不是一蹴可就的，按儒家的设计，至少需要经过小康才能达到大同。"仁"对于个人修养来说，它又是一个系列，有着不同的层次，表现于不同的方面。什么时间、什么地点，对于什么人、什么事，应有不同的处理。而"义"就是告诉人们"所当为"的道德标准。有人还将"义"训释为"宜"，正确揭示了"义"是适宜的意思，行仁有义来节制，使人知所当为，也有所不为。《论语·里仁》篇记载了孔子关于"义之与比"的话，所谓"比"，是"比对"的意思，即"义"是和"仁"相比对的，此处的义，也当"宜"讲，指出行仁必须考虑是否适宜，故曰："无适也，无莫也。"④即无可无不可，有所为，又有所不为，总之，必须合于义而行仁。诚如文天祥临终时所说："唯其义尽，所以仁至。"正确表达了仁和义"一体两面"的特点。

"**内外结构**"。以孔子为代表的儒家，一贯主张"内圣外王"之道，在个人的道德修养上，孔子教人必须内外兼顾，这就形成了他提出的德目具有"内外结构"。例如仁的教育，如何使学生能够成为有仁德的君子，孔子颇费苦心，他既讲仁对内的功夫，又讲仁行外的表现。在内修上他提出了"仁"、"智"、"勇"三达德。《论语·宪问》篇说："子曰：'君子道者三，我无能焉。仁者不忧，知者不惑，勇者不惧。'子贡曰：'夫子自道也。'"此处孔子将仁、智、勇并提，并说它们是君子必备的三项道德修养，后世的《中庸》在此论基础上直接将它

---

①　《论语·阳货》。
②　《论语·述而》。
③　杨硕夫：《孔子教育思想与儒家教育》，第60页，黎明文化事业股份有限公司，1986年版。
④　《论语·里仁》。

们称做"三达德"。就此三者而论"仁"是统帅,是体,属于道德教育中关于人的世界观的范畴。"智"在此用作"知仁";"勇"在此则用作"行仁"。孔子提出"三达德"的结构,旨在告诉弟子修养仁德应当注意从三方面入手。从教育心理学的角度分析,这三达德,都属于人的心理品质,是学仁向内的功夫。至于仁的外用,方面很多,孔子又为人们设计了"行仁之本"和"行仁之方"。《论语·学而》篇说:"孝悌也者,其为仁之本也。""为"就是"行"的意思,故宋代理学家程子说"孝悌是仁之一事,说他是行仁之本则可,说他是仁之本则不可。"因为仁是体,孝悌是用。仁与孝悌,构成了"体与用"的结构。所谓"行仁之方"是指"忠恕"而言。前文已经论及,它要求道德教育从自身做起,推己及人,是行仁最切近可行的方法。有的学者研究《论语》,认为孔子还提出了推行仁政的"工具"或途径,其依据便是《论语·卫灵公》所载:"子贡问为仁。子曰:'工欲善其事,必先利其器。居是邦也,事其大夫之贤者,友其士之仁者。'"先不论这个具体的行仁的"工具"或途径是否正确,本书只是从"内外结构"的角度罗列了若干方面,以显示孔子的德目具有"内圣外王"的特点。

以上的论述,是今人将孔子的德目所做的分类,虽然能够看出其"内圣外王"的特点,但毕竟不是孔子本人原有的表述。以下我们将列举《论语》中孔子的原话加以证明。《论语·卫灵公》上记有"子曰:'君子义以为质,礼以行之,孙以出之,信以成之,君子哉!'"此处的"义"是指"义理"的意思,以"义"为"质",是指人的内心修养要以真理为准则。"礼"是人外在的行为;"孙"就是"逊",要求做人态度谦逊,不自满,不骄傲。至于"信"是指君子应当取信于民。此处谈君子的修养,其"义"和"孙"阐述的是对内的功夫;其"礼"和"信"讲的是对外的表现。这是孔子原有的内外相关的德目结构。孔子之所以有道德教育的内外结构,是和他坚守人与社会相统一的观念分不开的。例如他对于仁的解释就是这样。据《论语·颜渊》记载:"樊迟问仁。子曰:'爱人。'"本来仁是指人内在的情操,而孔子认为只有能通过对待他人反映出来,只爱自己人不能叫仁,只有爱他人才能叫仁,所以仁的完美人格必须在人群中才能表现出来,最起码要表现在家庭中,进而表现在社会上,甚至表现在对待自然万物上。持这种教育观,用以建构其体系,必然形成内外对举的形式。

"纵横结构"。孔子说"父慈子孝,兄友弟恭",就属于"纵横结构"。其纵向的德目往往以"孝"来代表,其横向的德目则多用"悌"来代表。孔子经常将"孝悌"并提，他认为对上行孝，推而广之又可变为对长行忠、对国尽忠，如此等等。在道德教育的纵向结构中，与孝相对的还有慈，它是向下的发展，故有"父慈子孝"之谓。悌，是道德教育范畴中横向结构上的德目，对平辈的人行以"悌"，即友爱相处，推而广之及于天下的人。子夏说过："四海之内皆兄弟。"说明"悌"的修养可以推广到天下其他的人身上。在横向结构中还有左右相对而成的德目，"兄友弟恭"就是所谓左右结构。在孔子看来，以孝悌为代表的道德规范，足以囊括了人与人相处的种种关系，只要依此去做，誓必将仁德推行于天下了。故曰："孝悌也者，其为人之本也？"孔子的思想反映了宗法社会的实际，与今天不同。但是，使其道德教育形成了纵横交错的"网络"，取得了举世瞩目的成效，又不能不引起我们的思考和研究。

相互制约的结构。孔子关于道德教育的论述，已经涉及"知情意行"相互制约的关系，不过他没有用"知情意行"这四个概念。《论语·卫灵公》记载孔子说："知及之，仁不能守之，虽得之，必失之。知及之，仁能守之，不庄以莅之，则民不敬。知及之，仁能守之，庄以莅之，动之不以礼，未善也。"此处的"知"指道德认识，他认为一个人有了道德认识是远不够的，还必须有"守仁"的意志，不然的话，由于道德认识促使自己进行的修德，还有丢失的可能。在道德教育上发生反复的事，屡见不鲜，一般来说，都和只有初步的认识，尚无"守仁"的意志有关。他又进一步指出，光有意志仍然是不够的，还必须有"庄"，即待人的真诚，这说是的行仁之心和行仁之情。因为没有真实的情感，虚假的道德行为是不能令人信服的。故曰："则民不敬。"当然达不到道德行为应有的社会效果。即使有了真情，他认为也还不够，还必须有合乎礼的行为。在他看来，我们现在所谓的"知情意行"必须统一，道德修养和道德教育才能达到至善的目标，缺一只能是"未善"。

相对而成的结构。孔子的教育思想富有辩证的因素，所以他在施教时，经常运用相对而成的结构。例如，他谈到教学内容时，提出过"四教"，即"文、行、忠、信"。我们不认为这就是分科设教的论述，但是，这确是孔子关于教学内容设计的重要论述。此"四教"就是相对而成的结构：其中"文"与"行"相对；"忠"与"信"相对。孔子所说的"文"是前人创造的文化成果的概称，一般来说以学习书本知识为主；"行"，主要是指在行动中学习，是学习实际的知识。这里相对而成的内容有：其一是书本知识与实际知识的结合；其二是时间上"古"与"今"的结合。一般成之于"文"的知识，多为历史遗留下来的文化典章，像他编订的六经，就是这种"古"的学习。通过学生的活动所进行的学习，一般则是现实"今"的范畴的学习。他将"文"和"行"结合起来，使他的教育内容，既注重了人生的体验，富有经验特色，但又不是"经验论"的，因为他还注意要求学生学习历史知识、学习书本知识，使之与"经验论"划清了界限。至于说"忠"和"信"，也是相对而成的。"忠"是"尽己"之谓，一个人做事待人能够尽心尽力，就是"忠"，这是内在修养；"信"指取信于他人，令人信服的意思，那当然是外在的表现。"忠"与"信"是内外对举。孔子的教育思想，是儒家上升时期的代表，富有更多的民本精神。他在道德上提倡相互对待的伦理观，这对于形成相对而成的德目结构是一重要原因。如鲁定公问他："君使臣，臣事君，如之何？"孔子纠正道："君使臣以礼，臣事君以忠。"① 这就是要求君臣关系上相互都要有道德义务，属于我国古代的民本思想。

孔子还善于引导学生在对立中来把握事物的本质。如他将"贤"与"不贤"对举，告诉学生遇见"贤者"固然要向其学习；遇到"不贤"的人，又应"内自省也"，从中吸取教训。孔子十分注意学生的交友，专门告诉他们"益者三友"和"损者三友"②，使他们通过对比，学会择善而从。"苦"和"乐"的问题，是一个人世界观的重要组成部分，孔子对此予以足够的重视，他专门发现了"益者三乐"和"损者三乐"③ 的见解。他告诉学生一个人应当将快乐建立在修养品行和进修学问上；应当以得到礼乐的调节为快乐，以"道人之善为乐"，以多交贤友为乐，这"三乐"有益于人。相反，如果以"骄乐"、"佚游"和"宴乐"为乐，那只会有损于人。反对贪图享受，反对任性放纵，反对沉溺于吃喝玩乐。他所提倡和反对的"乐"，至今仍为大多数人所赞许。此外，孔子还将"知"与"不知"对举，将"义"与"利"对举，在教学原则上又有"教"与"学"的对举，"学"与"思"的对举，"学"与"行"的对举，等等。总之，孔子在教育上十分注意使学生既能看到事物的正面又能看到事物的反面，既看到事物的现象又看到事物的本质。

---

① 《论语·八佾》。
② 《论语·季氏》。
③ 《论语·季氏》。

"平行结构"。孔子注意打开学生的思路，使他们能够看到事物的方方面面，故而经常"平行"地向他们罗列众多层次相当、内容相关的道德规范。对于怎样才算一个合格的君子，他谈得很多，曾经说过："君子有三愆：言未及之而言，谓之躁；言及之而不言，谓之隐；未见颜色而言，谓之瞽。"① 又说："君子有三戒：少之时，血气未定，戒之在色；及其壮也，血气方刚，戒之在斗；及其老也，血气既衰，戒之在得。"② 将仁用于从政管理，他提出应当做到"恭、宽、信、敏、惠。"如果用于待人接物，那则要"温、良、恭、俭、让"。对于如何做到多思，他还为学生论列了"君子有九思：视思明，听思聪，色思温，貌思恭，言思忠，事思敬，疑思问，忿思难，见得思义"③。真是无所不包。

（三）"扣其两端"的教育方法

孔子在整体把握事物上，创造了全面把握事物的思维方法，即"扣其两端"。他说："吾有知乎哉？无知也。有鄙夫问于我，空空如也，我叩其两端而竭焉。"④ 孔子很有自知之明，说他不是什么都知道的，常常是无知的。这不是自谦，而体现了他对客观事物复杂性的正确认识。每当有人来向他请教时，孔子都知道他们被疑问遮蔽了思想，似乎心中空空如也。这时，孔子就对"鄙夫"所疑之事的两个"对立面"（两端）进行不断地追问（扣问），使其逐渐开悟，直至释疑。这是孔子善教，以"无知"的心态客观地与问者共同进行探讨；这也是"鄙夫"善学，怀着"空空如也"的虚心而来。在这种状态之下，孔子采用"扣其两端"的方法，便使答问者变成了"扣问者"，使"叩问者"变成了答问者，经过孔子的循循善诱，终于皆豁然开朗。

孔子不仅采用"扣其两端"的方法，达到全面认识事物的目的，而且，还注意促进"两端"（对立面）向着有利的方面转化，解决学生面临的各种难题。据说，子路治理蒲地之初，曾向老师请教。孔子问他蒲地的情况，子路说："邑中多壮士，很难治理。"孔子就教诲道："恭而敬，可以摄勇；宽而正，可以怀

---

① 《论语·季氏》。
② 《论语·季氏》。
③ 《论语·季氏》。
④ 《论语·子罕》。

强……温而断，可以抑奸。如此而加之，则正不难矣。"①恭，即敬重，敬，是专一。此处所言之"勇"是指蛮勇，与"恭而敬"正相对立，但是，对蛮勇之人来说，"恭而敬"体现的凛然正气，往往具有震慑作用。同样的道理，宽厚而正直，可以起到安抚强硬之人的作用；温和而又果断，可以抑制奸佞之人。总之，各种方法并用，治理蒲地就不难了。此外，孔子还常常注意发挥"两端"相济相成的作用，以提高学生治世的能力。在告诫子路治蒲的话语中，"宽"与"正"，是"两端"，"温"与"断"也是"两端"，它们相互配合，就能变对立为相互促进。孔子"扣其两端"的思想，对后世的教育教学以致领导与管理都有深远的影响。

儒家认为教育和管理的重要前提是"知人"，要想真正做到"知人"，就必须从多方面了解一个人，即"扣其两端"。近代著名的改革家魏源，深谙此道，他曾说：

> 不知人之短，不知人之长，不知人长中之短，不知人短中之长，则不可以用人，不可以教人。用人者，取人之长，辟人之短；教人者，成人之长，去人之短也。惟尽知己之所短而后能去人之短，惟不恃己之所长而后能收人之长；不然，但取己所明而已，但取己所近而已。②

全面辩证地看人，不仅应该了解一个人的长与短，而且还应该了解人长中之短，又应了解人短中之长。只有这样才能教人和用人。还须知道"知己"与"知人"也是辩证的统一，只有正确认识自己的不足，才能发现他人的长处并帮助他人改正错误和缺点。否则，只会发现与自己相同的长处，使用与自己相近的一类人，而不能兼采众长，做到用人与教人得当了。

在孔子"扣其两端"思想的影响下，历代开明的政治家和教育家，多主张全面辩证地处理政务和教人，做到"居安思危"，长于谋算，"先患虑患"，防微杜渐，以求得长治久安。这些都成为今人的"史鉴"，为提高我们的教育和管理水平继续发挥作用。

孔子创立的儒家文化教育，是以血缘关系为基础的，并以天道与人道的结合

---

① 《孔子家语·致思》。
② 魏源：《默觚》。

作为理论依据。孔子及其儒家，十分重视建立以家庭伦理为核心的和谐的人际关系和社会秩序。这促使孔子与后世的儒家，都关注教育要素之间的内在联系，并试图组合成一定的序列，以此维系天人之间、家庭之中、人与人之间的秩序与平衡，形成以血缘关系为中心，内外里表亲疏有别的有序格局。这显然包含孔子教育体系中的历史局限性，应予剔除。但是，以"中庸之道"为方法论，却使孔子的教育思想体系具有了兼求和谐、力求适度、灵活多样和整体辩证统筹的特点，与西方传统教育思想体系时时表露的机械性、形式主义等迥然有别。教育理论界一般都公认，现代教育学的理论体系是由赫尔巴特奠定的，其方法论上的特点是，在伦理学的基础上建立了教育的目的论，在心理学的基础之上建立了教学论，对于现代教育思想体系的形成，作出了不可磨灭的贡献。教育史界的前辈学者又认为："但是在赫尔巴特的教育学体系中有不少形式主义、机械主义的东西，对旧中国和苏联凯洛夫的教育学曾产生过一定影响……今天我们进一步深入研究孔子的教育思想，包括其中的方法论思想，如果能对克服教育理论中存在的形式主义、机械主义、教条主义以及缺乏民族特色等弊病有所裨益，就达到了古为今用的目的了。"[1]　我们现在所做的努力正试图使教育史前辈的夙愿变为现实。

---

　　[1]　毛礼锐：《从方法论谈孔子教育思想的古为今用问题》，《孔子研究论文集》，第240页，教育科学出版社，1987年版。

图书在版编目（CIP）数据

孔子成功改革教育之研究／梅汝莉著. —北京：北京出版社，2009.9

ISBN 978 - 7 - 200 - 07963 - 0

Ⅰ. 孔…　Ⅱ. 梅…　Ⅲ. 孔丘教育思想—教育改革—研究

Ⅳ. G40 - 092. 25

中国版本图书馆 CIP 数据核字(2009)第 164333 号

孔子成功改革教育之研究
KONGZI CHENGGONG GAIGE JIAOYU ZHI YANJIU

梅汝莉　著

＊

北 京 出 版 集 团 公 司

北 京 出 版 社　出版

（北京北三环中路 6 号）

邮政编码：100120

网　　　址：www. bph. com. cn

北京出版集团公司总发行

新 华 书 店 经 销

北京同文印刷有限责任公司印刷

＊

787 × 1092　16 开本　19 印张　295 千字

2009 年 9 月第 1 版　2009 年 9 月第 1 次印刷

ISBN 978 - 7 - 200 - 07963 - 0/G・3991

定价：48. 00 元

质量监督电话：010 - 58572393